从复兴门到复兴路

葛道凯 著

图书在版编目(CIP)数据

从复兴门到复兴路/葛道凯著. —北京：北京大学出版社，2012.11
ISBN 978-7-301-21517-3

Ⅰ．①从… Ⅱ．①葛… Ⅲ．①远程教育－教育管理－中国－文集
Ⅳ．①G729.2-53

中国版本图书馆 CIP 数据核字（2012）第 260687 号

书　　　名：	从复兴门到复兴路
著作责任者：	葛道凯　著
责 任 编 辑：	王慧馨
标 准 书 号：	ISBN 978-7-301-21517-3/G·3530
出 版 发 行：	北京大学出版社
地　　　址：	北京市海淀区成府路 205 号　100871
网　　　址：	http://www.pup.cn　新浪官方微博：@北京大学出版社
电子信箱：	zyjy@pup.cn
电　　　话：	邮购部 62752015　发行部 62750672　编辑部 62765126　出版部 62754962
印 刷 者：	北京大学印刷厂
经 销 者：	新华书店
	787 毫米×1092 毫米　16 开本　18.5 印张　312 千字
	2012 年 11 月第 1 版　2012 年 11 月第 1 次印刷
定　　　价：	40.00 元

未经许可，不得以任何方式复制或抄袭本书之部分或全部内容。
版权所有，侵权必究
举报电话：010-62752024　电子信箱：fd@pup.pku.edu.cn

内 容 提 要

　　这本书比较系统地呈现了一位大学校长的一段经历，主要是这段经历中的所思所想、所感所悟等心路历程。这是一所全世界学生最多的大学，在校学生300多万。这是一所拥有最大校园的大学，我国的国土处处都是她的校园。这是一所百姓身边的大学，人们不出家门也可以方便地与名师交流。改革开放初期，这所大学家喻户晓，为成千上万的青年人插上了理想的翅膀。经过一段沉寂之后，上世纪末以来的十余年间，这所大学抓住信息技术日新月异的历史机遇，实现了新的质的飞跃。这本书从校长的视角记述了这次飞跃的片段。本书对于教育管理者和全民学习、终身学习的从业者来说很有阅读价值，也为致力于终身学习的人们打开了一扇观察教育的窗口。

序

电大的明天一定会更好[①]

电大是一棵参天大树,如果说每一位老师是一片叶子,这棵树就有12万多片叶子;如果说每一位学生是一片叶子,这棵树就有300多万片叶子。树木要茁壮成长,永远离不开一片片叶子的支持与奉献,树大叶茂,叶茂了树才会更大。

电大是一本百读不厌的书。每一位老师,每一位学生,就像书页一样为读者提供着信心、智慧和力量。中央电大的老师是这本书的绪论,掌握着这本书非常主要的部分;全国电大的师生们在各自的岗位上为电大的发展编织着感人的故事,奉献着炙热的情感。好的故事是吸引读者的基础,读者多了才能体现书的价值。

感谢这群可爱的人以及这份可爱的事业。电大的学生非常可爱,我们曾经说过,到电大来读书的人都是不甘于沉沦的人;电大的老师非常可爱,电大的每一位老师都充满了爱心与事业心;电大的事业非常可爱,因为电大是平民进步的阶梯,是教育公平的砝码,是学习者前进动力的补给站。应该说,电大凝聚了国家的需要、人民的要求。电大在过去的30多年里,是有厚度、有经验、有积累的。我由衷地祝愿电大在新的时期取得更大的成绩!

电大的明天一定会更好,我还是电大事业的拉拉队员。

[①] 根据2010年7月16日中央广播电视大学中层干部会议录音整理。

目　录

第一章　破解开放教育难题——学术研究 ……………… (1)
电大开放教育的现状与未来 …………………………………… (1)
电大八年开放教育对高等继续教育的启示 …………………… (6)
从电大发展看高等继续教育未来走向 ………………………… (10)
中国非传统高等教育的发展历程及其启示 …………………… (17)
广播电视大学：全民终身学习的平台 ………………………… (24)
构建终身教育体系是我国教育发展的重大战略选择 ………… (43)
学习实践科学发展观　推动电大新一轮发展 ………………… (47)
中央广播电视大学30年开放实践与新时期新使命 …………… (53)
依托电大系统构建继续教育公共服务平台的若干思考 ……… (60)
广播电视大学开展的继续教育 ………………………………… (68)
E-Learning 数据挖掘：模式与应用 …………………………… (81)
电大在终身教育体系建设中大有作为 ………………………… (92)
加快建设国家终身教育体系 …………………………………… (94)

第二章　传播开放教育理念——媒体之声 ……………… (97)
以新的思路发展电大开放教育 ………………………………… (97)
解读中央电大开放教育试点"三个模式、一个机制" ………… (105)
着眼终身教育　构建开放式人才培养模式 …………………… (110)
让电大更好地成为人民的开放大学 …………………………… (120)
向着"学有所教"的目标努力 ………………………………… (124)
电大如何迎接第四次飞跃 ……………………………………… (128)
《中国远程教育》要成为响当当的品牌 ……………………… (136)
有一个"孩子"不再徘徊在主流之外 ………………………… (141)

第三章　思考开放教育未来——论坛现场 ……………… (149)
在"纪念邓小平同志批示创办广播电视大学30周年
　　暨推进国家终身教育体系建设座谈会"上的发言 ……… (149)
开放大学的使命——新时期的思考 …………………………… (152)

中国非传统高等教育与学习型社会建设 …………………… (157)
远程教育：全球终身教育、全民教育的重要路径选择 ……… (166)
薪火传承　开拓创新　加快建设世界一流的远程开放大学 … (169)

第四章　实践开放教育道路——电大四年 …………………… (175)

齐心协力　开拓创新　为建设中国特色的
　远程开放大学而奋斗 …………………………………… (175)
抢抓机遇　加强内涵　开创电大教育新局面 ………………… (185)
内强能力　外树形象　夯实基础　在构建终身教育体系中
　发挥更大作用 …………………………………………… (195)
把握机遇　聚焦内涵　改革创新　为办好开放大学努力奋斗 … (204)
关于加强电大新闻宣传和文化建设工作的五点意见 ………… (214)
中央广播电视大学"十一五"发展规划纲要 ………………… (218)
在第四届西部地区电大校长论坛会上的讲话 ………………… (234)
在2006年全国广播电视大学教学工作会议上的讲话 ……… (240)
在2007年全国广播电视大学教学工作会议上的讲话 ……… (248)
在2008年全国广播电视大学教学工作会议上的讲话 ……… (254)
在2008年全国电大科研工作会上的讲话 …………………… (262)
在中央广播电视大学空军学院成立大会暨开学典礼上的讲话 … (266)

第五章　心系开放教育前线——节日寄语 …………………… (270)

2006年教师节寄语 …………………………………………… (270)
2007年新年贺词 ……………………………………………… (271)
2007年教师节寄语 …………………………………………… (272)
2008年教师节寄语 …………………………………………… (274)
2009年新年贺词 ……………………………………………… (276)
2009年教师节寄语 …………………………………………… (279)
《中央电大学科研究》卷首语 ………………………………… (280)
开放教育学习指南之写在前面 ………………………………… (281)

参考文献 ………………………………………………………… (283)

后记 ……………………………………………………………… (285)

第一章　破解开放教育难题
——学术研究

电大开放教育的现状与未来[①]

一、电大开放教育的现状和特色

中央电大是从 1999 年开始从事开放教育的，是我国第一批从事现代远程教育的五所学校之一。中央电大开放教育是全国电大系统实施国家"现代远程教育工程"，进行人才培养模式改革的试点。或者这也可称为一个实验，它在终身教育体系建设中是一个重要的实验，在国家教育发展中是建设优质资源并开展共享的实验，是建设学习型社会与和谐社会的一个实验。

中央电大开展开放教育的第一个目标就是探索基于现代远程开放教育条件下的人才培养模式。首先，人才怎么培养？培养什么样的人？其次，在这样的情况下，需要什么样的教学模式？教学怎么组织？再次，应该有什么样的管理模式？最后，应该有什么样的运行机制？它的第二个目标就是希望培养大批基层一线需要的高等专业人才。

图 1-1　教育部"中央广播电视大学人才培养模式改革和开放教育试点"项目总结性评估汇报会

---

①　根据 2006 中国国际远程教育大会录音整理. 电大开放教育的现状与未来 [J]. 中国远程教育，2006（11）：15-17.

中央电大开放教育的组织实施有四个主体。第一个是教育部，教育部直接领导这项工作的实施；第二个是中央电大，中央电大负责组织举办远程开放教育工作；第三个是普通高校和行业部委，在项目设立之初，教育部就要求中央电大和普通高校、有关部委合作，因此很多高校直接参与了电大系统开放教育试点；最后一个主体是地方电大，除了中央电大以外，全国电大系统还有44所省级电大、900多所地（市）级电大、1000多所县级电大，它们负责中央电大开放教育的具体实施和操作。

项目的运作模式是中央电大与合作高校和部委签署合作办学协议，由合作部委负责提出人才需要和人才培养的具体要求。各个合作部委和合作高校都要派出自己认为最能反映学校情况，或者最能反映行业需要的专家到电大系统来任教。另外，中央电大和各省电大、各市电大和县级电大签署工作协议负责具体的实施。电大的文化是合作文化，电大从来不是自己一家来做事情，而是和各级各类教育机构联合起来，为我们基层的老百姓服务。像计算机、机械、水利、卫生事业管理等，我们都是和普通高校合作进行学位授予。

图 1-2　2008年3月30日葛道凯在京出席北京广播电视大学开放教育学院毕业典礼

经过七年的试点，到2006年春季，电大注册学生累计413万人，毕业学生170.5万人，2006年春在校生207万人。通过七年的实践，电大实现了五个方面的转变。第一是教育理念的转变；第二是教学方式的转变；第三是教学资源的转变；第四是教学管理的转变；最后一个转变是现代远程教育的研究水平在逐步提高。

二、电大教育的优势和困难

电大教育的优势主要体现在四个方面：

第一，全国电大是一个系统，政府办学，信誉良好。"系统"包括四层含义。一是它是伸展到基层社会组织的办学网络，在西部地区这个网络到了县级，在东部地区有些地方到了乡镇，在城市里到了社区，电大网络是跟社会真正融合为一体的网络。二是有专职管理的统筹协调体系，各级政府都有相应的电大组织。三是有比较丰富的资源，而且资源可以共享，可以上下左右流动。四是它有一个比较严密的考试体系。

第二，电大以开放作为自己的基本办学理念，具备整合各类社会优质教育资源的体制和机制。电大体制决定它不仅是向学生开放，也是向全社会开放的。到现在，电大还有一个规定，这个规定看上去有些不近人情，但是我认为这个规定非常重要。这就是中央电大自己的老师原则上不能做中央电大的主讲老师，不能做中央电大的主编老师，这个规定决定着中央电大的所有课程与教材必须请电大外的优秀老师来做，不管是企业的、行业的，还是学校的，总之请优秀的老师来讲课、来编教材。

第三，以市场作为生存基础，以服务基层和企业大众为主要任务。2007年我国18岁人口有2510万，2008年有2620万，2009年将减为2008万，2015年将减为1440万。就学人口的减少将使教育领域的竞争很快变成现实。电大从以前到现在都是通过市场来寻求自己的发展道路，因此我们走在普通高校的前头，既有经验也有教训，但都很宝贵。

第四，电大的学习者以在职者为主体。全国电大在职学生是190.56万人。在职学生拥有现实的学习需要，是他们主动来学习的，而不是被家长逼迫来的。另外，他们具有实践经验，有着非常宝贵、可开发的教育资源。

当然电大也有困难。首先，跟普通教育比，总的社会认知度比较低，在学生和学校的关系中，学生处于强势，电大处于弱势。其次，电大始终没有摆脱生存的危机，尽管已走过了27年。再次，电大学生的自学能力相对要弱一些。最后，电大学生的学习时间非常零散，身份角色非常多元，教师和学员之间的交流沟通相比面对面来说困难一些。

三、电大教育的挑战和机遇

电大教育的挑战来自四个方面。

第一个挑战来自普通高等教育。首先，随着普通高等教育规模的持续扩大，以及升学人口将很快跃过高峰迅速下滑，这意味着普通高校也将面临生存危机。当他们面临生存危机的时候会怎么办？这是我们必须要先考虑的。其次，普通高等教育的招生制度的改革已经开始启动。再次，普通高校不断推进应用导向和增强针对性的教学改革。以前高校培养的学生，知识、能力、素质都挺好，但是距离岗位的具体需求差距比较远。现在普通高等教育已经认识到了这个问题，在寻求改变。最后，由于高等教育布局结构的调整，基本实现了每一个地级市都有一所高职学院，有一些高职学院已经开办到了县。这对于深入到社会基层组织的电大网络来说，自然形成了一个潜在的挑战。

第二个挑战来自网络教育。我国高校网络教育从1999年开始起步，经过迅速的发展，已经走上了一个持续发展的轨道，市场的适应性也越来越强。另外国际网络教育集团发展也很快，它们对我国的教育市场也是虎视眈眈；而且在很多国家特别是发达国家，它们有比较好的社会声誉，这当然是我们要进一步努力应对的。

第三个挑战来自培训机构，包括很多公司给我们带来的挑战。培训机构有天然的优势，是我们电大、普通高校所没有的。比如它们开发出来的资源是适应社会需要的，它们对市场有过人的认识能力和理解能力，有强劲的市场亲和力。但培训机构的弱点是虽然有很好的资源，但是受自己办学条件的限制，资源不能最大范围地让很多老百姓一起享用。另外，从1998年政府机构改革以后，经过八年的发展，有一批政府培训机构和中介机构已经基本开始适应市场的需要。

第四个挑战来自电大自身。电大系统本身的联系，因为这几年教育的改革而出现了弱化的倾向。有一些地方电大被合并，还有一些电大试图在调整自己的发展方向。

面临挑战的同时也面临机遇。我们的机遇主要是指三个方面，第一，经过过去七年的发展，开放教育已经被社会基本认同。第二，开放教育省级评估已经完成，全国评估将在明年进行，电大将迈入新的起点。第三，构建终身学习体系、建设学习型社会提出了更多的教育要求。据报道，我们国家65岁人口已突破1亿，预测到2010年65岁以上的人口将占人口总数的9%。而我们国家在岗的劳动力是多少呢？是7.5亿。

四、电大的发展理念

中央电大"十一五"规划的发展方向是：扩大开放、保证质量、强化特色、打造品牌。仔细琢磨这四句话就可以发现其中有三句话和质量有关。"保证质量、强化特色、打造品牌"，都和质量有关。

我们的工作思路也是四句话：第一，理念引导。要使电大有可持续的发展，必须有广泛认同的理念。第二，定位先行。定位现在和将来我们发展的位置。如果定位没找到，起点没找到，就会有比较大的偏离。第三，固本培元。第四，度势发展。把握我们国家总体的发展趋势和我们国家教育发展的总体趋势，这是保证电大持续发展的非常重要的前提。

因此，电大应该确定三个层面的理念。第一个层面是大学理念，也是最高层面的理念，强调的是核心价值和核心竞争力。电大的核心价值是电大应该是平民进步的阶梯，是教育机会公平的砝码，是学习者自我充实和前进动力的补给站。电大应该促进社会垂直流动。对平民来说，电大应该是平民进步的阶梯，对教育来说，电大要做教育机会公平的砝码。比如说高考得600分或者700分的人就属于教育的强势群体，很多学校会去找你；如果你考200分，就属于教育的弱势群体。教育的强势群体，如果希望了解哪方面的内容，有什么不懂可以很方便地获得帮助。但在农村工作的人，他们有什么烦恼连找个人来回答都很难。所以，电大教育应该面向教育的弱势群体，做教育的公平砝码，做学习者自我充实和增进动力的补给站。任何人都有自己的人生旅程，一个人从小学、初中、高中以及接受高等教育都是正式旅行前的"大餐"，当他开始旅程的时候，需要的是在旅行过程中补充自己的营养。给这些职业人补充营养，就是电大的价值所在。

基于这样的价值取向，我认为电大的核心竞争力就是服务。优质服务是电大的核心竞争力，也是电大不断追求的目标。

第二个层面是办学理念。电大的办学理念是什么呢？我认为可以用四句话总结：第一，声誉和质量是电大的生命。对电大来说，在职教育是生存的领域，所以必须爱护、培育这个市场。第二，优质服务是立校根基。既然优质服务是电大的核心竞争力，就要把优质服务作为我们思考所有问题的出发点。第三，强化开放和系统建设是电大的未来。电大的开放是全方位的开放，是深层次的开放。不仅要面向学生，而且要面向所有的资源和所有的教育手段、教育形式。第四，高效运行是办学保障。系统建设决定了我们只有通过系统才可以把我们的优质资源送向千家万户，送向西部，送向农村。所以没有系统，电大就像各个培训机构一样，像各个网络学院一样，徒有资源却难以在更大范围发挥作用。

第三个层面是目标理念，就是办成什么样的学校，培养什么样的人。也可以从四个方面来理解：第一是机构定位，各级电大是国家的远程教育机构，政府的高等学校。中央电大是教育部的远程教育机构，是教育部的远程教育高校。省电大是省人民政府的学校，同时也是省里的远程教育机构。地级电大和县级电大是各行

图1-3　2009年7月27日作者在教育部第11次新闻发布会上介绍中央电大士官远程教育情况

政区的高等学校和远程教育机构。要真正成为国家远程教育机构，不仅要整合教育系统的资源，还应该整合其他所有系统的资源，欢迎他们都到这个平台上来为老百姓服务，我们同时也愿意为各个系统的教育发展提供服务。第二是社会定位，电大应该是全民终身学习的支柱，学习型社会的平台。学习型社会需要很多方面的支持，电大系统有这么一个现成的平台，必须也应该为此作出贡献。第三是功能定位，电大应该是学历教育与非学历教育并重，办学与服务并举的体系。办学和服务并举就是电大系统应该放开一点，自己的优质资源不仅自己使用，还要提供给社会，为大家所共享。第四是人才培养定位，电大所从事的是职业人的教育、应用型人才的培养。电大教育的主要对象是在职人员，在职人员有实践经验、实践能力的积累。我们不是把某个人培养成为什么样的应用型人才，而是他们在上学前就是职业人，上学前就是人才。电大教育是对职业人、对应用型人才的培养，这可能是我们和普通高等教育最大的不同。从教育功能上来看，电大应该成为提高素质和学历的平台，成为增进职业能力的平台，成为丰富生活内涵的平台；从资源提供上讲，电大应该是名师名课名资源的平台，是生活文化资源的平台；从公共服务上讲，电大应该是服务于普通高校的平台，服务于行业企业的平台，也应该是为社会公众服务的平台；从服务重点上讲，我们要做其他各类教育机构不愿意做的，或者做起来很困难的事情。电大应该是服务农村教育的平台，服务西部教育的平台和服务特殊人群教育的平台，比如开展残疾人教育、部队的士官教育等。我们的远景目标可以用四句话来概括：汇聚最优质的学习资源，提供最体贴的支持服务，运行最高效的办学网络，开展最鲜活的科学研究。这是我们努力的目标，也是社会各界对电大的要求。

电大八年开放教育对高等继续教育的启示[①]

一、高等继续教育的办学性质及类型

这里所指的高等继续教育，我的理解是成人教育和高等教育的交集。它的教育对象是具有高中以上学历的在职从业人员，这是它的主体，但并

[①] 根据2007中国国际远程教育大会录音整理. 电大八年开放教育对高等继续教育的启示[J]. 中国远程教育，2007（10）：40-41.

不是全部，其他还包括转岗再就业人员，以及离退休人员等。它的教育目标是服务于在职人员的能力提高和知识更新。发展继续教育，是建设终身教育体系的重要内容。

高等继续教育的办学类型，包括学历教育和非学历教育。学历教育包括专科、本科以及大学后的各种学历教育，比如专业学位教育。非学历教育包括岗位资格培训、职业证书等。

图1-4 2007年7月17日作者在京出席中华职工学习论坛

我国目前从事高等继续教育的主要有六大系统，它们分别是普通高等学校函授、夜大、成人脱产班教育系统，广播电视大学教育系统，高等教育自学考试系统，普通高等学校网络教育系统，社会力量办学、社区教育系统，非学历高等教育系统等。前五个系统主要是学历教育，因此当我们谈论高等继续教育时，关注更多的还是学历教育。

二、六大系统的基本情况

普通高等学校函授、夜大、成人脱产班教育系统是我国计划内的成人教育的主要形式，到2006年，在籍的学生是525万人。在这三种方式中人数最多的是函授，学生人数从1999年的92万增加到2006年的277万。

广播电视大学教育系统是由1所中央电大，44所省级电大，945所地（市）级电大，大约2000所县级电大共同构成的国际上最大的开放教育系统，到2007年春季在校生有223万人。

高等教育自学考试系统是我国独有的教育形式。它曾经走过一段非常辉煌的历史，从1981年开始学生持续增长，到2000年达到最高峰，从2000年以后其学历教育部分持续走低。

普通高等学校网络教育系统仅指普通高校的网络教育学院，它和中央电大开放教育都属于现代远程教育试点。2006年现代远程教育共招生113万人，其中三分之二是电大的开放教育学生。

社会力量办学、社区教育系统，到2006年年底全国有994所这样的民办高等教育机构，学历教育在校生接近100万人。

非学历高等教育系统，高层次的岗位培训和非学历继续教育是今后高等教育的重要发展趋势。这种教育形式应该是今后继续教育发展的一个重要方向。

三、电大开放教育试点的经验和成果

在今后的若干年内,上述多种教育形式会向什么方向发展?未来在我们的终身教育体系中,它们各自会占有什么样的位置?这些问题很难回答,但我想以电大八年开放教育的试点作为一个案例进行分析,也许我们会从中得出一些启示。

1999年,"中央广播电视大学人才培养模式改革和开放教育试点"项目被列为国务院批准的《面向21世纪教育振兴行动计划》的一部分。项目的性质是"国家现代远程教育工程的重要组成部分,是中央电大改革人才培养模式,发展现代远程教育的重要实验"。项目的主要任务就是对开放教育人才培养模式基本框架、教学模式、教学管理模式以及运行机制进行探索。项目由教育部组织领导,中央电大组织实施,普通高校、行业部委共同参与,各地方电大具体实施。经过八年的探索实践,取得了五个方面的主要成绩。

第一,形成了一个覆盖全国的"天网、地网、人网"(简称天地人网)三网结合、三级平台互动的网络教学环境。天网指卫星通讯网,地网指互联网,人网就是电大系统,全国电大系统有8.5万名专职教师。所谓的三级平台,第一级是中央电大远程教学平台,第二级是省级电大远程教学平台,第三级是分校和教学点的平台。

第二,建设了一大批适应学生自主学习的多种媒体的教学资源,较好地满足了学习者的多元学习需求,尤其是较为通畅地将优质教育资源输送到了教育欠发达地区和教育弱势群体,彰显了教育公平。中央电大开设了870多门课程,已经实现了93%以上的必修课有3种以上媒体支持。

第三,实现了教育教学方式方法的变革,探索了全新的面向在职成人的培养方式、方法和途径。由过去集中系统讲授变成了现在提供多种媒体的学习资源、方便灵活的学习环境,使学生自主学习;由过去单一的课堂互动,变成了现在课堂互动加上双向视频的互动、网上论坛、手机短信、QQ群等各种手段的多样化互动;由过去重视理论教学,变成现在专项理论教学和实践相结合。在此基础上,电大形成了学导结合的教学模式。这一模式可以概括为:学习者利用多种媒体开展自主学习和协作学习;教师基于教学设计,进行多种方式的引导和辅导;学校通过天地人网,提供全程学习支持。

第四，构建了大规模培养人才的保证体系。这具体表现在"五统一"和"五要素"。"五统一"是指以统一的教学计划、统一的教学大纲、统一的教材、统一的考试和统一的评分标准来确保质量。"五要素"是指在整个教学中，教学资源、教学过程、学习支持服务、教学管理和系统运作都要保证到位。

第五，培养了大批合格的应用型高等专业人才。初步探索出了远程开放条件下的人才培养模式，就是以适应经济和社会发展现实需要为目标，以适应从业人员学习需求的专业和课程为内容，以整合优化的学习资源为基础，以天网、地网、人网的学习环境为支撑，以自主学习为主要方式，以严格而有弹性的过程管理为保障，培养留得住、用得上的高等专业性人才。这个模式和普通的教育模式有几点不同之处。第一，强调理论和实际的融合。第二，强调多方资源的整合。课程和教学资源不只是由电大提供，而是由社会的各方来提供。到目前为止，有20所国内知名高校和14个国家部委参与提供。第三，强调多种媒体的组合。第四，天地人网的结合。在这个模式下，过去几年我们累计培养了163万名毕业生。2006年，电大开放教育毕业生占现代远程教育毕业生总量的66.9%，占成人高等教育的34.8%，占全国所有类型的高等教育毕业生总量的10.8%。根据中央电大对毕业生进行的两次大规模的追踪调查，学生对教育评价的满意度是80%，而用人单位对学生的满意度是83%。

经过八年探索，电大教育实现了四个方面的转变：第一，从传统的教育思想（教师教育思想）到学生学习思想的转变。第二，从传统的广播电视直接授课（二代技术）到广播电视和基于网络的多媒体相结合的多样化教学活动的转变。第三，从以文字教材为主体，到文字、音像、课件等多种媒体综合利用的转变。第四，从封闭式校园管理到网络化、开放式的管理方式的转变。

四、对高等继续教育下一步发展的启示

高等继续教育与传统教育存在一些不同之处：第一，传统教育发生在有限的校园内，继续教育发生在无限的校园外；第二，传统教育以全日制学习为主要形式，继续教育以业余学习为主要形式；第三，传统教育有明确的空间、时间和内容的界定，因为它的主要对象是学龄段人口，而继续教育则没有明确的空间、时间和内容的限定。

继续教育要发展，在教育活动的组织上必须具备四个要素。第一，要有丰富多样的教育资源，因为继续教育是面向全社会的，全社会的需要是

无穷无尽的,是多种多样的,因此要有丰富的资源才能满足社会的需要。第二,要有运行高效的办学网络,利用网络把优质资源送到老百姓身边去。第三,要有优质便捷的支持服务,因为不是任何人都可以通过自己学习学会的,所以必须要有教育服务,要随时随地解决学习成员在学习过程中遇到的困难,使他们能够理解、掌握所学内容。有了资源、网络、服务仍然是不够的,还需要第四个要素,即要有严格规范的质量保证。学生学了吗?学会没有?这就需要检测和评价。有了严格规范的质量保证,教育才能可持续地发展。因此,继续教育要发展,四个要素必不可少。

如果这四个要素的分析是对的,下一步高等继续教育应当怎么发展呢?我认为,只要与这四要素较好地结合起来,就会得到发展。如果偏离得比较远,也许现在的发展势头还很好,但是将来就未必了。今后高等继续教育要有三个大的走向:第一,要建设和发展一个覆盖全国城乡,集资源传输、支持服务、管理运行于一体的办学网络;第二,要扶持一批专业的资源开发机构,把普通高校、社会各方面的优质资源整合起来,把它加工成适合社会成员学习需要的资源;第三,继续教育要发展,需要严格的管理,要对教育市场进行严格的规范,没有各种教育形式的规范,就不可能有继续教育存在发展的前提。

综上所述,远程教育和继续教育是不同的划分方式。在宏观层面,在中国这个大国度里,远程教育是继续教育的重要推动力量,是终身教育体系构建的重要途径。

从电大发展看高等继续教育未来走向[①]

自 20 世纪末以来,随着国家产业结构的调整,新理论、新知识、新技术广泛运用,广大从业人员的就业和岗位压力越来越大,接受高等教育的要求日益迫切。人们生活质量的不断提高又为非学历教育提供了旺盛的社会需求。包括多种形式的学历教育和非学历教育在内的高等继续教育,成为在职从业人员适应社会发展需要和提升、完善、强化个人社会竞争能力的重要渠道,在提高国民素质、培养专门人才和全面建设小康社会的宏伟进程中扮演着越来越重要的角色。目前,各种形式的继续教育呈现出不断

---

① 葛道凯. 从电大发展看高等继续教育未来走向[J]. 中国高等教育,2007(20):18-20.

走向融合并向着以网络技术为主要手段方向发展的趋势。

党的十六大以来,作为开展继续教育的一支重要力量,广播电视大学积极贯彻"巩固、深化、提高、发展"的八字方针,落实《2003～2007教育振兴行动计划》的要求,以实施教育部部署的"中央广播电视大学人才培养模式改革和开放教育试点"项目(以下简称开放教育试点)为重点,大力推进现代远程教育条件下的人才培养模式改革,取得了重大进展,综合办学实力得到明显提高,改革和发展取得了显著成就。

一、广播电视大学改革和发展取得的重大进展

广播电视大学所取得的阶段性重大进展主要表现在以下几个方面。

1. 改革和试点成效显著,开放教育成为电大教育的主流和发展方向

人才培养模式改革和开放教育试点项目是国务院批转教育部实施的《面向21世纪教育振兴行动计划》中"现代远程教育工程"的重要组成部分,是中央电大改革人才培养模式、发展现代远程教育的重要实验。该试点于1999年6月启动,由中央电大统一组织实施。八年来,尤其是十六大以来,在教育部直接领导下,在合作高校、相关部委与行业以及众多专家学者的积极参与下,经过电大系统10多万教职员工的共同努力,试点项目取得了显著进展。

第一,适应了社会需求,特别是满足了在职成人的学习需要,为社会特别是基层培养了大批合格的应用型高等专门人才。截至2006年年底,开放教育试点累计招生379万余人,累计毕业生163万余人,在读学生共计217万人。2006年开放教育毕业生占同期全国高等教育本专科毕业生总数的10.82%,占成人高等教育毕业生总数的34.84%,占全国现代远程教育试点毕业生总数的66.92%。

第二,信息化基础设施建设取得突破性进展,形成了天地人网结合、三级平台互动的网络教学环境,实现了教育手段的新跨越,成为国家发展现代远程教育的宝贵资源,为构建终身教育体系和建设学习型社会搭建了服务平台。到2006年,中央电大与全国44所省级电大、945所地(市)级电大、1842所县级电大、3175个教学点均通过卫星和互联网实现了有机联结。中央电大开发的远程教学平台、教务管理系统、开放电子公务系统,成为构建开放教育网络教学环境的重要技术支撑。

第三,建设了一大批适合学生自主学习的多种媒体教学资源,较好地满足了学习者的多元学习需求,尤其是实现了较为通畅地将优质教育资源输送到教育欠发达地区和教育弱势群体的目标,彰显了教育公平。中央电

大开设 800 余门课程，每门统设必修课程均建有 3 种以上媒体的教材；建有文字教材 873 种，视听教材 5150 学时，IP 课件 5551 讲，网络课程 50 门。基于网络的教学资源开发能力和水平得到显著提高。

第四，探索了全新的面向在职成人的培养方式、方法和途径，形成了具有中国特色的开放式人才培

图 1-5　2008 年 12 月 9 日作者在北京中国大饭店出席与就业培训指导中心的签约仪式

养模式和远程开放教育理论基本框架。进一步明确了面向地方、面向基层、面向农村、面向边远和民族地区的办学方针和服务于学习型社会建设的办学理念；实现了从阶段性学校教育向终身教育观念的转变，从传统校园式教育向现代远程开放教育观念的转变，从以教师和课堂为中心向以学生和学习为中心的教育观念的转变；建设了适应成人在职学习的教学内容和课程体系；形成了分工合作的学导结合教学模式，完善和发展了系统运作的教学管理模式，建立了远程开放教育一体化的运行机制，为办好开放教育形成了一系列思路。

第五，构建了大规模培养人才的质量保证体系。试点以来，中央电大始终把教学质量视为电大教育的"生命线"，按照国家规定的高等应用型人才培养目标，坚持统一教学计划、统一教学大纲、统一教材、统一考试、统一评分标准的教学管理"五统一"制度，提出了多种媒体教学资源建设、教学过程控制、支持服务、教学管理、系统运作等"五要素"为重点的质量保证体系，有效保证了开放教育的人才培养质量。

2007 年 4 月 24 日至 27 日，以原教育部副部长、中国高等教育学会会长周远清教授为组长的专家组对中央电大开放教育试点项目进行了总结性评估。专家组认为，中央电大人才培养模式改革和开放教育试点项目实施八年来，指导思想明确，思路清晰，措施有力，成效显著，形成了以开放教育推进终身教育体系建设的核心价值理念，形成了独具特色的资源整合机制、系统管理机制和质量保证机制，这是符合中国实际的发展现代远程教育的新路子，是一次成功的教育改革。

2. 非学历教育培训发展迅速，教育服务功能不断拓展

非学历教育培训稳步推进，服务面向和方式更加多样。电大积极与部委、行业、企业组织开展多种形式的资格证书、岗位证书等非学历培训。2003—2005年，全国电大非学历培训总量582万人次，超过同期全国普通高校非学历培训量的总和。另外，还为社会提供了大规模、规范化的考试服务，如与中国保险监督管理委员会合作，组织保险代理人考试，参考人数339.9万人次。2004年启动国家现代远程教育资源库建设，汇集全国电大、普通高校、行业部委以及国外高校优质教学资源11万件，已在26个省、16个地市电大试用。

公共服务体系建设初见成效，服务能力和水平稳步提高。中央电大现代远程教育公共服务体系建立奥鹏学习中心1039个，与30所试点高校建立合作关系，为180个专业的13万余名学生提供学习支持服务。还承担了全国试点高校网络教育8门公共基础课125万人次的统一考试考务工作等。

3. 综合办学能力显著提升，为深化改革和进一步发展奠定了基础

电大通过实施开放教育试点，有力地带动了电大教育的改革和发展，整体办学实力明显增强。"十五"期间，全国电大高等教育毕业生累计227.7万人，占全国高等教育毕业生总数1000万人的22.8%。2006年全国电大高等学历教育在校生247万人，占全国高等教育本专科在校生总数2543万人的9.7%，为我国高等教育23%的毛入学率贡献了2.2个百分点。全国电大教职工总数由2000年的6万人增加到2006年年底的8.49万人，固定资产由2000年年底的75.9亿元增加到2006年的242.9亿元。

图1-6　2006年10月12日葛道凯出席亚洲开放大学协会第20届年会

中央电大还积极参与远程教育国际组织活动，并在国际远程教育组织中担任重要角色，国际地位和形象不断提升。中央电大是国际开放与远程教育协会（ICDE）常务理事单位，2004年当选为亚洲开放大学协会（AAOU）主席单位。与美、英等国家的高校和远程教育机构合作，广泛开展人员交流和培训活动，对外汉语教学工作也取得了积极进展。

二、广播电视大学改革和发展的基本经验

在改革与发展过程中，中央广播电视大学也积累了一些经验：

第一，各级政府和社会各界的大力支持，是电大改革和发展的基本前提。电大八年开放教育试点所取得的历史性成就，使我们深深体会到，这些成就的取得，首先应归功于党的十六大提出的构建全民学习、终身学习的学习型社会的主张；归功于教育部作出的实施开放教育试点这一前瞻性的、符合国际教育发展潮流的决策。再者应该归功于社会各界的支持，比如，普通高校的支持，各个行业部委的支持。最后要归功于老百姓的信任。如果没有这些重视和支持，电大的发展很可能仍在艰难的探索中徘徊。

图1-7　教育部党组副书记、副部长陈希出席广播电视大学改革与发展座谈会

第二，提高认识、科学定位，是电大持续发展的重要保证。过去八年，中央电大将开放教育试点列为学校工作的重中之重，将之提升到在国家构建终身教育体系、建设学习型社会中发挥主力作用的高度予以重视和实施。在此基础上进行科学定位，提出了电大的服务面向定位是面向地方、面向基层、面向农村、面向边远和民族地区办学的方向；电大的社会定位是全民终身学习的支柱，学习型社会的平台；电大的办学定位是学历与非学历并重、办学与服务并举；电大的人才培养定位是职业人的教育、应用型人才的培养。应该讲电大教育的成绩正是在准确定位的情况下取得的。

第三，坚持开放的理念，将教育研究和教育实践结合起来，将深化改革和内涵建设结合起来，是电大健康发展的重要基础。开放教育作为一种新的教育形式，必须要有正确、先进的理念来引导。在开放教育试点实施过程中，坚持边研究、边实践、边产出，以研究来指导实践，以实践来推动研究，在实践过程中，进一步总结和明确电大的核心价值、办学理念、目标定位。在电大改革和发展过程中，坚持将深化改革和内涵建设结合起来，注重提高资源整合能力、优质服务能力和规范管理能力，力求汇聚最优质的学习资源，提供最体贴的支持服务，运行最高效的办学网络，开展

最鲜活的教学活动，以推进电大事业的持续健康稳定发展。

第四，坚持突出特色和强化优势，是电大稳定发展的关键所在。电大教育在 20 多年发展的基础上，通过开放教育试点的探索和实践，已经形成了一系列的特色和优势：拥有一个遍布全国城乡的庞大网络和一个延伸到基层行政区域的办学系统，有一套完整的管理和运行网络；坚持面向基层、面向地方、面向农村、面向边远和民族地区，多层次、多规格、多功能、多种形式办学，满足了各类社会成员的不同学习需求；具有整合和利用优质教育资源的能

图 1-8　2006 年 12 月 14 日作者在中央电大复兴门大楼接待委内瑞拉科技部长考察团一行

力。社会上好的资源，不论是普通高校、行业部门还是培训机构的，都可以作为电大的资源；依靠完整的管理和运行网络，建立了一套严密的教学质量监控体系。这些优势和特色，保证了电大过去的稳定发展，也是现阶段电大生存和发展的需要，更是谋求电大长远发展，使其在构建终身教育体系、建设学习型社会中发挥更大作用的需要。

三、广播电视大学改革和发展对高等继续教育的启示

广播电视大学作为开展高等继续教育的骨干力量，其改革和发展的历程告诉我们，在信息技术迅猛发展的今天，要推进继续教育健康发展，在教育活动的组织上必须具备以下四个要素：要有覆盖城乡的办学网络，通过延伸到基层的办学网络把教育资源输送到千家万户，方便学习者的学习需求；要有丰富多样的教育资源，能够整合普通高校、行业、企业等各种优质的社会教育资源，满足各种类型学习者的学习需求；要有优质的支持服务，学习者在学习过程中遇到困难，能够得到及时有效的帮助和解决；要有规范的管理和质量保障措施，用严格的教学过程管理和严谨的质量监控体系来保障教学质量。因此，结合当前我国高等继续教育面临的形势，今后一段时间继续教育的推进需要着重在以下三个方面加大研究和工作力度。

建设和发展一个覆盖全国城乡的集资源传输、支持服务、管理运行于一体的有机的继续教育办学网络。现在多种继续教育形式都建有办学网络。

目前就有电大的网络，自考的网络，函授的网络，教师进修的网络，党校的网络，等等。在所有的继续教育办学网络中，就运行的一体化程度、资源的共享程度、管理的有效性和信息技术应用水平而言，相对来说，电大的网络体系是比较好的，也是覆盖面最广的，但也面临一些地方电大被更名、合并甚至撤销等的冲击。以先进网络教育教学手段改造传统的继续教育，加快教育资源信息化建设，是当前继续教育教学手段改革的重要方向。在这个总的趋势下，以电大系统现有的基础设施和教学网络为依托，结合其他各类继续教育办学网络进行优化整合，建立一个覆盖全国城乡，集资源传输、支持服务、管理运行三大功能为一体的远程教育公共服务平台，势在必行。平台建设也是在我国教育资源相对短缺情况下节约、快捷推进继续教育发展的有效途径。建设学习型社会，需要一个这样的网络；建设、发展和维护这样一个网络，需要强有力的政策和投入来保证。

扶持专业开发机构，扩大合作范围，凝结各方优势，整合优质资源。国家构建终身教育体系，需要把各种教育形式的优势结合起来，如果多种形式的继续教育达到最优化的组合，就能使最广泛的人群受益。在这种整合的过程中，能发挥带动和促进作用的应该是资源的优化组合。因为从资源分布来说，继续教育的优质教育资源需求量很大，不是任何一所普通高校或一类教育机构能够独家提供的。普通高校拥有学科资源优势，但通常是学术化的，和继续教育需求存在一定差距。其他社会组织、企业或行业拥有非常贴近实际的教育资源，但通常比较零散，不够系统，科学性不够。因此，继续教育要发展，需要专门的从事继续教育资源开发的教育机构，要扶持和发展这类机构。另外，资源标准的不统一，常常形成资源传输、共享的障碍，应该由专门从事继续教育资源开发的机构制定全国统一的标准。因此，建议以现有的继续教育骨干机构为主体，吸纳其他教育机构的优势，建立和扶持一个专业化的优质资源开发机构，通过多种方式、多种途径整合和利用社会优质资源，推进继续教育的健康持续发展。

实现继续教育市场的规范管理。引导并规范高等继续教育的办学行为，应该是当前高等继续教育的重中之重。近年来，高等继续教育在规模扩大、效益突出掩盖下的管理不善等问题已经越来越严重，标准不一、恶性竞争、证书管理混乱等不规范现象在社会上造成了负面影响，阻碍了继续教育市场的健康发展。实现继续教育市场的规范管理，首先应对现有的管理法规进行总结和研究，制定出有关继续教育管理的条例和各类继续教育教学基本要求。其次，各级教育行政部门也应加强对继续教育的规范管理和质量监控，加大对继续教育违规办学、违规招生和虚假广告的查处力度。再次，应抓紧建立高等继续教育办学水平评估机制，完善高等继续教育评估体系，形成健全的教学督导机制，强化教学全过程管理。

中国非传统高等教育的发展历程及其启示[①]

中国内地非传统高等学历教育经历了前期探索阶段、多途径探索阶段和远程开放教育阶段的发展历程，形成了十种不同的教育形式，包括夜大学、函授教育、广播电视教育、成人脱产班、高等教育自学考试、第二学士学位制度、在职人员以研究生毕业同等学力申请硕士/博士学位制度、专业学位制度、中央广播电视大学实施的开放教育、普通高等院校实施的网络教育。本节阐述非传统高等教育发展历程的阶段性特征和各种教育形式的共同发展特征，分析影响非传统高等教育发展的要素，讨论非传统高等教育未来发展需要重点面对的问题与困难。

到2008年，中国内地经济经历了持续30年的高速增长，人民群众的生活水平也得到了显著改善，国家经济发展对劳动者素质持续提出更高的要求，人民群众个人发展的需求也不断增强。为了满足这些需要，2007年10月，中国政府提出到2020年终身教育体系基本形成的教育发展目标，以及"发展远程教育和继续教育，建设全民学习、终身学习的学习型社会"的教育任务（胡锦涛，《中共十七大报告》）。非传统高等教育的发展再一次聚集了各级政府和社会各界的目光。

图1-9 2008年12月31日中共中央政治局委员、国务委员刘延东视察教育部电教小区

此处所指的非传统教育包括学历教育和非学历教育。就非传统高等教

[①] 葛道凯. 中国非传统高等教育的发展历程及其启示[J]. 国际持续教育及终身学习期刊，2008-11-1 (1)：17-23.

育而言，学历教育始终是其主要的内容和方面。非传统高等教育是相对于全日制普通高等教育而言，除普通高等教育之外的其他多种高等教育形式。在中国近现代教育发展史上，非传统高等教育有着独特的发展历程，在提高劳动者素质和满足人的发展需求方面，发挥了重要作用。

一、中国非传统教育的发展历程

1950年以来，在中国内地的高等教育发展进程中，出现了十种非传统高等教育的形式，大体可以分为前期探索、多途径探索和远程开放教育三个阶段。

第一阶段：前期探索阶段（1950—1978年）

中华人民共和国建立之初，面对第二次世界大战和解放战争带来的巨大创伤，国家开始进行大规模的经济建设，迫切需要大量人才。1949年，全国有普通高校205所，在校生仅有11.6万人，仅仅依靠传统的普通高等教育，远远满足不了国家百业待兴的发展需要。夜大学和函授教育两种最早的非传统高等教育形式就是在这样的背景下逐步发展起来的。夜大学是依托普通高校的教育资源，利用晚上或其他业余时间对求学者进行集中授课的学习形式。函授教育是求学者以在职自学为主，面授为辅，学生和老师的交流以信函的方式进行，学生通过普通高校统一组织的考试就可以取得相应的证书。

1950年，中国人民大学夜大学正式招生，标志着新中国非传统高等教育事业的正式创立。1953年，教育部提出，高等学校开办函授教育和夜大学是高等教育改革的一项重要内容。是年，中国人民大学开办了函授教育，开设财经专业，招收学生共2500人。从此，高等函授教育和夜大学作为中国非传统高等教育的两种重要办学形式，由全国各地全日制高等学校广泛兴办，并纳入国家的教育体系。到1965年，有123所高校举办函授教育，83所院校举办夜大学。到2006年，中国内地绝大部分高等学校都举办有函授教育和夜大学教育，函授教育在校生有277万人，夜大学教育在校生有141万人。

第二阶段：多途径探索阶段（1979—1998年）

从1977年8月开始，国家领导人邓小平同志先后在"科学和教育工作座谈会"、"全国科学大会"、"全国教育工作会议"上作了一系列重要讲话。邓小平同志指出："教育还是两条腿走路。就高等教育来说，大专院校是一条腿，各种半工半读的和业余的大学是一条腿，两条腿走路。"邓小平先生的这些讲话确立了非传统高等教育的战略地位，极大地促进了各种形式非传统高等教育的快速发展。这一时期从中央广播电视大学及大部分省级广播电视大学的建校开学开始，先后探索了六种非传统高等教育形式。

第一种形式是面向全国开展的广播电视教育，主要是采用广播、电视、印刷品和视听教材等媒体进行远距离教学。1978年2月，为解决改革开放初期人才短缺的严重问题，邓小平同志亲自倡导并批示创办面向全国的广播电视大学。1979年2月，中央广播电视大学正式开学，中国内地除西藏外，28个省、市、自治区都建立了广播电视大学，到1985年，在校生达到了67.4万人。近年来，随着广播电视大学的深化改革以及开放教育的兴起和迅猛发展，传统的广播电视教育已经发生了很大变化。

第二种形式是成人脱产班，就是在职成人通过入学考试后，暂时脱离工作岗位，进入普通高校或成人高校进行2~3年的全日制学习，完成学业后取得相应学历证书的高等教育形式。其前身叫干部专修科，开始于1980年，出发点是高校要向在职成人提供更多的教育机会和形式，后来改称成人脱产班。2006年，在校生达到105万人。但2007年11月，教育部下发了《关于加强成人高等教育招生和办学秩序管理的通知》，从2008年起，普通高等学校停止招收成人脱产班，成人高校招收成人脱产班的规模要根据具体行业需求从严、合理确定。未来，这种教育形式的任务将逐步转移给传统高等教育和其他非传统教育形式。

第三种形式是高等教育自学考试。这是一种鼓励社会成员自学成才，自学成果可以实现国家认可的考试制度。其特点是个人自学高等教育课程，也可借助各类教育机构广泛开展的社会助学班辅助自学，学习完成后参加全国统一组织的考试，各门课程成绩合格可取得相应学历证书或其他学业证书。始于1981年，之后逐年稳步发展，到2000年达到最高峰，当年有1370万人次参加课程。此后开始逐年减少。取得学历证书的学生每年有70万人左右。

第四种形式是第二学士学位制度。为适应社会对知识面宽、跨学科的高层次专门人才的需求，从1984年开始，中国内地在普通高等学校中还试行了第二学士学位教育制度。其招生对象主要是大学毕业并获得学士学位的在职人员，经过必要的资格审查和入学考试，再攻读另一个学科门类中的某个本科专业，成绩合格可授予第二学士学位。到2007年，高等学校设第二学士学位专业73种，375个专业点。

第五种形式是在职人员以研究生毕业同等学力申请硕士、博士学位制度。这种形式以1986年开始实施，其特点是获得学士学位或硕士学位的毕业生，在本专业或相近专业工作三年以上，并在实际工作中取得一定科研成就，在不脱产的情况下自学或参加学校组织的研究生班学习，并通过全部研究生课程考试、国家统一组织的外语考试、学位论文审查、学位论文答辩等环节，可取得相应的硕士或博士学位。2006年，在校学生有29.9万人，授予学位5.6万人。

第六种形式是专业学位制度。专业学位教育是一种具有鲜明应用型特色的大学后继续教育。报考专业学位，一般应具备大学本科毕业学历，有三年以上相关工作经验，在职人员攻读专业学位采取在职兼读的非全日制方式进行。中国内地的专业学位制度始建于1991年，为了拓展人才培养的类型和规格，加快培养社会急需的复合型、应用型高层次专门人才，国务院学位委员会先后批准设置了工商管理硕士（MBA）、建筑学专业学位、法律硕士、教育硕士、工程硕士等19种专业硕士。专业博士包括临床医学、口腔和兽医等。

第三阶段：远程开放教育阶段（1999年至今）

随着现代信息技术的发展，从20世纪90年代起以计算机网络技术、卫星数字通信技术和多媒体技术为支撑产生发展了一种新型教育方式，在中国内地称为现代远程教育。1998年，国务院批转教育部《面向21世纪教育振兴行动计划》，提出要"建立终身学习体系"，且明确提出实施"现代远程教育工程"等若干战略举措，由此产生了两种新型的非传统高等教育形式，一个是依托全国广播电视大学系统由中央广播电视大学组织实施的开放教育，另一个是由普通高等学校实施的网络教育，通称现代远程教育。

中央广播电视大学开放教育开始于1999年，由中央电大组织实施，普通高校、行业部委共同参与，44所省级电大、956所地（市）级电大、1875所县级电大具体实施。招生对象为具有普通高中、职业高中及相当学历的在职人员及社会青年，免试入学、择优注册。

图1-10　2008年12月31日作者与中共中央政治局委员、国务委员刘延东等领导同志合影

中央电大和各级地方电大及教学点，利用计算机网络、卫星电视网络、电信网络有机联结的数字

化、多媒体、交互式远程教学平台开展教学,为学生提供必要的面授辅导和文字教材、视听教材、多媒体课件、网络课程,以及视听阅览室、多媒体联网计算机等先进的学习设施和其他学习支持服务。学生可在教学点和家中按照相关专业的教学安排进行自主学习,通过互联网和中央电大及各级电大远程教学平台随时点播和下载网上教学资源,利用网上直播、双向视频系统等网络交互手段参与网上学习交流。截至 2007 年年底,中央电大开放教育累计招生 458 万人,毕业学生 238 万人。"今天,广播电视大学已经成为中国现代远程教育的骨干力量,成为中国推进全民学习、终身学习的重要支撑。"①

普通高校的网络教育,1999 年从清华大学等 4 所普通高校开始实施,到 2006 年,全国共有 67 所普通高等学校开展网络教育,本专科在校生 93 万人。该种形式与中央电大开放教育的主要差异表现在,普通高校网络教育主要使用高校自身教学资源,通过互联网实施教学活动;中央电大开放教育除使用电大自身教学资源、通过互联网开展教学活动外,还通过合作办学,整合、共享包括普通高校在内的社会各界的优质教学资源,并在教学活动中辅之以必要的面授。

二、中国非传统教育的主要特征

通过以上阐述不难看出,中国非传统高等教育在半个多世纪的发展历程中,每个阶段都呈现出不同的阶段性特征。在前期探索阶段,主要特征是探索教育对象的开放,确立了面向全民的教育理念,力求让更多的人群有机会接受高等教育。这一理念主导了迄今为止的发展历程。在多途径探索阶段,适应中国内地改革开放和经济社会发展的需要,非传统高等教育得到了迅速发展,这一时期的主要特征是教育方式更加开放,办学形式更加灵活多样,呈现出多形式、多层次、多规格,开放灵活的特点。在远程开放教育阶段,基于信息技术迅猛发展提供的条件和可能,进一步探索了教育资源的开放、教育方法的开放和教育环境的开放。

回顾中国非传统高等教育的发展历程,可以看出,寻找适合经济社会发展、符合教育规律的教育形式是整个发展历程中始终不变的一条主线。上文所概括的十种教育形式,产生在不同历史时期,并且迄今为止仍然在发挥作用。除此之外,在不同的历史时期也曾产生过其他一些教育形式,

---

① 陈至立. 纪念邓小平同志批示创办广播电视大学 30 周年暨推进国家终身教育体系建设座谈会[J]. 中国教育报,2008-2-1 (1).

但在产生之初或产生后不久就消亡了,从而没有留下明显的历史痕迹。

笔者认为,任何一种教育形式的发生、发展乃至壮大,必须具备下面几个条件:一是要代表教育发展的基本趋向,从目前的认识水平看,远程开放教育代表了高等教育开放性发展的方向或者趋向,是最新的阶段;二是要符合经济社会发展的现实需要,先进的教育理念只有与社会实际相结合,才能转化为持续的教育活动;三是要找到教育形式自身的基本规律。

以上十种教育形式虽然创立在不同的历史背景下,但具有四个共同的发展特征:

- 它们都把面向弱势群体的教育服务作为自己的努力方向,因此它们是面向基层、面向行业、面向农村、面向边远和民族地区的。
- 它们都把面向在职人员的学习需求作为自己的努力方向。
- 它们都把推进教育活动的开放、方便和灵活作为自己的努力方向。
- 它们都把推进优质教育资源的广泛使用作为努力方向。

这四个方面或许正是非传统高等教育的基本特征,是任何一种具体的非传统高等教育形式寻找自身规律的出发点。

当前,十种非传统高等教育形式正处在不同的发展阶段,要推进非传统高等教育迈向更高的阶段,笔者认为需要综合考虑四个必不可少的要素。

第一,要有丰富的多样化的教育资源,能够整合普通高校、行业、企业等社会各种优质的教育资源,满足各种类型学习者的学习需求。因为非传统高等教育的对象是全体社会成员,全体社会成员的需要自然是多样化的,不是一种类型、两种类型甚至三种类型可以满足的,要满足多样化的社会需求必须要有非常丰富的学习资源来保证。

第二,要有一个运行高效的办学网络。仅有资源是不够的,对中国内地来说,13亿人不可能都到校园内来学习。那么全体社会要学习,就应该把这些资源送到他们的身边,通过延伸到基层的办学网络把教育资源输送到千家万户,这样才会使他们的学习能够比较方便、比较灵活。

第三,要有优质的支持服务。有了资源和网络还远远不够,因为教育活动是人与人的沟通,是老师和学生的沟通,这种沟通是知识的传递也是心灵的交流。社会成员在学习过程中,必然会遇到这样那样的困难和问题,其中大量是学业方面的,也包括非学业方面的。他们需要别人的帮助,这就需要为学习者提供体贴周到的支持服务,使学习者在遇到困难时,能够得到及时有效的帮助和解决。

第四,要有规范的管理和质量保障措施。教育活动特别是学历教育活动是有标准的,达不到标准的活动就构不成学历教育,质量就无法保障因此要有严格的，同时又是灵活的教学过程管理和严谨的质量监控体系来保障教学质量。

三、中国非传统教育发展的主要问题

中国非传统高等教育的发展历程，也是一个充满争论、面对持续挑战的历程。

1. 质量标准始终是非传统高等教育发展中广泛讨论的热点问题

中国的非传统高等教育在培养对象上与普通高等教育的差别是明显和客观的，在教学内容、课程体系等多个方面的组织与安排是否应该有所差异，可否用同一把尺子、同一个标准来衡量二者质量的高低？这一命题的讨论由来已久。已经迈进大众化发展阶段的中国高等教育，如何面对不同类型、不同层次高等教育质量标准的差异性和多样性，如何树立发展的、具有多样化、适应性、整体性和特色化的质量观，这些问题将继续伴随中国非传统高等教育的未来发展。

2. 管理与服务是制约非传统高等教育稳定发展的关键因素

非传统高等教育和传统高等教育最显而易见的区别是，传统高等教育主要发生在有限的校园内，以全日制学习为主要形式，有明确的空间、时间等界定。非传统高等教育主要发生在无限的校园外，以业余学习为主要形式，没有明确的空间、时间等限定。如何保证校园外非传统高等教育的质量，对教师和学生的支持服务如何到位，必须有一套严格的管理制度和措施，必须有一套行之有效、方便快捷的支持服务体系。信息技术的迅猛发展为这些问题的解决提供了可能，但与传统高等教育相比，需要在管理和服务的方式方法上作深刻的变革。

3. 优质教育资源的整合是提升非传统高等教育质量与声誉的重要因素

从资源分布来说，非传统高等教育的优质教育资源需求量很大，它要求的资源必须是与生产实践相结合的，以实际应用为出发点的，这类资源不是任何一所普通高校或一类教育机构能够独家提供的。普通高校拥有学科资源优势，但通常是学术化的，和非传统高等教育的需求存在一定差距。其他社会组织、企业或行业拥有非常贴近实际的教育资源，但通常比较零散，不够系统，科学性不够。因此，非传统高等教育要发展，必须要通过多种方式、多种途径整合和利用社会优质资源，包括整合普通高校的资源，行业部门的资源，培训机构的资源等，这种优质教育资源整合能力是推进非传统高等教育健康持续发展的重要保证。

广播电视大学：全民终身学习的平台[①]

中国广播电视大学是邓小平同志于1978年亲自倡导并批准创办的。30年来，在邓小平同志现代教育思想的指引下，在历届党中央、国务院领导的高度重视和关怀下，广播电视大学伴随着我国改革开放的伟大历史进程不断发展壮大，对具有中国特色的远程开放教育进行了有益的探索，取得了很大成绩。广播电视大学已经发展成为由中央电大、44所省级电大、945所地市级电大分校、1842所县级电大工作站组成的世界上规模最大的远程教育系统，成为国家公共教育事业的重要资源。这一办学体系集学历教育与非学历教育、正规教育与非正规教育、正式学习与非正式学习为一体，充分体现了终身教育和终身学习的理念，对于促进中国整体教育发展和城乡人力资源开发均发挥着不可替代的作用，已经成为中国高等教育和终身学习体系的重要组成部分。

一、邓小平教育思想的伟大实践

中国广播电视大学是中国社会进入社会主义建设新时期的产物，它的创建有着深刻的经济、社会、政治历史背景。

1. 中国远程教育的早期实践

20世纪60年代初，我国进入了国民经济全面恢复时期，社会主义建设出现良好的势头。一方面，经济建设和社会发展急需大量的建设人才，另一方面，人民群众普遍渴求通过各种形式的学习获得更多新知识。在这种大背景下，在新中国成立初期就已兴起的函授教育和成人业余教育的基础上，各地政府结合广播、电视传输网络利用黑白电视即将进入普通家庭的条件，在天津、北京、上海、沈阳、广州、哈尔滨等中心城市成立了早期区域性的电视大学或广播电视大学，使中国成为世界上最早将广播电视手段运用于高等教育的国家之一。截止到1966年，共开设物理、化学、数学、政治、中文、英语、俄语、机械、电机、化工、农业等11个专业，累计招收本、专科生12万人，毕业2.6万人。1966年"文化大革命"爆发，

[①] 顾明远，刘复兴. 改革开放30年中国教育纪实[M]. 北京：人民出版社，2008（12）：706-728.

这些城市的广播电视大学被迫停办。

2. 世纪伟人高瞻远瞩的战略决策

"文化大革命"结束后，国家进入社会主义现代化建设的新时期，但是"文化大革命"给教育战线留下的创伤使原本就不发达的国民教育遭到严重破坏，造成整整一代人失去接受高等教育的机会。70年代后期，我国在校大学生，每一万人口中仅有11.6人，在世界排名倒数第9位。同时，高等教育领域教育层次、科类专业结构比例以及地理分布不合理的问题十分严重。成人教育和职业技术教育则更为落后。这一时期，我国企业中技术工人、科技人员严重短缺，职工中有大专以上学历的不足3%，初中以下文化水平的占80%以上，甚至还有9%的文盲、半文盲。各地社会、经济、文化、教育发展极不平衡，在农村、边远地区和民族地区，教育和人才开发的落后状况就更加严重。因此，一方面经济建设百废待兴，百业待举，迫切需要大量的高级专门人才，需要提高就业人员的科技文化水平；另一方面，受到"文化大革命"影响的年轻一代正急需接受高等教育，受到严重破坏的我国高等教育却无法满足需要，如何解决这一矛盾成为政府和教育者面临的重大课题。

而在"文化大革命"的期间，国际远程教育有了突飞猛进的发展，特别是1969年英国开放大学的创立，使远程教育很快在质量、规模和效益等方面都赢得很高的声誉，从而拉开了全球远程开放教育的序幕。1977年10月19日，在国家积极筹备恢复高考的同时，邓小平同志会见了来华访问的英国前首相爱德华·希思（图1-11）。希思介绍了英国利用电视等现代化手段办开放大学的经验，引起邓小平的兴趣，他明确表示要利用电视手段加快发展我们国家的教育事业。10月下旬，根据小平同志指示精神，教育部、中央广播电视事业局邀请有关部门，成立了电视教育领导小组。12月9日，教育部、中央广播电视事业局联合举办面向全国的电视教育讲座（英语、数学、电子技术）在北京电视台（中央电视台前身）开始播出。1978年2月3日，教育部、中央广播电视事业局提交了《关于筹办电视大学的请示报告》。2月6日，邓小平审阅了报告，并亲笔批示"同意"。4月22日，邓小平在全国教育工作会议上的讲话指出："要制定加速发展电视、广播等现代化教育手段的措施，这是多快好省发展教育事业的重要途径，必须引起充分的重视。"1979年2月6日，中央广播电视大学和全国28所省、自治区、直辖市广播电视大学同时开学，为32万学员举行了隆重的开学典礼。中央电视台现场直播开学典礼盛况，时任副总理的王任重出席了典礼，华罗庚教授给全国电大学生讲授第一节课。从此，一个遍布全国、

图1-11 1977年,邓小平同志会见英国前首相希思,创办电视大学思路形成

为没有机会接受高等教育的求学者提供学习机会的中国广播电视大学走上了历史舞台。全国电大的发展,自上而下,由城市向农村,逐渐覆盖各省,并随着中国经济社会发展的脉搏不断前进,最终搭建了中央电大、省电大、地(市)电大、县(市)电大三级管理、四级办学的远程教育体系,形成了遍布城乡的完整的教育网络和教学组织系统,不断将各种优质教育资源传输到中国广大城镇、农村和边远地区,使人们在在职在岗条件下就能接受高等教育和各种技能培训,提高文化科学素质,为地方经济发展服务。中国广播电视大学独特的办学系统在中国远程教育发展中具有不可替代的战略地位。

3. 邓小平现代教育思想的伟大实践

邓小平同志批示创办广播电视大学30年来,各级广播电视大学为扩大人民群众接受高等教育的机会,为加快我国高等教育大众化进程,为我国终身学习体系的建设,作出了巨大贡献。今天,广播电视大学已经成为我国现代远程教育的骨干力量,成为我国推进全民学习、终身学习的重要支撑。截至2007年年底,除中央广播电视大学外,全国建有44所省级广播电视大学、956所地(市)级电大分校及省校直接管理的工作站、1875个县级工作站、51 665个教学班(点)。各级广播电视大学通过卫星和互联网实现有机联结,为构建终身教育体系和建设学习型社会搭建了服务平台。广播电视大学教育积极运用现代化教学手段,多层次、多规格、多功能、多形式办学,为社会特别是基层培养了大批"留得住、用得上、干得好"的应用型高等专门人才,其中高等学历毕业生已经接近700万人,各类非学历教育培训累计超过4000万人次。

实践证明,发展广播电视教育,是邓小平教育思想的成功实践。首先,发展广播电视教育,是邓小平优先发展教育、多出人才快出人才教育思想的成功实践。"文化大革命"后,面对百废待兴、人才严重短缺的中国,邓小平敏锐地意识到利用电视等现代化手段开创新的远程开放教育模式,是扩大高等教育事业规模、多出人才、快出人才，提高全民族科学文化水平的一条捷径，对像中国这样经济比较落后、教育基础相对薄弱的发展中国家来说，更有投入少、见效快、效益高的独特优势。其次，发展广播电视教育，是邓小平"两条腿走路"发展教育思想的成功实践。1977年8月，在全国科学和教育工作座谈会上，邓

图1-12　2008年作者在中央电大复兴门大楼会见英国开放大学副校长艾伦·泰特

小平同志说，"教育还是要两条腿走路。就高等教育来说，大专院校是一条腿，各种半工半读的和业余的大学是一条腿"。可见他在考虑恢复和发展高等教育时，没有把视野仅仅停留在普通高校，对非传统意义上的成人高等教育同样给了高度重视。最后，发展广播电视教育，是邓小平教育现代化思想的成功实践。他在1978年5月全国教育工作会议上明确指出："要制定加速发展电视、广播等现代化教育手段的措施，这是多快好省发展教育事业的重要途径，必须引起充分的重视。"这充分体现了他对现代教育技术的高度重视和加速教育现代化的坚强决心。1994年11月，李岚清副总理接见全国电大校长座谈会的代表时指出，"电大是具有中国特色的一个伟大创造"。

二、学历补偿教育的历史性贡献

电大在创办初期，以开展学历补偿教育为主，使数百万没有机会接受普通高等教育的成人走进了远程教育的大课堂，不仅为在"文化大革命"中被耽误的一代青年提供了接受高等教育的机会，而且为缓解改革开放初期人才严重短缺发挥了应有的作用，作出了历史性贡献。

1. 圆"文化大革命"后百万学子大学梦

1979年2月开学当年，全国广播电视大学仅开设机械、电子类专业，但仅仅这些少量专业，在全国首次就招收学员32.24万人，其中全科生9.77万人，单双科生22.47万人，此外还有相当数量的自学视听生，使原来没有机会上大学的一大批青年人又重新回到了课堂。1982年，电大的首届毕业生和恢复高考后的77、78级毕业生同时投身到国家的经济建设当

中，很多人目前已在国家科技、经济、教育、文化领域里走上了重要岗位。1983年4月28日，国务院转发了教育部和国家计委《关于加速发展高等教育的报告》，报告提出要大力发展广播电视大学，扩大招生规模，此举促进了广播电视大学的快速发展。从1979年2月6日开学至1986年，全国电大已从开办初期的机械、电子2个专业、10门课程发展为15个专业门类、148门课程，各地电大在此基础上还自开60多个专业。招生对象主要是具有高中毕业水平需要进修提高的在职职工、学校教师和解放军指战员及城乡知识青年。招收的6届学员中，正式生达147万人（全科107万人，本科40余万人），自学视听生累计35万人，正式在校生达67万人，毕业生达61万人。招生数以每年38%的速度递增，在校生数相当于全国高校在校生数的19.6%。其中，1983年中央电大经济类8个专业一次招生就达23.56万人，相当于建国35年来全国普通高校同类专业招生总数的1.7倍，当年全国普通高校同类专业招生总数的8倍，经济类每种教材的发行量达70万册。同时，为了向基层和教育弱势群体延伸，从1982年起，电大开办了中专教育。中央电大从1986年起向全国提供部分中专课程，还通过卫星电视频道向全国播送大学后继续教育课程。到1989年电大创建10周年时，广播电视大学累计招收全科生161万人，毕业人数达104.5万人，非学历教育结业生200余万人，圆了百万学子上大学的梦想。

2. 培养改革开放初期各类紧缺人才

广播电视大学的建立和发展，为改革开放初期经济建设、社会发展培养了大批急需的专门人才，为扩大我国高等教育的规模，调整和改革我国高等教育的本、专科比例，同时也为提高我国城乡劳动者的素质和我国就业人口的学历知识结构作出了重要贡献。特别是由于50年代以后我国高等教育对文科的削弱和否定，导致文科学生比重偏低，导致政法、财经、管理等专业人才严重缺乏。而广播电视大学在培养一些比较紧缺的专业如政法、财经、管理等人才方面，确实发挥了很重要的作用，比如1980年广播电视大学就招收知青学员1.5万名。1982年7月，广播电视大学第一届毕业生7.8万人，相当于当年全国普通大学毕业生总数的30%，此外还有1.48万单科生结业。1986年全国电大系统经济类和党政管理干部专修科毕业生27万多人。广播电视大学为机关事业单位、学校和各行业基层培养了大批实用人才。如在广东省西部山区怀集县，县委常委，县委、县政府机关中层干部以及镇委书记中有60多人是电大毕业生。甘肃有个国营工厂，为"两弹"事业作出过重大贡献，这个厂电大毕业生就有368人。据1987—1990年国家教委对全国广播电视大学前三届毕业生的追踪调查，用人单位对毕业生信任和比较信任的占86%。这些都说明电大教学质量具有较高水平并获得了社会的认可。电大毕业生的业务能力和管理能力达到高等专科教育水平以上的分别占90%和80%。对电大教育质量和投资效益评估的结果表明，广播电视大学高等专科教育学生的生均成本只占普通高等学校的35%～46%。电大毕业生被誉为"用得上，下得去，靠得住"的人才，电大这一新型的教育形式受到了群众的欢迎。时任国务院副总理兼国家教委主任的李鹏同志多次提出："电视大学是发展中国高等教育事业的重要途径"，"电视教育大有可为"，"努力办好广播电视大学，为社会主义建设事业培育更多更优秀的人才"。

三、积极探索多种形式开放办学

进入20世纪90年代后，广播电视大学认真总结补偿教育办学经验，积极开展多层次多途径办学实践，形成了既不同于普通高等教育也不同于成人高等教育的新模式，实现了由创办初期主要举办高等专科教育发展到既举办高等专科教育，又举办广播电视中专教育、卫星电视师范教育，还开展以岗位培训为主的大学后继续教育、职业教育、农村实用技术教育等多形式、多样化的办学模式的转变。

1. 办学思想和办学模式从封闭走向开放

随着国家改革开放的不断深化，广播电视大学的发展也面临着如何进一步"开放"与"现代化"的问题。为了更好地适应国家经济结构调整和社会深刻变革的形势，广播电视大学教育必须走开放办学之路。这一时期，电大在办学指导思想和办学模式上实现了四个转变，即由半封闭式的办学方式向开放式转变，由单一大专层次的学历教育向多功能转变，以脱产半脱产学习为主向以业余学习为主转变，由单纯的职后教育向终身教育转变。比如，不断扩大和更新高等专科教育的学科专业，到1993年，中央电大共向全国电大提供21个专业门类的300多门课程，全国电大开设的高等专科教育专业达数百个；开始举办普通专科班和大学基础班，招收应届高中毕业生；开展各类非学历教育特别是各种岗位培训、专业证书教育和大学后继续教育。1986—1993年，仅中央电大就同国务院有关部委在全国开展了38项非学历教育节目，共计培养结业生300多万人，接受广播电视大学继续教育、岗位培训和其他非学历教育的人数超过3000万人，获得结业证书的1000多万人，还有数以千万计的农民接受了电大设立的中国燎原广播电视学校的农村实用技术教育节目的培训。

2. 面向广大农村和基层培养培训专门人才

广播电视大学大力整合社会优质教育资源，并将其与自身的教学和教学管理资源进一步结合，输送到城市家庭，深入到基层县、乡，为学习者提供比较完善的支持服务。比如，通过农业广播电视学校和中国燎原广播电视学校，面向广大农村，为农村技术人才、回乡知识青年、乡镇党政干部、乡镇企业职工等提供电视教学课程（节目），普及农业科学技术、经营管理知识，提高农村劳动者的政治思想和文化技术素质。通过中国电视师范学院，面向全国中小学教师进行师资培训，为普及九年制义务教育所需的师资培训提供了有效途径。1992—1995年，有25个省、自治区、直辖市分期分批对不具备国家规定合格学历的中学教师，通过函授、卫星电视教育、自学考试相结合的方式进行培训，培训人数达70多万人。初中教师学历达标率从1992年的51.9%提高到1995年的69.1%。

3. 多层次多途径开放办学的积极探索

作为高等教育惠泽更大群体的一种重要途径，电大积极进行多层次和多途径的办学探索，为国家特殊教育人群提供教育服务，为促进和实现教育公平作出了不懈努力。1992年8月召开的全国首次成人高等教育招生工作会议，制定了进一步发展电大教育的若干新举措，如恢复自学视听生制度、开放专科起点的本科教育和举办专科层次的大学基础课程教育试点。1993年电大开办"大学基础班"，1995年开始招收"注册试听生"，1996年开展计划内"专升本"教育试点，1998年开始高职教育试点。尤其是电大先后推进的"注册视听生"和"专升本"两项改革试点，为各地电大的发展注入了新的活力。1999年，参加"注册视听生"试点的省市电大由1995年的15所发展到38所，全国电大4年累计注册39万人。通过试点，在与普通高校合作办学、优势互补，进行专业建设和课程建设，实行教考职责分离等方面进行了有益的探索，初步积累了开放办学的宝贵经验。到1999年，全国电大已培养高等专科毕业生231.38万人，占同期各类高校毕业生总数的14%，中等专业（含中师）毕业生累计100万人。

4. 教学手段现代化步伐明显加快

随着现代信息技术的进步，以卫星数字化改造、计算机技术和网络技术发展为代表的电子与通信技术的升级，为电大信息技术应用的更新换代提供了强劲动力，推动着电大教育"现代化"的不断发展。广播电视大学抓住机遇，大力开展计算机教学和全国电大系统的教学与教学管理的信息化与网络化建设，积极探索网络环境下的多种媒体教学模式、信息化管理模式和人才培养模式。中国电大计算机网络协作会和全国电大CAI课件开发制作协作会先后成立，中央电大初步完成校园网建设并实现 24 小时全天候开通，建成了电视直播教室、多媒体网络教室、多媒体研究开发中心，并投入使用，与中国教育电视台合作开发的 VBI 卫星电视数据广播试播成功。多媒体技术和计算机网络的实际应用受到了比较普遍的重视。中央电大开发的基于互联网的教学管理、电大基本情况等 5 种公共数据库，陆续投入使用。此

图 1-13　2007 年开放教育总结性评估时作者与教育部高等教育司司长张尧学在中央电大复兴门大楼一层大厅

外，中央电大和各省级电大普遍开展了教师、管理和技术人员的计算机及软件应用和开发能力的培训。

　　1995 年国家教育委员会转发了《关于广播电视大学贯彻〈中国教育改革和发展纲要〉的意见》，提出了广播电视大学未来发展的总目标：立足国情，适应经济建设和社会发展需要，扩大开放办学的程度，发挥现代化教学手段的优势，为更多的求学者提供终身接受教育的机会和条件，提高广大劳动者素质，培养各类应用型人才，努力建设具有中国特色的现代远距离教育开放大学。这为广播电视大学的发展指明了方向，为广播电视大学实现由以广播电视教育为代表的第二代远程教育向以计算机网络和多媒体技术为代表的第三代远程教育跨越式发展提出了要求。

四、大力实施开放教育，电大实现跨越式发展

　　1998 年，国务院批转教育部《面向 21 世纪教育振兴行动计划》，提出要"建立起终身学习体系"，且明确"现代远程教育是随着现代信息技术的发展而产生的一种新型教育方式，是构筑知识经济时代人们终身学习体系的主要手段"，将实施现代远程教育作为振兴我国教育的重大工程之一，旨在充分利用现代信息技术和手段，推进高等教育大众化进程，探索我国在教育资源短缺情况下办好大教育、构建终身教育体系的新途径。1999 年 5 月召开的第三次全国教育工作会议和《中共中央、国务院关于深化教育改革全面推进素质教育的决定》，以及我国世纪之交在高等教育领域掀起的各项改革，如高等学校管理体制改革、教学改革，高等学校扩招以及多元化发展我国现代远程教育的决策，给电大的改革和腾飞带来了新的机遇和挑

战。继清华大学等4所重点普通高校被批准开展现代远程教育试点之后，教育部决定开展"中央广播电视大学人才培养模式改革和开放教育试点"项目，并将其作为"现代远程教育工程"的重要组成部分。中央电大通过参与实施"现代远程教育工程"，进一步发挥资源优化配置等方面的优势，借鉴高校改革发展，通过大力发展开放教育，积极探索了现代远程教学条件下人才培养模式改革的方式方法和相应的教学模式、管理模式及运行机制，大大推动了中央电大和全国电大的改革与发展，广播电视大学进入了开放教育的新时期。

在教育部领导下，开放教育由中央电大组织落实，依托电大系统运作，并与普通高等学校在专业设置上紧密合作。中央电大主要负责开放教育整体规划、教学资源开发、管理组织协调和过程指导监督；各地方电大负责教学过程的组织落实；合作高校参与专业教学计划和课程资源建设。开放教育办学层次以专科和专升本为主，其主要特点：一是免试入学、择优注册。招生对象为普通高中、职业高中及相当学历的在职人员及社会青年，学分8年有效。二是方便灵活。学生根据自己的需要选择文字教材、广播（录音）、电视（录像）、CAI课件、学习网站等多种媒体进行自学，教师给予必要的面授和全过程的学习支持服务。三是中央电大统一进行学籍管理，并颁发毕业证书。执行统一的教学计划，其中60%以上学分的主干课程执行统一的教学大纲，使用统一的文字教材，实行全国统一命题和考试并执行全国统一的评分标准。其余课程由地方电大自行开设和建设，或在中央电大提供的有关课程中选取。中央电大面向全国开设理学、工学、农学、医学、文学、法学、经济学、管理学、教育学、历史学等10个学科门类的67个统设专业。在开放教育阶段，全国广播电视大学开展的学历教育，除中央电大开放教育以外，部分地方广播电视大学还开办有计划内高等专科和专升本学历教育，即学生经全国普通高等学校或成人高等学校统一招生考试入学，利用业余时间或脱产等形式进行学习，由各省级广播电视大学颁发毕业证书，这部分学生后来由于国家政策的调整，总体规模比较小。自1999年以来，全国电大在中央电大的统筹规划下，实行统筹规划、分级管理、分工协作的运行机制，共同完成开放教育教学任务，大力推进现代远程教育条件下的人才培养模式改革，电大综合办学实力得到明显提高，改革和发展取得了显著成就。

1. 为推进中国高等教育大众化作出突出贡献

广播电视大学始终坚持面向基层、面向行业、面向农村、面向边远和民族地区，满足了各类社会成员在职学习的不同需求。在1999—2007年广播电视大学实施开放教育的8年中，仅开放教育累计招生458万人，毕业学生238

万人，约占同期各类高等教育招生总数的 1/8，占成人高等教育招生总数的 1/3，占现代远程教育试点招生总数的 75% 以上。2007 年，全国各类高等教育 2700 万在校生中，电大学生 222 万，占全国高等教育本专科在校生总数的 8%，为我国高等教育 23% 的毛入学率贡献了 2 个百分点（表 1-1）。可以说，电大开放教育为推进我国高等教育大众化进程作出了重要贡献。

表 1-1 1998—2007 年全国普通高校、成人高校与电大在校生、毕业生发展情况比较表

（单位：万人）

年份	普通高校		普高成人教育		成人高校		广播电视大学	
	在校生	毕业生	在校生	毕业生	在校生	毕业生	在校生	毕业生
1998	340.9	83.0	161.4	42.9	120.8	39.7	88.8	17.3
1999	408.6	84.8	182.8	47.7	73.7	24.0	95.2	18.5
2000	556.1	95.0	241.9	55.2	77.1	23.0	114.9	19.0
2001	719.1	103.6	333.4	61.4	82.6	20.7	151.1	21.7
2002	903.4	133.8	433.0	80.4	87.7	23.2	151.0	27.9
2003	1108.6	187.8	316.0	117.0	60.6	27.1	171.4	40.1
2004	1333.5	239.1	345.7	147.3	52.7	28.9	200.7	51.1
2005	1561.8	306.8	365.8	138.9	50.3	18.4	221.1	60.6
2006	1738.8	377.5	454.2	63.8	51.4	11.2	217.0	73.1
2007	1884.9	447.8	461.1	151.1	46.6	17.8	222.5	69.4

2. 初步搭建全民学习、终身学习平台

到 2007 年，形成了除中央电大外，还有 44 所省级电大、956 所地（市）级电大分校及省校直接管理的工作站、1875 个县级工作站和 51 665 个教学班（点）组成的统筹规划、分级管理、分工协作的现代远程教育教学管理系统（图 1-14）。"十五"期间，全国电大用于信息化基础设施、设备的投入近 60 亿元。全国 44 所省级电大和 1000 多个教学点安装使用了电大在线远程教学平台。中央电大和省级电大及教学点，利用计算机网络、卫星电视网络、电信网络有机结合的数字化、多媒体、交互式远程教学平台开展教学（图 1-15）。学生可在教学点和家中按照相关专业的教学安排，根据自身学习特点和工作、生活环境自主学习，通过互联网和中央电大及各级电大远程教学平台随时点播和下载网上教学资源，利用网上直播、双向视频系统等网络交互手段参与网

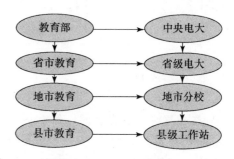

图 1-14 全国广播电视大学系统结构示意图

上学生与学生、学生与教师之间的学习交流。中央电大开发的远程教学平台、教务管理系统、开放电子公务系统，成为构建开放教育网络教学环境的重要技术支撑。全国各级电大通过卫星、互联网和人网实现了有机联结，形成了天地人网结合、三级平台互动的方便、灵活、开放的教学和学习环境，全国广播电视大学实现了由以广播电视手段为主向以网络技术手段为主的教育技术的转变。基于多种媒体技术的开放教育已经成为电大教育的主流和方向，成为国家发展现代远程教育的宝贵资源，为构建终身教育体系和建设学习型社会搭建了服务平台。

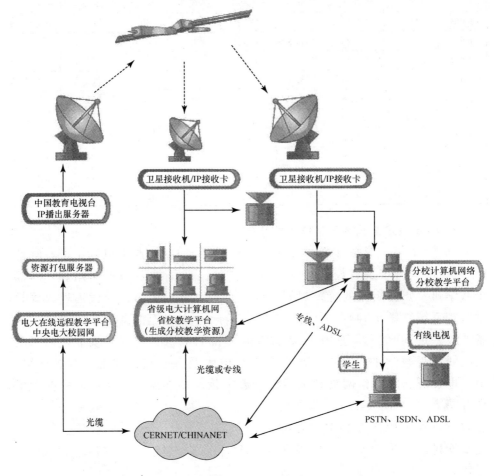

图 1-15 广播电视大学网络教学环境示意图

3. 整合与共享教育资源，探索合作办学有效途径

社会广泛参与是电大 30 年的办学实践的一个显著特征。电大积极和有关政府机构、高等院校、行业和企业联合办学，并将分校（工作站）或教学点

直接设在许多大中型企业，利用高等院校、科研院所、厂矿企业的实验场所和仪器设备，开发各种社会资源来促进电大教育事业的发展，同时也增强了电大在办学层次、专业设置和培养目标等方面对社会需求的适应性。与北京大学、清华大学、天津大学等20多所普通高校和人事部、劳动部、建设部、中国人民银行等16个部委（行业）合作，开设专业和课程以及开展非学历培训。与TCL企业集团合作成立电大在线公司，开发远程教学平台，为电大开放教育提供技术支持。中央电大开设的800余门课程中，每门统设必修课程均建有3种以上媒体的教材。建有文字教材873种，视听教材5150学时，IP课件5551讲，网络课程50多门，为全国农村党员干部现代远程教育试点提供音像教材800余小时。同时，基于网络的教学资源开发能力和水平得到了显著提高。

4. 形成具有中国特色的开放式人才培养模式基本框架

通过开放教育探索实践，电大系统组建了高水平的专兼职教师队伍。2007年，全国电大专任教师4.96万人（高级职称1.32万人，占26.53%；中级职称2.18万人，占43.91%）。2007年，全国电大聘请校外教师3.71万人，其中1300多位知名学者、教授担任中央电大课程主讲教师和教材主编。开放教育推动广播电视大学在办学理念、教育思想观念、教学内容和课程体系、教学管理模式、教学手段和方法等方面发生了深刻变化。广播电视大学进一步明确了服务学习型社会建设的办学理念；实现了从阶段性学校教育向终身教育观念的转变，从传统校园式教育向现代远程开放教育观念的转变，从以教师和课堂为中心向以学生和学习为中心的教育观念的转变；建设了适应成人在职学习的教学内容和课程体系；形成了以适应经济和社会发展现实需要为目标，以适合从业人员学习需求的专业和课程为内容，以整合优化的学习资源为基础，以天网、地网、人网合一的学习环境为支撑，以学习者自主学习为主要方式，以严格而有弹性的过程管理为保障，培养留得住、用得上的应用型高级专门人才的中央电大开放式人才培养模式的基本框架。完善和发展了电大系统运作教学管理模式，建立了远程开放教育一体化运行机制，为办好开放教育，构建终身学习大平台形成了一系列思路。

5. 探索远程开放条件下人才培养质量保证新机制

电大在长期的办学实践中，探索形成了以"五统一"为核心、"五要素"为重点的开放教育教学质量保证体系，电大毕业生质量获得社会好评。广播电视大学始终把教学质量视为电大教育的"生命线"，按照国家规定的高等应用型人才培养目标，坚持"五统一"教育管理制度，提出了以"五要素"为重点的质量保证体系，形成了"开放式人才培养模式"、"学导结合教学模式"和"系统运作教学管理模式",有效保证了终身学习背景下开放教育的人才培养质量。2005年,中央电大在全国进行毕业生追踪调查,调查的1万多个用人单位对电大毕业生质量的总体满意度达到83.4%。电大毕业生分布在全国各地,在各系统已经成为极具活力的重要力量,许多毕业生成为所在单位生产、管理、技术第一线的骨干,被称为"留得住、用得上、干得好"的人才。特别是在基层和边远落后地区,电大毕业生在地方经济建设和社会发展中发挥了很大作用,得到了社会各方的认可,有不少担任了地(市)、县党政领导干部和企业高层经营管理者。在社会组织的各种专业技术职称、职业资格和招聘考试中,电大毕业生普遍表现出较强的竞争力,在地方经济建设和社会发展中发挥了重要作用,电大教育质量赢得社会尤其是社会基层的好评。

五、坚持四个面向办学特色,为实现教育公平发挥独特作用

广播电视大学自创建以来,始终坚持面向基层、面向行业、面向农村、面向边远和民族地区办学,将优质教育资源送到教育欠发达的地区和教育弱势群体中,贯彻和彰显教育公平。广播电视大学在校生中,有超过3/4的学生来自地市级以下的行政区域。中央电大专门建有面向农村的"一村一名大学生计划",面向部队士官教育的总参学院、八一学院,面向民族地区教育的西藏学院,面向残疾人的残疾人教育学院,惠及广大农村青年、部队士官、残疾人、少数民族等教育群体。电大3000多个教学点遍及全国城乡,尤其是在农村和西部地区,成为当地开展高等教育的主体,在促进高等教育机会均衡,实现教育公平方面作出了积极贡献。

图1-16　作者参加中央电大八一学院座谈会

1. 为广大农村培养"留得住、用得上"的技术和管理人才

为贯彻落实党的十六大和中央农村工作会议精神,落实《国务院关于进一步加强农村教育工作的决定》,教育部自2004年起启动"一村一名大学生计划",由中央广播电视大学组织实施。通过现代远程开放教育方式,将高等教育延伸到农村,尽快为农村第一线培养一批"留得住、用得上"的技术和管理人才,使他们成为发展农村经济和农业生产的带头人、农村科技致富带头人和发展农村先进文化的带头人,从而推动农民增收和农村社会、经济的发展。"一村一名大学生计划"目前开设了农业技术类、畜牧兽医类、农林管理类等16个专科专业。截至2008年春,"一村一名大学生计划"累计招生已达11.7万人,在校生9.9万人,毕业生1.8万人。"一村一名大学生计划"学生中,有很多人成为当地的能工巧匠。湖南炎陵县电大畜牧兽医专业的学生罗怀祖、邱福双,利用学到的养殖知识和技术,创办了株洲腾飞畜牧有限公司,建立起5个良种母猪示范村,推广养猪新法,带领当地农民致富。农村行政管理专业的喻建兴,运用农村政策法规、土地利用规划课程所学理论知识,指导社区拆迁工作,顺利解决了这个老大难问题。湖南望城县雷锋镇真人桥村是县电大最早的"实验村",2004年该村还属于"扶贫村",该村7名村级干部先后有4名主动报名参加了"一村一名大学生计划"学习,目前,该村已经成为长沙地区有名的"新农村建设示范村"和小康村。

2. 为少数民族、残疾人、军队等特殊教育群体提供学习机会

为培养少数民族地区急需的专门人才,2002年,中央电大与西藏大学合作成立中央电大西藏学院。西藏学院依托西藏大学的计算机网络、教学设施和师资力量,利用现代远程教育技术手段,面向西藏地区开展远程教育,为西藏地区更多的求学者提供了接受高等教育和终身教育的机会。截至2007年,已开设法学、汉语言文学等6个本科专业和5个专科专业,累计招收3000余人。同时,新疆、内蒙古电大结合地区实际,开设民族语言教学课程和汉语教学培训,为民族地区的教育振兴和文化发展作贡献。2002年,中央电大还与中国残疾人联合

图1-17 2007年12月3日作者为首届少数民族双语开放教育学生颁发毕业证书

会合作成立中央电大残疾人教育学院,学院依托地方电大和当地残联共同建设教学点,开创阳光学习网,面向有学习能力的残疾人,开展远程开放学历教育和岗位培训、实用技术培训、康复培训等非学历教育,为残疾人

平等、充分地参与社会生活开辟了一个新的、有效的途径。

为推进科技强军，提高部队士官队伍的整体素质，电大从 90 年代初期就开展了面向士兵的中等专业学历教育。为建设学习型军营，经教育部和中国人民解放军总参谋部批准，中央广播电视大学于 2000 年成立了中央电大八一学院、2001 年成立了中央电大总参学院，依托军队建制或军事院校组建教学点和学习点，利用现代远程教育手段，运用多种媒体相结合的教学模式，面向全军开展士官远程开放学历教育。这种教学形式受到广大指战员特别是驻守在祖国雪域高原、海防岛屿艰苦地区士官学员的热烈欢迎，被誉为没有围墙的士官大学，使士官学员"不出营门上大学"的梦想成为现实。截止到 2007 年 12 月，在部队共设立教学点、学习点 469 个，累计招收学员 7.8 万人，毕业 3.3 万人。

3. 为建设学习型城市、学习型社区搭建服务平台

为贯彻落实党的十六大提出的"形成全民学习、终身学习的学习型社会，促进人的全面发展"的精神，广播电视大学不断拓展与部委，行业、企业组织的合作，为创建学习型行业、学习型社区服务，广泛开展多种形式的资格证书、岗位证书培训、新法律法规培训、创业设计培训、职工素质培训等非学历培训。2003—2005 年，全国电大继续教育培训总量 582 万人次，超过同期全国普通高校非学历培训量的总和。与中国保监会合作，组织保险代理人考试，参考人数 339.9 万人次；与证监会合作，组织证券从业人员资格考试，参考人数 53.5 万人次；与用友公司开展了"ERP Ⅰ 级证"项目考试；与劳动和社会保障部合作，组织了通用管理能力认证考试。2004 年启动国家现代远程教育资源库建设，已汇集全国电大、普通高校、行业部委以及国外高校优质教学资源 4.3 万件。

广播电视大学利用完整的、遍及全国城乡的、天地人网结合的教学管理网络系统以及丰富多样的优质教育资源等得天独厚的条件，为全国各地创建学习型城市、学习型社区服务。北京、上海、天津、广州、武汉、西安、沈阳等城市明确提出要依托当地广播电视大学，构建开放、便捷、高效的终身学习网络。比如，北京市政府 2003 年组织市总工会、市教委、市人事局、市劳动和社会保障局，以及中央电大、北京电大共同组织和实施了首都职工素质教育工程，"创建学习型组织，争做知识型职工"活动在首都深入开展。建有专门为职工教育服务的首都职工素质教育工程网站，对首都 430 万职工免费开放。开办三年多来，培训工作站点从 77 个增加到 90 个，组织职工参加通用能力培训的企事业单位由几十家增加到千余家，培训网络覆盖了北京地区 18 个区县以及各大企事业单位，全市共计 9 万余名

职工参加了培训。

为发挥广播电视大学系统的资源优势和网络优势,中央电大还承担了全国现代远程教育公共支持服务体系建设工作,为现代远程教育试点高校和国内外其他教育机构提供规范、标准的社会化支持服务,为参加远程教育学习的学生提供全方位、全过程的学习支持服务,提高远程教育的教学质量和综合效益。截至2007年,中央电大现代远程教育公共服务体系建立奥鹏学习中心1352个,与34所试点高校建立合作关系,为233个专业的20余万名学生提供学习支持服务。承担了全国试点高校网络教育8门公共基础课,24.77万人次的统一考试考务工作。

六、广播电视大学发展的未来:做全民终身学习的平台

1. 党和政府新时期的战略部署

党的十七大提出要"优先发展教育、建设人力资源强国",要把"现代国民教育体系更加完善,终身教育体系基本形成,建设中国特色社会主义现代化教育体系"作为小康社会发展的一个战略性目标。特别是第一次在党的代表大会上提出"发展远程教育和继续教育,建设全民学习、终身学习的学习型社会",明确了远程教育在全民学习、终身学习的学习型社会建设中的地位、任务和使命。这充分肯定了远程教育在现代国民教育体系和终身教育体系中的重要地位,体现了党中央对远程教育事业的高度重视。21世纪的前20年,正是中国从人口大国向人力资源强国、从高等教育大国向高等教育强国转变的重要战略机遇期。我国教育事业经过不懈努力,已经取得了巨大成绩,然而,总体来说,我国全民受教育程度仍然不够高,与发达国家相比还有很大差距。要实现2020年中国教育基本实现教育现代化,基本形成全民学习、终身学习的学习型社会,基本建成人力资源强国的目标,高等教育还有很长的路要走。要把巨大的人口压力转变为人力资源优势,建设人力资源强国,除了发展传统的教育形式外,也要大力发展各种非传统的教育形式。不仅需要建设更加完善的国民教育体系,更需要形成一个便于全民学习、终身学习的终身教育体系,使广大人民群众都享有接受良好教育的机会,真正做到学有所教。随着信息技术的进步和教育改革的深化,利用卫星、计算机、多媒体和互联网等多种手段进行学习的方式,逐渐走进广大民众的日常生活,终身学习的理念日益成为人们自觉自愿的选择,低成本、高效益的现代远程开放教育,应该成为中国实现高等教育大众化、提高国民素质、建设学习型社会的重要战略选择。作为远程教育骨干力量的广播电视大学必定会占有重要地位,在终身教育体系构

建、学习型社会建设中必将发挥更加重要的作用。

2008年1月31日，陈至立国务委员代表国务院在人民大会堂出席"纪念邓小平同志批示创办广播电视大学30周年暨推进国家终身教育体系建设座谈会"时指出，30年来，广播电视大学为社会特别是基层培养了大批应用型高等专门人才，特别是1999年实施中央广播电视大学开放教育以来，在教育思想、教学模式、管理模式和运行机制等方面进行了有益探索，为我国终身教育体系的构建积累了宝贵经验。一是探索了适应不同学习需求，提供多样化教育服务的新模式。二是探索了综合运用现代技术手段开展远程教育的新路子。三是探索了合作办学、整合与共享教育资源的新途径。四是探索了有效保障远程教育质量的新机制。

对广播电视大学今后的发展，陈至立提出三点要求，一是要充分发挥现代远程教育在构建全民学习、终身学习的社会中的重要作用。二是要充分发挥现代远程教育在发展继续教育中的重要作用。三是要充分发挥现代远程教育在缩小教育差距，促进教育公平中的重要作用。为落实党中央国务院的重要决策，教育部在2008年工作要点中明确提出，要积极发展远程教育和继续教育，在试点的基础上，全面部署和努力推进全民学习、终身学习的学习型社会的建设工作。要以国民教育体系为依托，充分发挥广播电视大学、自学考试和中国教育卫星宽带网平台等的重要作用，积极开展多种形式的成人继续教育和社区教育。可见，广播电视大学将迎来又一个更加有生机的春天。

2. 搭建全民学习、终身学习大平台

面对新的历史机遇，电大以科学发展观为指导，着眼于国家构建社会主义和谐社会和建设学习型社会的全局，主动适应社会教育需求和社会成员终身学习需求，坚持"扩大开放、保证质量、强化特色、打造品牌"的发展方针，以搭建服务全民学习、终身学习的大平台为目标，建设服务全民学习、终身学习的现代远程教育开放大学，为促进教育公平、构建国家终身教育体系作出贡献。"十一五"期间广播电视大学发展的总体目标是：电大系统建设成为具有国内一流的远程教育基础设施、一流的远程教学资源、一流的远程学习支持服务、一流的远程教育研究水平、一流的远程教育队伍的现代远程教育教学系统，综合办学实力居于世界远程教育开放大学前列。中央电大作为教育部直属的高等学校，建设成为现代远程教育开放大学和国家远程教育中心；省级电大作为省（自治区、直辖市）属高等学校，按照当地教育发展规划，建设成为当地的远程教育中心；地、县级电大建设成为当地的远程教育基地和社区教育中心。为此，"十一五"期间，中央广播电视大学全力推进六项工程、六项计划。六项工程，即电大系统建设推进工程、课程平台搭建工程、教学质量保证和学习支持服务强化工程、社会化公共服务体系推进工程、队伍素质提升工程、信息化校园建设工程。六项计划即证书教育推进计划、特定人群教育发展计划、中等职业教育

图1-18　2006年8月19日中国高等教育学会会长周远清出席全国电大学校文化建设研讨会

发展改革计划、对外合作与交流计划、社区教育推展计划和电大文化建设计划。希望通过六项工程和六项计划汇聚优质的学习资源，提供体贴的支持服务、运行高效的办学网络、开展鲜活的科学研究，建设具有中国特色的现代远程开放大学。

七、问题和困惑：广播电视大学任重道远

在新的历史时期，党和政府赋予广播电视大学新的任务，全国广播电视大学能否抓住机遇，实现电大改革发展的又一次跨越，关键是电大能否彻底解决当前自身和外部环境所面临的困难和问题。当前电大的办学无论是从内部还是从外部来看，都存在一些亟须研究解决的问题和困难，这些问题和困难在一定程度上制约了电大教育的发展，影响了电大在构建终身教育体系和建设学习型社会中发挥更大的作用。在电大内部，其教学改革还需要进一步深化，教学管理模式还需要实践检验，教学质量还需要进一步提升，整个电大系统教师队伍素质还需要进一步加强等，这些问题是发展中的问题，需要用改革发展的办法予以解决。但在电大系统外部，还存在着政策和制度上的束缚，主要表现在以下三方面。

1. 电大教育发展的法规建设滞后

电大已经进行了30年的办学实践，但指导电大发展的法规性文件，仅有1988年原国家教委颁布的《广播电视大学管理暂行规定》（简称《规定》）。随着我国经济体制和教育体制的改革与发展，特别是面临构建终身教育体系的新任务，《规定》的很多内容都已经与当前电大的发展状况不相适应，与社会发展对电大的要求和电大目前的现状不相符合。在这种情况

下,地方政府和教育行政部门在规划当地教育发展、明确电大地位和作用时,缺乏相应的法律依据,对当地电大的管理存在一定的随意性;各级电大的办学条件、机构设置、人员编制、经费投入等缺少应有的规范和标准,影响了电大的系统建设,制约了电大的可持续发展。

2. 电大系统办学的优势受到冲击

有些地方政府对电大认识不到位,导致其在地方教育机构调整和高等教育资源的整合中,取消当地电大独立建制,削弱了电大的作用,削弱了面向基层农村和边远地区开展终身教育的组织基础,使覆盖全国城乡的唯一公共远程教育系统网络受到损害。地方教育资源整合的出发点在于整合优化和有效利用有限的地方教育资源,但是,对于电大这样一个整体运作、分级管理的特殊系统而言,系统运作是它的优势,每一级电大都是一个承上启下的管理链条,对于保证电大的教学质量、过程的监控起着重要的作用。取消当地电大独立建制,造成电大管理链条中断,势必导致电大教学及教学管理信息的缺失,以及教学质量的不保。因此,在地方教育资源整合中,如何利用、整合、优化教育资源,既实现教育资源整合,又维持电大系统整体运作的特点,使其发挥更大的效用,是一个非常值得深入研究和谨慎运作的问题。

3. 电大作为高等学校的部分办学自主权尚未落实

中央电大是教育部直属事业单位,又是一所面向全国开展现代远程教育的高等学校,承担着在职成人的学历提升和岗位培训等任务。从1996年开始举办本科(专科起点)教育,已经积累了较为丰富的本科教育经验,具备了本科教育的办学条件,如全国电大具有高级职称的专任教师有1.32万人,占教师总人数的26.53%。但却一直不具备学士学位授予权。电大办学层次的低水平徘徊,与电大的实际办学实力不符,直接影响到专业学科的建设以及师资队伍的稳定,影响了电大事业的持续发展。国外同类性质的开放大学均具有与普通大学相同的学位授予权。中央电大是我国发展远程教育的一支骨干力量,与各国开放大学和教育机构的学术交流与项目合作日益增多。由于电大较低的办学层次与规格,在一定程度上不利于提升中国远程教育在国际上的地位与形象。

总之,广播电视大学创办30年来,伴随着我国改革开放的伟大历史进程不断发展壮大,几经坎坷,几度辉煌,在改革发展的不同历史时期,发挥了独特作用,为中国教育事业的发展作出了不可磨灭的历史性贡献,为国家富强,民族振兴,经济发展,社会进步作出了重要贡献。展望未来,机遇难得,挑战深刻,形势逼人,任务艰巨,需要全国电大齐心协力,抓住根本，加强内涵，开拓创新，为构建终身教育体系、建设学习型社会发挥更加重要的作用。

构建终身教育体系是我国教育发展的重大战略选择[①]

党的十七大把构建终身教育体系作为全面建设小康社会的新要求。构建终身教育体系是践行科学发展观的重大举措。下面从教育发展战略的角度，阐述构建终身教育体系在我国教育发展中的重大意义，并结合当前我国终身教育体系构建状况及其存在的主要问题提出有针对性的建议。

当前，我国正处于全面建设小康社会、加快推进社会主义现代化建设的新阶段。经过改革开放30年，特别是世纪之交十年来的奋斗，我国教育发展取得了巨大的历史性成就，实现了从人口大国到人力资源大国的历史性转变，进入了向人力资源强国迈进的新阶段。在这个特殊的历史

图1-19 作者参加中国共产党第十七次全国代表大会

时期，认真学习并切实践行科学发展观，建立和完善终身教育体系，进一步发展和完善有中国特色的社会主义现代化教育体系，是全面贯彻落实科教兴国和人才强国战略的时代要求。

一、构建终身教育体系的战略选择

党的十七大提出要"优先发展教育，建设人力资源强国"，努力实现全体人民"学有所教"，提出"现代国民教育体系更加完善，终身教育体系基本形成，全民受教育程度和创新人才培养水平明显提高"的全面建设小康

---

① 葛道凯. 构建终身教育体系是我国教育发展的重大战略选择[J]. 现代远程教育研究，2009 (1)：5-7.

社会教育发展新要求，这是党中央在改革发展新时期新阶段，为做好教育工作提出的重大行动指南。构建终身教育体系，已经成为我国当前教育改革发展的重大战略选择。加快建设终身教育体系，是我们贯彻党的十七大精神，学习实践科学发展观，推进教育事业优先发展、科学发展的历史使命。

科学发展观的核心是以人为本，强调发展要为了人民，发展要着眼于实现好、维护好、发展好最广大人民的根本利益。终身教育在从理念转化为实践的过程中，具体体现着科学发展观以人为本的思想内核。终身教育是在人类社会从工业化向知识经济转变的大背景下，在传统学校教育已经不能完全适应人类社会变革的基础上提出并不断发展的。最早对终身教育进行比较系统的理论阐述的是法国成人教育专家保罗·朗格朗。他认为人的教育应该贯穿人的一生，应该成为人的一生中不可或缺的活动；应该建立一个新的一体化的教育体系，使教育从纵的方面贯穿人的整个一生，从横的方面连接个人与社会活动之间的各个侧面，使教育在每一个人需要的时候随时随地都能以最好的方式提供必要的知识技能。终身教育的最终目的在于维持和改善个人与社会生活的质量，实现人的自由、和谐、全面和可持续发展。从各国建设终身教育体系的实践来看，终身教育不是各种教育的简单叠加，而是要打破各类教育间的隔离状态，协调好相互间的关系，使之密切配合，互相促进和发展，以实现教育促进人的全面发展和提高人的全面素质的根本目的。由此可见，终身教育的有效实施，完全体现了科学发展观的本质属性要求。

我国提出的构建终身教育体系的战略构想，也是在实践中不断丰富和发展的。1993年中共中央、国务院颁布了《中国教育改革和发展纲要》，首次在中央文件中正式提出"终身教育"的概念。1995年全国人民代表大会通过的《教育法》规定："国家适应社会主义市场经济发展和社会进步的需要，推进教育改革，促进各级各类教育协调发展，建立和完善终身教育体系"。党的十六大提出，要把形成全民学习、终身学习的学习型社会，促进人的全面发展作为全面建设小康社会的重要目标，为终身教育体系和学习型社会的建设注入了新的强大动力。党的十六届三中、四中、五中、六中全会的决定中，都反复提出建设全民学习、终身学习的学习型社会任务。党的十七大报告中把"现代国民教育体系更加完善，终身教育体系基本形成"确定为全面建成小康社会新的奋斗目标之一，这是党中央对新时期我国教育指导思想及其使命、任务和目标的全新概括。由此可见，加快构建终身教育体系，既是一个国家建设学习型社会的重要基石，也是一个国家构建和谐社会、实现可持续发展的必然要求。构建终身教育体系，已经成为当前我国教育改革和发展的重大战略选择，势在必行。

二、构建终身教育体系的现状及存在的问题

我国在构建终身教育体系方面的探索，从新中国成立初期到现在始终没有停止过，除了发展人们熟悉的普通教育之外，还先后创办了多种教育形式。在学历教育方面，有函授、夜大学、成人脱产班教育、高等教育自学考试、广播电视教育、网络教育、开放教育、专业学位制度以及企业职工大学、管理干部学院、成人中等专业教育等多种学历教育办学形式。在非学历教育培训方面，有各种类型的短训班、岗位培训、职业资格证书教育、技能证书教育等非学历培训。学习方式也很灵活，有全日制课堂集中授课的方式和非脱产业余时间集中授课的方式，也有通过提供资料、利用多种媒体进行远程教学等方式。这些教育形式已经成为开展终身教育活动的一个个平台，为我国终身教育体系的构建发挥着各自的积极作用。改革开放30年来，上述教育形式为我国数以亿计的成人提供了中高等学历教育和非学历培训。比如，广播电视大学建校30年来，为国家培养的高等本专科学历教育毕业生近700万人，开展的各类非学历培训超过4000万人次。近年来，我国在许多地区蓬勃兴起的建设学习型组织、学习型社区活动方兴未艾，也取得了显著成绩，积累了宝贵的经验。我国已初步具备了建设终身教育体系和学习型社会的前提和基础，但与建设学习型社会的要求相比，我国在构建终身教育体系方面还存在诸多困难。

一是终身教育的管理体制和保障机制亟待改革和完善。教育工作涉及面广，构建终身教育体系需要国家统筹规划和协调，但是目前，构建终身教育体系存在部门分割、资产分散、重复建设等浪费和低效现象。各级各类学校在终身教育中的重要作用尚未得到充分发挥。终身学习的法制化、制度化建设相对滞后。

二是各类学历教育及非学历教育缺乏相互沟通和衔接，特别是学习者通过非学历教育所获取的学习成果的认证、互认、转换等方面的制度尚未建立起来，终身学习与人才成长的"立交桥"尚未形成，在一定程度上制约了学习者学习积极性的发挥。各种教育形式之间相互孤立、割裂，不能融会贯通，多种学习资源之间不能整合共享。

三是我国的学校教育在发展规模、体系结构、教育内容、教育方法和教育教学制度等方面还不能较好地适应建设终身教育体系的要求。社会各行业、各部门在职人员的岗位培训、转岗培训和学校后的继续教育比较薄弱，适应社会成员多种需求的非学历、非正式教育还未能受到应有的重视。

从业人员培训参与率低,我国专业技术人员的继续教育十分薄弱。

面对这些困难,要落实教育优先发展战略,满足人民群众不断增长的教育与学习需求,促进社会的和谐进步,当务之急是要把建设世界最大的终身教育体系提到重要议事日程。要根据新的形势,更加自觉地坚持以科学发展观为指导,认清形势,共同努力,破解发展难题,在现有基础上构建一个更加科学的终身教育体系,从而为逐步实现我国从人力资源大国向人力资源强国迈进和建设全民学习、终身学习的学习型社会打下坚实基础。

三、构建终身教育体系的对策要求

科学发展观,第一要义是发展,核心是以人为本,基本要求是全面协调可持续,根本方法是统筹兼顾。学习实践科学发展观,落实到构建终身教育体系的实际行动中应该做到以下三个方面。

第一,要推进各级各类教育的协调发展,充分调动社会各方面建设终身教育体系的积极性,充分发挥各级各类学校在终身教育中的重要作用。加快构建适应我国经济社会发展需要、符合我国教育发展实际的国民教育体系和终身教育体系,必须把握好教育发展的节奏、重点。既要促进基础教育、职业教育、高等教育和继续教育的协调发展,又要促进各级教育内部的协调发展,还要重视学历教育和非学历教育、学校教育和教育培训、传统学校教育和以现代远程教育为代表的新型教育等方面的协调发展。构建覆盖人的一生的终身教育体系,还需要科学规划教育体系自身发展与扩大开放的关系,还需要动员全社会的力量,共同参与和推进全社会资源在终身教育活动上的整合与共享。

第二,在终身教育体系构建上抓好协调。从高等教育角度看,为建设终身教育体系服务,需要对新中国成立以来先后形成的函授、夜大学、成人脱产班、广播电视教育、高等教育自学考试、现代远程教育、专业学位教育等多种教育形式进行认真梳理,根据经济社会发展的新要求、教育改革发展的宏观走向和信息技术发展的总体趋势,研究其历史成就与现实问题、发展优势与发展潜力、应有作用和未来走向等。在此基础上,结合终身教育其他教育形式的现实与走向,明确发展思路和整体架构,建立横向贯通、纵向衔接的新格局。当前,如何站在全局和战略的高度,打破教育内外部壁垒,把包括这些重要教育资源在内的所有教育资源进行整合贯通,协调发展,对实现到2020年形成"体系完整、布局合理、发展均衡"的终身教育体系的目标至关重要。

第三,推进终身教育管理体制改革,加强对终身教育的规划、指导和管理。加强终身教育法制建设,加快《终身学习促进法》的立法进程,从法律上明确终身教育的地位和作用。建立和完善各类配套法规。加大终身教育投入保障，建立多渠道筹措经费的体制和机制，加强终身学习和继续教育政策和资源的统筹协调。构建终身学习"立交桥"，理顺学历教育与非学历教育、职前教育与职后培训、学校教育与继续教育、学历资格与职业资格等的关系，促进各种教育形式的相互衔接和沟通，拓宽广大学习者成才之路。充分利用信息技术，建立和完善覆盖城乡的终身教育网络，搭建终身教育公共服务平台和资源平台，把优质教育资源方便、灵活、快捷地输送到学习者身边，满足人民群众日益增长的教育需求。改革人才培养模式，学历教育应注重工学结合、产学研结合，非学历培训应以社会和学习者的需求为导向、以职业能力培养为核心，增强教学内容、模式和方法上的针对性和适应性。

学习实践科学发展观　推动电大新一轮发展①

"科学发展观，第一要务是发展，核心是以人为本，基本要求是全面协调可持续，根本方法是统筹兼顾。"科学发展观是我们一切工作的指导思想，也是教育事业发展的指导思想。教育工作只有坚持以科学发展观为指导，才能做到又好又快的发展。因此，要充分发挥教育工作者的作用，着力加强贯彻落实科学发展观的自觉性、主动性、创造性，着力转变不适应不符合科学发展观的思想观念和意识，着力解决影响和制约科学发展及教育发展的突出问题。

一、学习实践科学发展观，要准确把握电大发展的外部环境

2009年是新中国成立60周年，也是电大建校30周年，实施开放教育10周年。30年前，世纪伟人邓小平亲自倡导并批示创办了覆盖全国城乡的广播电视大学。1977年10月19日，邓小平在会见英国前首相爱德华·希思时，谈到了我国"文化大革命"后经济建设人才的严重短缺和恢复教育的艰难。希思先生介绍了英国利用广播电视手段举办开放大学的一些情况，引起了小平同志的注意。小平同志明确表示要利用电视手段加快发展我国的教育事业。1978年2月6日，邓小平审阅了教育部和中央广播事业局联

---

① 葛道凯. 深入学习实践科学发展观 促进广播电视大学的新一轮发展[J]. 贵州广播电视大学学报，2009-17（2）：1-3.

合提交的《关于筹备电视大学的请示报告》,并亲笔批示"同意"。经过一年的筹备,1979年2月6日,中央广播电视大学和全国28个省、自治区、直辖市广播电视大学同时开学,开学典礼通过当时的北京电视台向全国直播,王任重副总理出席开学典礼并讲话。开学典礼后,著名数学家华罗庚教授给全国电大学生讲授第一节课。30年来,在邓小平同志现代教育思想的指引下,伴随着我国改革开放的伟大历史进程,以及教育事业的大发展、大变革、大跨越,电大历经坎坷,砥砺进取,对具有中国特色的远程教育进行了有益探索,揭开了中国远程教育发展的新纪元。今天,我们学习实践科学发展观,就是要在全面总结电大的发展历史、经验教训的基础上,把电大的发展放在我国经济社会大发展、教育大发展的大环境中去思考、谋划,只有准确把握了电大发展的内外部环境,才能顺应时代发展的需求,电大的发展才有活力,才有希望。当前电大发展的大环境可以从以下三方面来考量。

一是把握国内外经济社会发展的历史阶段。国际经济社会发展是由最先的农业经济,发展到工业经济,再发展到信息化经济,现在逐步进入到知识经济时代,教育越来越成为推动经济社会发展的决定性因素,老百姓的受教育程度与经济社会发展有着越来越密切的联系。我国经过改革开放30年的快速发展,进入到全面建设小康社会的历史新阶段,人均GDP从改革开放初期的不足200美元,发展到2003年人均1000美元,目前,我国东部部分地区人均GDP已达到了6000美元。随着人民群众生活水平的全面提高,社会成员开始追求更高层次的需求,教育需求会越来越旺盛,人民群众不仅希望自己的孩子有学上、上好学,还希望自己能够得到不断的知识更新,学习日益成为一种生活方式。因此,电大的发展一定要顺应知识经济社会的人们对教育发展的新需求、新期待。

图1-20 2008年8月12日作者在考察四川广元电大受灾情况时与抗震救灾英雄、电大学员、石坝乡党委书记舒云合影

二是把握教育事业发展的历史新阶段。我体会,如果从传统教育和非

传统教育两者之间的关系看待教育的发展，教育的发展大体上可以分为三个阶段。第一阶段是传统教育备受重视的阶段，此阶段经济社会不是很发达，老百姓生活不富裕，教育机会有限，于是人们优先把有限的学习机会让给年轻人，传统的普通教育备受重视。第二阶段是传统教育与非传统教育并重阶段，此阶段经济社会有了很大发展，老百姓生活问题基本解决，产业结构调整越来越快，整个国家和民族对教育的重视，逐步转化为不仅要重视适龄人口的传统教育，也开始重视面向非适龄人口的非传统教育。第三阶段是非传统教育备受重视阶段，此阶段经济社会比较发达，教育体系完善，学习成为老百姓生活的重要组成部分，政府更为关心全民的终身教育问题，如现在的北美、西欧、北欧的一些国家。我国正处在什么阶段呢？我体会，以十七大为标志，我国开始进入第二阶段，非传统教育将受到越来越多的重视。

三是把握我国非传统教育的发展趋势。新中国成立以来，我国对非传统教育的探索始终没有停止过。1950年开始夜大学教育，1953年开始函授教育，1979年开始广播电视教育，1980年开始成人脱产班，1981年开始高等教育自学考试，1984年开始第二学士学位教育，1986年开始在职人员申请博士、硕士学位，1991年开始专业学位教育，1999年开始电大开放教育和普通高校网络教育。通过对这十种非传统教育形式的不断总结，我们发现非传统教育形式有四方面的共同点：一是都坚持面向基层、面向农村、面向边远地区、面向教育弱势群体办学的方向；二是都以满足在职人员的学习需求为己任；三是都追求学习方式的开放、方便和灵活；四是都强调把优质资源广泛使用，把最优质资源送给老百姓。这四个方面也是我们电大教育始终追求的。要推进非传统高等教育迈向更高的阶段，需要综合考虑四个必不可少的要素。一要有足够丰富的多样化的教育资源；二要有一个运行高效的办学网络，能把丰富的教育资源送到学习者身边去；三要有优质的学习支持服务，加强师生互动，提供教学服务，使学习者在遇到困难时，能够得到及时有效的帮助和解决；四要有规范的管理和质量保障措施，教育是有标准的社会服务，要有质量保证，实现教育的目标。对于前面所述的十种教学方式，最接近于满足这四个要素的就是电大开放教育。因此，从电大发展的外部环境来看，电大已经具备了更大发展的有利条件。

二、学习实践科学发展观，要科学分析电大发展的经验教训

回顾广播电视大学改革和发展的历程，在过去的30年里广播电视大学发展大致经历了三个阶段，实现了三次历史性飞跃。第一次飞跃是将传统课堂送向社会。电大创办初期,以开展学历补偿教育为主,所采取的方式是通过电视手段将校园内实际发生的课堂教学原汁原味地送向社会,使一大批错过高等教育机会的青年人接受了高等教育。这一阶段改变了人们对非传统教育的认识,即非传统教育就是低质量教育,电大教育赢得了广泛的社会声誉。第二次飞跃是提供灵活的学习方式。进入20世纪80年代中后期以后,电大原有的教学模式受到了不断冲击,传统的在固定时间、固定地点集中收看电视的教学方式,难以缓解工学矛盾,限制了学习机会的进一步扩大。于是电大开展了多种形式的办学探索,不断推进教学手段、教学方式的革新。除了传统的广播、电视授课外,还开发了录音、录像、光盘、多媒体课件,网络教学开始进入多功能教室,初步实现了学习方式便利化和灵活化的变革。第三次飞跃是初步实现有支持的学习。近十年来,经济社会高速发展,电大抓住实施开放教育的机遇,在学习支持服务方面,除了发展传统的面授、辅导方式外,还发展了多种网上交互方式,比如QQ、MSN、BBS、电子邮件、短信、在线答疑、网上学习论坛等,从而初步实现了远程教育有支持的学习。通过三次飞跃,我们一步一步地把技术有效地运用于教育过程,探索出了一条综合运用现代信息技术手段发展远程教育的新路子。

　　回顾电大近十年的发展,我们发现,广播电视大学是唯一一所与普通高等学校招生规模实现同比例增长的成人高等学校。1999年全国电大在校生数50万人,2008年全国电大在校生数320万人,1999年开放教育招生3万人,2008年开放教育招生92万人。电大能够实现高速发展,不能简单地归因于没有入学门槛,我认为最主要的原因是电大开放教育顺应了经济社会发展的需要,满足了人民群众的学习需求。全国电大人抓住机遇,勇于探索,不断创新,在教学管理等各方面,实现了重大转变,主要体现在:一是从以教师的教为中心到以学生的学为中心的教育思想的转变;二是从单一广播电视授课到包括网络在内的多样化交互式教学方式的转变;三是从单一文字教材到文字、音像、课件、网络教材多种教学资源综合运用的转变;四是从封闭式校园管理到网络化开放式管理方式的转变。通过全国电大人30年的共同努力,我们探索出了适应不同学习需求,提供多样化教育服务的新模式,综合运用现代技术手段开展远程教育的新路子,合作办学、整合与共享教育资源的新途径,有效保障远程教育质量的新机制。今天,广播电视大学已经成为我国现代远程教育的骨干力量,成为我国推进全民学习、终身学习的重要支撑。如果用一句话来概括电大30年发展的主要经验,我认为是坚持不懈地改革,坚持不懈地创新。

三、学习实践科学发展观，要清醒认识电大面临的困难挑战

党的十七大提出"发展远程教育和继续教育，建设全民学习、终身学习的学习型社会"。2009年教育部工作要点里强调"积极推进终身教育体系建设，构建全民学习、终身学习服务支撑平台"，要"办好广播电视大学"。由此可见党和政府对电大工作的重视和信任。电大有没有能力承担这项任务？从电大30年的发展来看，我们已经积累了许多经验，为我们承担这个任务做了许多准备，但是我们还要保持清醒的头脑，我们应该认识到自身能力的不足，在发展中还将面临许多困难和挑战。

一是潜在危机不容忽视。在发展定位和思路上思想准备不足，对开放教育发展前景、存在的困难认识上还缺乏理性的思考和判断。在自身能力建设上比较滞后，电大系统内教育资源整合能力不够强，没有真正形成合力，在如何推进电大科学发展、持续发展上认识还不一致，在如何处理好当前利益和长远发展问题上看法还不统一。电大品牌意识急待加强，近年来，教育部连续出台若干举措，对远程教育和成人教育市场进行治理整顿。我们电大一定要珍惜办学声誉，保护好改革成果，万不可为了眼前利益，放松要求，降低标准。

二是质量保证压力空前。开放教育中期评估之后，全国电大开放教育招生规模以每年净增10万人的速度扩大，开放教育办学形势非常乐观，但我们要清醒地看到，办学规模和教学条件的发展还很不协调，教师总规模、教学仪器设备总值近年来增幅比较缓慢。教学检查的数据显示，学生对网上教学的满意度、教学资源的满意度有不同程度的下降，教学过程落实不到位等现象依然存在。更为严重的是，个别地方不规范办学行为有所抬头，违规招生、考试不规范现象依然有不同程度的存在。这些问题如果不引起我们的高度重视，势必会带来一系列严重的后果。

三是教学改革任务艰巨。电大开放教育学科专业结构亟须进一步优化，学生在各专业分布不合理。教学内容和课程体系改革任重道远，优质教学资源依然短缺，国家级精品课程还比较少，电大系统内自主开发的优质资源远不能满足学生需求。教学内容的针对性、适应性变革任务还相当艰巨。

四、学习实践科学发展观，要正确处理电大发展的各种关系

科学发展观的根本方法是统筹兼顾，落实到电大教育工作中，就是要统筹处理好各种关系。一是要统筹电大办学与服务、学历教育与非学历培训的协调发展。在做好学历教育的基础上，大力实施证书教育推进计划、

社区教育推展计划，积极开展面向广大城镇失业人员、农村转移劳动力和城乡在职职工开展职业技能等非学历培训。学历教育是电大办学的基础，但是非学历教育和服务应该是电大今后改革和发展的重点和增长点。二是统筹教育的规模、质量、结构和效益的协调发展。这种统一、依存的关系绝不是四个方面齐步走、平均用力，而是要根据教育发展的阶段性，把握不同阶段教育发展最迫切的需求，以一个方面的重点突破带动其他方面的进步。新时期新阶段，电大教育要以全面提高质量为重点，大力实施教学质量保证和学习支持服务强化工程，妥善处理好办学规模和办学条件的协调。提高质量应成为当前电大开放教育发展的重中之重。三是统筹中央电大、省级电大、地市级电大和县级电大协调发展。根据经济社会、地域的不同情况和各级电大的发展实际，处理好统一要求与分类指导的关系。四是统筹电大教育的改革、发展和稳定，争取各级党委、政府和教育主管部门以及社会各界的支持，营造电大教育发展的良好政策环境、舆论环境和制度环境。同时，大力实施对外合作与交流计划，开展宽领域、多层次广泛深入的对外合作交流活动，继续扩大中国电大在国际远程教育领域的影响力。

广播电视大学在过去的30年里，一直担心电大的办学规模问题，关心如何做大的问题，没有机会讨论如何做强。我认为，当前是电大考虑如何实现"大电大"向"强电大"转变的时候了。如何实现做强的目标，我体会应集中做好五方面的工作。一是要抓住机遇，积极参与《国家中长期教育改革和发展规划纲要》的研究制定，科学谋划电大教育整体发展。二是要深入实施"六项工程、六项计划"，抓紧抓实，做强做大电大开放教育。三是要加大教学投入，全力促进办学规模和教学条件的协调发展。四是要深化教学改革，加强学科专业建设，推进优质资源共享。五是狠抓规范管理，加强评估检查，推动常规工作精细化。

衷心希望全国各级电大把学习实践科学发展观活动作为推动电大教育事业科学发展和学校自身建设的难得机遇，进一步解放思想，破除思维定式，破解发展难题，提升自身能力，总结发展经验，谋划未来发展，推动电大在新时期实现新一轮的科学发展。

中央广播电视大学 30 年开放实践与新时期新使命[①]

电大 30 年始终肩负着"扩大高等教育机会,努力使人人享有优质教育"的使命,在履行使命的过程中实现了三次历史性的飞跃,创立了具有中国特色的开放式人才培养模式,提出了新时期三大新使命。下面通过对电大 30 年办学实践的分析,旨在总结对我国继续教育改革和发展可资借鉴的经验。

2008 年,是中国改革开放 30 周年,也是邓小平同志亲自倡导并批示创办电大 30 周年,还是我国现代远程教育工程实施第 10 年。2008 年,国务院正式启动了《国家中长期教育改革和发展规划纲要》的调研和起草工作。因此,对于我国教育改革和发展来说,2008 年是一个非常重要的年份。改革开放 30 年来,尤其是近十年来,我国教育的整体水平实现了历史

图 1-21　纪念邓小平同志批示创办广播电视大学 30 周年暨推进国家终身教育体系建设座谈会,国务委员陈至立、教育部前部长、中央电大前校长何东昌(左)和教育部部长周济(右)等领导同志出席

[①] 葛道凯. 中央广播电视大学 30 年开放实践与新时期使命[J]. 改革开放与中国高等教育——2008 年高等教育国际论坛论文汇编,哈尔滨:黑龙江教育出版社,2009:23—28.

性跨越，实现了从人口大国向人力资源大国的转变，开始向人力资源强国进军。面对教育改革发展的新阶段，大家都在思考，如何总结历史经验，继续解放思想，坚持改革开放，破解发展难题，推进教育科学发展。这里试图通过分析中国开放大学，即中央广播电视大学（简称电大）的开放实践进程，得出一些可以借鉴的经验和启示。

一、中央广播电视大学 30 年开放办学实践

中国基于广播电视的远程教育早期实践可以追溯到 20 世纪五六十年代。在建国初期兴起的函授教育和成人业余教育的基础上，各地政府结合广播、电视传输网络，利用黑白电视即将广泛使用的条件，在天津、北京、上海等中心城市成立了区域性的广播电视大学。面向全国的广播电视大学是 1978 年由邓小平同志亲自倡导并批示创办的。30 年来，广播电视大学伴随着中国改革开放的伟大历史进程不断发展壮大，其发展历程大致可以划分为三个阶段。

图 1-22　2008 年 1 月 31 日作者在人民大会堂出席纪念邓小平同志批示创办广播电视大学 30 周年暨推进国家终身教育体系建设座谈会，会后接受中国教育电视台记者采访

1. 学历补偿教育阶段

从建校至 80 年代中后期，利用当时先进的广播电视手段，为"文化大革命"中失去机会的青年提供高等学历补偿教育。电大创办初期，教育的主要对象是"文化大革命"中被耽误学习的广大在职职工、学校教师和城市知识青年，主要任务是利用广播、电视等先进的大众传播媒介，推动优质高等教育资源走出传统校园。1979 年全国电大首次招收学员达 32.24 万人，到 1989 年电大创建 10 周年之时，累计招收高等学历教育学生 161 万人，毕业 104.5 万人，非学历教育结业生 200 余万人，电大同期年平均学历教育毕业生占全国各类高等教育毕业生总数的 17.12%。电大发展第一阶段，圆了百万学子上大学的梦想，培养了大批应用型专门人才，有效缓解了改革开放初期国家经济建设人才的严重短缺。

2. 多途径办学探索阶段

从 80 年代后期到 90 年代末，随着学历补偿教育历史使命的逐步完成，电大进行了多种途径、多种形式的办学探索，发挥了广播电视大学为基层、

为农村、为行业经济社会发展服务的作用。如1986年，开始举办普通专科班，1993年开办"大学基础班"，1995年开始招收"注册试听生"，1996年开展计划内"专升本"教育试点，1998年开始高职教育试点。同时，又举办广播电视中专教育、卫星电视师范教育，面向农村的广播电视燎原教育，还开展以岗位培训为主的大学后继续教育、职业教育、农村实用技术教育等，实现了从单一的高等专科学历教育向多层次、多样化的办学模式的转变。在教学手段革新方面，这一时期，除了传统的广播、电视授课外，还开发了录音、录像、光盘、多媒体课件，网络教学开始进入多功能教室，教学手段现代化步伐明显加快。

3. 开放教育大发展阶段

从1999年至2007年，借助信息技术的快速发展和广泛使用，电大进一步加快了改革步伐，创立了具有中国特色的远程开放教育。广播电视大学抓住国家实施现代远程教育工程的历史机遇，大力推进"中央广播电视大学人才培养模式改革和开放教育试点"项目，改革和发展实现了历史性跨越。广播电视大学开放教育的年招生量，大约相当于同期全国现代远程教育的2/3，成人高等教育的1/3，全国各类高等教育年招生量的1/8。截至2007年年底，开放教育累计招生458万人，为推进我国高等教育大众化作出了历史性贡献。更为重要的是，在这一时期，电大在办学理念、教育思想观念、教学内容和课程体系、教学管理模式、教学手段和方法等方面都发生了深刻变化。在此期间，电大还组织实施了教育部"一村一名大学生计划"，为广大农村培养"留得住、用得上"的技术和管理人才；面向少数民族、残疾人和军队士官开展学历教育，为特殊教育群体提供学习机会，在促进教育公平方面发挥了重要作用。

经过30年的发展，广播电视大学已经成为我国现代远程教育的

图1-23 2008年1月31日作者在人民大会堂参加纪念邓小平同志批示创办广播电视大学30周年暨推进国家终身教育体系建设座谈会并发言

骨干力量，成为我国推进全民学习、终身学习的重要支撑。①

二、中央广播电视大学30年履行使命的历史演进

对开放大学使命的认识在国内外学者中早已形成一个共识，概括起来就是"提供更多的学习机会、使人人享有优质教育"。这是开放大学使命的永恒主题，但从中国开放大学的实践历程可以看出，开放大学使命的内涵是在不断充实和发展的，履行使命的内容是随着经济社会发展变化而变化的，是和教育发展状况密切相关的，在不同历史时期的主要表现方面也是在变化的。中央广播电视大学30年始终肩负着"扩大高等教育机会，努力使人人享有优质教育"的使命，在履行使命的过程中实现了三次历史性的飞跃，探索了具有中国特色的开放式人才培养新模式。虽然每一次飞跃所发生的社会背景和教育背景不同，但是"三次飞跃、一套开放式人才培养模式"对电大的发展，对国家继续教育今后的改革，或许会有不少的启发。

1. 实现三次历史性的飞跃

第一，为错过接受高等教育的人提供和校园内同质量的教育机会。这次飞跃发生在电大创办初期，是从无到有的飞跃。当时，中国刚刚由"文化大革命"转向改革开放，各项事业百废待兴，经济建设亟需大量人才，但高等教育资源极端匮乏。1980年，全国普通高校的本专科在校生只有114万人，毛入学率长期停留在1%左右。为适应经济社会发展的需要，同时为了弥补教育资源的严重不足，国家投资改善广播电视设施，建立了面向全国的广播电视大学，发展覆盖城乡的远程教育网络，利用广播、电视等当时最先进的大众传播媒介扩大校园，推动高等教育资源的充分利用。在这个阶段，广播电视大学采用的教学方式，是在固定时间、固定地点，集中组织学生收看教学节目。这和函授教育有很大不同，这是在中国教育史上第一次将普通高校课堂内发生的教育活动，原汁原味地送向社会，这是历史性的飞跃。

第二，提供灵活的学习方式。20世纪90年代，国家经济持续发展，人民生活水平明显提高，接受高等教育的需求越来越旺盛。同时，普通高等教育稳步发展，传统学习机会不断扩大。在这种形势下，电大传统的在固定时间、固定地点集中收看电视的教学方式，严重制约了教育对象的进一步扩大。为缓解工学矛盾，使学习者在任何时间、任何地点都可以接受

---

① 陈至立．在"纪念邓小平同志批示创办广播电视大学30周年暨推进国家终身教育体系建设座谈会"上的讲话［J］．中国教育报，2008-2-1（1）．

教育，必须改进电大传统教学手段。于是，电大伴随着电视技术、信息技术的发展和应用，开始了漫长的教学手段的革新，从广播、电视直接授课到使用录音、录像、光盘，再发展到使用计算机课件、网络课程、在线平台等。在教学方式上，实现了从单一的广播电视授课发展到包括网络在内的基于多种媒体的多样化交互式教学方式的转变。在教学资源上，实现了从以文字教材为主到文字、音像、计算机课件及网络等多种媒体综合利用的教学资源的转变。方便灵活的学习方式，使人人享有优质教育在技术上成为可能。

第三，实现有支持的学习。进入21世纪，我国经济持续高速发展，2003年，全国人均GDP超过1000美元，人们消费结构发生变化，教育需求更加旺盛。1999年全国高校开始扩招，2002年进入高等教育大众化阶段，2007年高等教育毛入学率达到23%，普通本专科在校生达到1800多万，传统受教育机会急剧扩大。在这样的大背景下，学习者不仅追求有机会接受高等教育，而且需要更高质量的高等教育。我们知道，教育活动是人与人的沟通，是老师和学生的沟通，当学习者遇到困难时，他们希望得到及时有效的帮助。这就需要为学习者提供体贴周到的学习支持服务。互联网络技术的日趋成熟和全国教学组织系统的完善，为电大开展有质量的学习支持服务提供了可能。经过十年的积累，中央广播电视大学建立了学导结合的教学模式，改进了面授辅导、强化了网上交互、在线答疑、学习论坛等多种支持服务手段，基本实现了远程教育有支持的学习。

2. 探索具有中国特色的开放式人才培养模式

中央广播电视大学30年开放办学实践，经过三次历史性的飞跃，尤其是经过近十年的开放教育办学实践，逐步探索出一整套适合在职成人学习、综合运用现代技术手段、整合共享社会优质资源的、有质量保证的开放式人才培养模式。这套新模式涵盖了以下五个方面。

第一，构建天地人网结合的网络教学环境。要满足不同学习者的学习需求，必须有一个遍布城乡、覆盖全国的办学网络，通过这个网络，可以把学习资源输送到学习者身边。中央广播电视大学已经发展成为强大的现代远程教育教学管理系统，搭建了现代化的"天网＋地网＋人网"的教学传输系统平台和实施教学辅导、教学管理和学习支持服务的交互系统，拥有一支熟悉远程教学规律、专兼职结合的教学、教学管理和技术服务队伍。

第二，汇聚一大批适应自主学习的教学资源。继续教育的对象是全体社会成员，全体社会成员的需要自然是多样化的，不是一种类型、两种类型甚至三种类型的教学资源可以满足的，要满足多样化的社会需求必须要有非常丰富的学习资源。中央广播电视大学非常注重整合普通高校、行业、企业等优质的社会教育资源，目前电大开设的上千门课程中，大部分都是通过整合共享的优质资源，而且93.3%的课程都有3种以上稳定的教学媒体支持。

第三，建立大规模培养人才的质量保证体系。教育活动必须有严格的质量标准，继续教育更要有严谨的质量监控体系来保证教学质量。如前所述，电大建立了以"五统一"、"五要素"为核心的质量保证体系。

第四，创建学导结合的教学模式。这是建立在学生自学和教师导学相结合基础上的教学模式。其基本内涵是：学习者利用多种媒体资源开展自主学习与协作学习；教师基于教学设计进行多种方式的引导与辅导；学校通过天地人网提供全程学习支持服务。学导结合教学模式的创建，使教学方式方法的转变成为现实。一是从集中系统讲授转变为提供多种媒体的学习资源，提供方便灵活的学习环境，支持学生自主学习；二是从单一课堂互动转变为课堂互动＋双向视频、网上论坛、手机短信、QQ群等多种互动方式；三是从注重理论教学转变为注重结合学生工作实践开展教学。

第五，采取系统运作的教学管理模式。中央电大统一规划和组织，制定教学管理的一系列规范，电大系统分工协调运行；统筹教学管理各个关键环节，通过年报年检、教学检查、评估等进行全程质量监控；实行课程开放，按照学生分类组织教学和服务等。

概括起来，这种开放式人才培养模式的内涵是：以适应经济和社会发展现实需要为目标，以适合从业人员学习需求的专业和课程为内容，以整合优化的学习资源为基础，以天网、地网、人网合一的学习环境为支撑，以学习者自主学习为主要方式，以严格而有弹性的过程管理为保障，培养留得住、用得上的应用型高等专门人才。

三、中央广播电视大学在新时期的新使命

21世纪以来，由于科学技术的快速发展和知识经济的兴起，终身学习的思想不仅成为当代国际社会和教育界普遍认同和接受的理念，而且发展成为教育的实践和现实的社会活动。构建终身学习体系、建设学习型社会正在成为当今世界各国教育改革与发展的重要目标。2007年，党的十七大报告首次提出要"发展远程教育和继续教育，建设全民学习、终身学习的学习型社会"，这是新时期党和国家赋予远程教育和继续教育的新任务，以此为标志，电大的发展将进入一个新的阶段。在新阶段，电大要完成三项新使命。

1. 实现教学内容的针对性和适应性变革

过去30年电大的三次历史性飞跃,主要发生在与技术紧密相关的方面,研究重点更多地专注于怎么建立高效的教学网络,怎样便捷地传送课程资源,怎样让学习者方便灵活地学习,怎样提供学习支持,由此教学改革更多地集中在技术保障、教学方式、管理模式和质量监控诸方面的革新与进步上。在教学内容上,以前比较多地学习和照搬普通高校的体系,较多地强调将传统高校的内容原汁原味地送向社会,内容对成人在职学习者的适应性问题没有上升为教学改革需要重点解决的突出矛盾。当全民学习、终身学习的任务被更多地赋予开放大学的时候,能够直接从普通大学照搬的教学内容将越来越少,其他社会组织、企业或行业的教学资源也相对零散,不够系统,学术性偏弱。这样,为更多的学习者提供适应的、个性化的、有针对性的学习内容必然上升为开放大学新时期教育教学改革的重点和难点。实现教学内容的针对性和适应性变革,使学习者能更好地做到学以致用,将成为新时期中央广播电视大学的重要使命之一。

2. 搭建全民学习终身学习大平台

要建设全民学习、终身学习的学习型社会,实现全体人民学有所教,除了充分依靠传统学校教育体系,鼓励和引导普通教育资源走出校园外,还要建立完善的终身教育体系。中央广播电视大学作为国家重要教育资源,拥有独特的系统办学优势,探索出了一整套开放办学新路子,应该在学习型社会建设中发挥更大的作用。中央广播电视大学要着眼于国家构建终身教育体系和建设学习型社会的全局,以搭建服务全民学习、终身学习的大平台为目标,进一步科学定位,规范管理,狠抓内涵,提高质量。在教育部批准的中央电大"十一五"规划里,提出中央电大要建设成现代远程教育开放大学和国家远程教育中心,省级电大要建成当地的远程教育中心,地、县级电大要建成当地的远程教育基地和社区教育中心。将中央广播电视大学建设成为服务全民终身学习的资源整合、学习支持、交流合作、管理运行平台,

图 1-24 2010年4月9日作者在北京西直门宾馆参加开放大学总体架构专家研讨会

这是经济社会发展条件下,时代赋予中央广播电视大学的又一个重要使命。

3. 建设一流的开放大学

中央广播电视大学是世界上规模最大的开放大学,要努力成为一流的开放大学。世界一流的开放大学,可以从三个角度来衡量。第一个角度,一流的开放大学在融入社会的程度上要显著拓展,尤其是提供教育机会的丰富程度和学习方式的灵活程度要与经济社会发展阶段相适应。第二个角度,一流开放大学更要强调考察学习者的满意程度,尤其要考察学习者对内容、服务的满意度。第三个角度,一流开放大学要具有自己独特的、有生命力的、有益于社会的大学文化。中央广播电视大学要创建世界一流的开放大学,在改革的深度和广度上持续推展,应该是矢志不渝的历史使命。

电大30年,是中国改革开放30年巨大成就的一个缩影;中国特色开放教育的创立,是中国高等教育30年开放进程的必然产物。现在,国家提出建设学习型社会,这就要求电大进一步扩大开放。这必将推动电大教育持续发展,并将使电大成为国家构建终身教育体系、建设学习型社会可以依靠的重要力量。

依托电大系统构建继续教育公共服务平台的若干思考[①]

改革开放以来,在党和政府的高度重视和全社会的积极推动下,我国继续教育事业蓬勃发展,已经成为国家教育事业的重要组成部分,为提高国民素质,提高从业人员的知识和技能水平作出了巨大贡献。但面对党的十七大提出的"发展远程教育和继续教育,建设全民学习、终身学习的学习型社会"的新要求,继续教育的发展又面临着许多新的机遇与挑战。下面从发挥电大系统优势,构建继续教育公共服务平台的角度进行了一些思考,供大家研究讨论。

一、我国继续教育发展的现状

我国的继续教育起源于1950年,其后不断发展壮大。起初仅有夜大

---

① 葛道凯. 依托电大系统构建继续教育公共服务平台的若干思考[J]. 远程继续教育编委会编,远程继续教育,沈阳:辽宁科学技术出版社,2009:4-11.

学、函授等形式，伴随着信息传输手段和技术的发展，多种教学媒体在继续教育领域得到了广泛运用，继续教育的形式不断丰富。目前，服务于继续教育的力量有七大系统。一是普通高等学校函授、夜大、成人脱产班教育系统。这是国家计划内成人高等学历教育的传统形式，目前开展的普通高校有1200多所，在校生规模从1998年的161万人增长到2008年的489万人。二是广播电视大学教育系统。建校30年来为国家培养高等本专科毕业生700万人，各类非学历教育培训5000万人次。目前，在高等学历教育方面，电大系统的主要办学形式有中央电大开放教育、地方电大成招专科和普招专科。三是高等教育自学考试系统。由教育部考试中心（全国自考办）和各省市、地市招生考试机构构成，全国500余所普通高等学校承担自学考试专业主考学校和助学的任务。该项制度开始于1981年，之后逐年稳步发展，2007年全国报考956万人次。取得学历证书的学生每年有70万人左右。四是普通高等学校网络教育系统。自1999年以来，教育部先后分5批批准68所普通高校和中央电大开展现代远程教育试点工作，其主要任务是探索网络技术环境条件下学历教育和非学历教育的教学模式与教学工作的管理机制。五是独立设置的成人高等学校教育系统。即广播电视大学以外独立设置的全国成人高等院校，近年来，独立设置成人高校的在校生规模逐年缩小，从1998年的120.8万人减少到2008年的43.3万人。六是在职人员攻读硕士、博士学位及第二学士学位教育系统。包括在职人员以研究生毕业同等学力申请硕士、博士学位，专业学位教育和第二学士学位制度。2008年，在职人员攻读博士、硕士学位在校生达到了39万。七是非学历继续教育系统。包括各种类型的资格证书培训、岗位证书培训等，是今后继续教育大发展的一个重要方面。这七大办学系统，各有优势和不足，仅就存在的问题而言，概括起来，主要有以下几个方面。

第一，教育观念陈旧，对继续教育重视不够。普遍存在重学历教育，轻非学历教育；重全日制教育，轻业余教育；重一次性教育，轻继续教育的现象。相比较来说，成人高校的财政支持力度很小。多数普通高校仅把继续教育作为创收的一种手段，没有纳入学校的整体事业发展规划。

第二，继续教育法规制度不健全。据研究，目前国家还没有继续教育或成人教育方面的专门立法，没有从法制上确立继续教育的地位。没有建立统一的继续教育专门管理机构来对继续教育进行宏观指导、全面规划。存在多头管理，重复建设，缺乏统筹的问题。

第三，继续教育规模、结构、教学模式不能适应经济社会发展需要，人才培养水平参差不齐，总体质量不高。教学手段方法落后，信息化技术利用率低。我国的继续教育大部分还采用常规的面授形式，有些地方的面授仅仅是考题的讲授，这种教育方式时间固定，形式死板，工学矛盾突出，信息量小，教育质量、效益普遍偏低。

第四，继续教育市场亟待规范。继续教育在规模扩大、效益突出掩盖下的管理不善已经越来越严重，违规招生、虚假宣传，教学点管理不规范，考试不规范，文凭审核不严，滥发证书等，在社会上造成了负面影响，严重影响了继续教育的社会声誉和健康发展。

第五，质量保障机制不健全，监管体系不完善。教学过程管理缺失，教学环节弱化、师资力量不足、教学过程不完善、支持服务不到位、考试要求不严格等现象不同程度地存在。国家及地方教育行政主管部门缺乏专门的继续教育教学质量评估与监督机制。

二、推进继续教育科学发展的几点启示

通过对继续教育不同系统之间的比较以及各自发展阶段的分析，不难得出，在信息技术迅猛发展的今天，要推进继续教育健康发展，在教育活动的组织上必须具备以下四个要素。

第一，要有丰富多样的教育资源，能够整合普通高校、行业、企业等各种优质的社会教育资源，满足各种类型学习者的学习需求。因为继续教育的对象是全体社会成员，全体社会成员的需要自然是多样化的，不是一种类型、两种类型甚至三种类型的教学资源可以满足的，要满足多样化的社会需求必须要有非常丰富的学习资源。

第二，要有一个运行高效的办学网络。仅有资源是不够的，中国13亿人不可能都到校园内来学习。全体社会成员要学习，就应该把这些资源送到他们的身边，通过延伸到基层的办学网络把教育资源输送到千家万户，这样才能满足学习者的学习需求，使他们的学习能够比较方便、比较灵活。

第三，要有优质的支持服务。教育活动是人与人的沟通，是老师和学生的沟通，这种沟通是知识的传递也是心灵的交流。社会成员在学习过程中，必然会遇到这样那样的困难和问题，其中大量是学业方面的，也包括非学业方面的，他们需要别人的帮助，这就需要为学习者提供体贴周到的支持服务，使学习者在遇到困难时，能够得到及时有效的帮助。

第四，要有规范的管理和质量保障措施。教育活动特别是学历教育活动是有标准的，达不到标准的活动就构不成学历教育，质量就无法保障，因此要有严格而又灵活的教学过程管理和严谨的质量监控体系来保证教学质量。

基于上述分析，结合我国继续教育的形势，今后继续教育的推进需要在以下几个方向上寻求突破。

一是建设和发展一个覆盖全国城乡的集资源传输、支持服务、管理运行于一体的继续教育公共服务平台。现在多种继续教育形式都建有办学网络，目前就有电大的网络、自考的网络、函授的网络、教师进修的网络、党校的网络等。但这些网络之间各自独立，互不联系，资源不能有效共享，管理运行能力和信息技术应用水平参差不一，用先进的信息技术教学手段改造传统的继续教育，加快教育资源信息化建设，是当前继续教育教学手段改革的重要方向。优化整合各类继续教育办学网络，建立一个覆盖全国城乡，集资源传输、支持服务、管理运行三大功能于一体的继续教育公共服务平台，势在必行，这也是在我国教育资源相对短缺情况下节约、快捷推进继续教育发展的有效途径。建设学习型社会，需要一个这样的网络；建设、发展和维护这样一个网络，需要相应的政策和投入来保证。

二是扶持专业开发机构，扩大合作范围，凝结各方优势，整合优质资源。国家构建终身教育体系，需要把各种教育形式的优势结合起来，如果多种形式的继续教育能有机结合，就能使最广泛的人群受益。在这个整合的过程中，能发挥带动和促进作用的应该是资源的优化组合。因为从资源分布来说，继续教育的优质教育资源需求量很大，不是任何一所普通高校或一类教育机构能够独家提供的。普通高校拥有学科资源优势，但通常是学术化的，和继续教育需求存在一定差距。其他社会组织、企业或行业拥有非常贴近实际的教育资源，但通常比较零散，不够系统，科学性不够。因此，继续教育要发展，需要专门的从事继续教育资源开发的教育机构，要扶持和发展这类机构。另外，资源标准的不统一，常常形成资源传输、共享的障碍，应该要求专门从事继续教育资源开发的机构制定全国统一的标准。因此，建议以现有的继续教育骨干机构为主体，吸纳其他教育机构的优势，建立和扶持一个专业化的优质资源开发机构，通过多种方式、多种途径整合和利用社会优质资源，推进继续教育的健康持续发展。

三是实现继续教育市场的规范管理。引导并规范继续教育的办学行为，应该是当前继续教育的重中之重。近年来，继续教育在规模扩大、效益突出掩盖下的管理不善已经越来越严重，标准不一，恶性竞争等不规范现象在社会上造成了负面影响，阻碍了继续教育市场的健康发展。实现继续教育市场的规范管理，首先，应对现有的管理法规进行总结和研究，制定出有关继续教育管理的条例和各类继续教育教学基本要求。其次，各级教育行政部门也应加强对继续教育的规范管理和质量监控，加大对继续教育违规办学的查处力度。再次,应抓紧建立继续教育办学水平评估机制,完善继续教育评估体系,形成健全的教学督导机制,强化教学全过程管理。

三、建立开放的继续教育公共服务平台的紧迫性

根据以上分析,建立一个覆盖全国城乡,集资源传输、支持服务、管理运行三大功能于一体的继续教育公共服务平台是必要的,但在我国教育资源仍然相对短缺的情况下,时机是否已经成熟?下面将从不同角度分析建立开放的继续教育公共服务平台的紧迫性。

1. 从继续教育办学主体来看,迫切需要一个有机联系的办学网络

在当前继续教育各办学主体中,无论是普通高校的函授学院、网络学院,农业部在各地设立的农业技术推广学校,还是规模较大、办学效益较好的非学历培训机构,比如新东方等,都在各地设有教学点或学习中心,各自形成了自成体系的办学网络。依靠这个网络,便于开展招生管理、实施教学过程、提供支持服务,形成规模效应。但是,受利益驱动的影响,各教学点为追求短期的经济效益,不重视长期的基本建设投入,缺少高素质的师资队伍,不太重视教学过程的支持服务,网络的组织者也难以对其实施有效的管理。建立一个覆盖城乡、完整的、有机联系的继续教育网络在继续教育领域是有广泛共识的,继续教育办学迫切需要这样一个网络。

2. 从各级地方政府来看,迫切需要一个相对综合的管理网络

受原有计划经济体制的影响,中央部门、行业和地方政府分别直接管理和支配教育资源,造成教育资源配置的条块分割、部门分割,领域过窄,规模过小,低水平重复等现象,从而影响了整体办学效益和教育质量的提高,形成资源配置不合理的弊端。自20世纪90年代以来,我国大力推行高等教育管理体制改革,实现教育资源的有效整合成为各级政府推进教育改革的重要方式之一。在继续教育领域,这种整合显得更为紧迫和必要。因为,在广大基层,设置了很多基层继续教育机构,这些机构隶属于不同的行业部门,承担不同的任务,力量比较分散,运行成本较高。虽然地方的教育培训任务繁重,社会需求很旺盛,但这些培训机构却无力承担高水平的继续教育任务。多数地方政府都希望能够把这些机构整合起来,壮大队伍,提高能力,为地方提供综合性教育服务。从这个角度来说,建立一个相对综合的继续教育管理平台或网络,是地方教育资源重组的必然结果和发展趋势。

3. 信息技术的发展为公共服务平台的建立提供了可能,也提出了要求

信息技术的发展,加快了各类教育资源的流通速度,利用方便快捷的

网络平台，整合、共享优质教育资源的可能性进一步增强。各级政府、部门和行业企业认识到信息技术在推动继续教育发展方面的有效性，纷纷利用信息技术手段来拓展继续教育，这种现象已经成为一种潮流和方向。比如中央组织部正在推进的"农村党员现代远程教育工程"，利用网络来加强对农村党员干部的培训和教育取得了明显成效。但是，信息技术应用于教育也有不利的方面，它需要高额的前期投入，如需要基础设施、技术人员保障等，具有高固定成本、高运营成本的特点。在这种情况下，信息技术的应用更强调它的规模效应，不可能在一个社区里分别设置一所广播电视大学、一个网络学院的学习中心、一个行业培训中心等。随着信息技术的发展，每个农村乡镇、每个城市社区只需要建立一个相对综合的、能够汇聚各类教育资源、能够提供统一的技术服务的网络平台。利用这个平台，既可以接受普通高校的委托开展函授、网络教育等学历教育，也可以接受企业、行业等部门的委托，开展各类技术培训、资格证书教育等非学历教育。因此，信息技术的发展，为集多功能于一体的继续教育公共服务平台的建立提供了可能，也提出了要求。

4. 从社会需求来看，迫切需要一个开放、便捷、可靠的继续教育咨询服务平台

经济社会发展越快，人民群众的继续教育需求就越旺盛。但是，面对如此庞大的继续教育市场，继续教育信息的供给却是分散的、孤立的。人们想接受高水平、专业化的继续教育，却没有一个正规的、可靠的信息获取渠道。继续教育的健康发展，需要一个开放、便捷、可靠的咨询服务平台。另一方面，继续教育优质资源的有限使用和一般教育资源低水平重复开发的矛盾普遍存在。我国各地社会经济发展不平衡，总体教育资源不够丰富，优质教育资源不均衡性的矛盾非常突出。各类教育机构在举办继续教育过程中，非常渴望方便快捷地得到来自全国各地的优质教育资源信息，公共服务平台恰好满足了这一需要。在统一要求、统一标准、统一组织和统一管理的机制系统框架下，整合和提供优质、特色和经济的教育资源信息，不仅是满足继续教育发展的需要，也是促进教育公平的重要选择。

四、依托电大系统建设继续教育公共服务平台的可行性

1. 电大已经构建了覆盖全国城乡、有机联系的办学网络

中央电大、省级电大、地（市）级电大分校（工作站）和县级工作站、教学点组成了统筹规划、分级管理、分工协作的现代远程教育教学管理系统。电大在长期的远程教育实践中积累了丰富的系统管理和协调运作的经

验,搭建了分工合作教学网络,具有现代化的"天网+地网+人网"的教学传输系统平台和实施教学辅导、教学管理和学习支持服务的交互系统,拥有一支熟悉远程教学规律、专兼职结合的教学、教学管理和技术管理队伍,形成了规范、有效的远程开放教育评价体系,建立了非常有特色的质量保证与监控机制,初步搭建了一个遍及全国、覆盖城乡、天地人网合一的、比较方便、快捷的公共平台。

2. 电大实质上已经发挥了继续教育公共平台的作用

电大办学体系集学历教育与非学历教育、正规教育与非正规教育、正式学习与非正式学习于一体,对多种类型的学历教育和非学历教育进行了积极探索,成为我国终身学习体系的一支重要力量。目前电大系统举办或承担的教育形式几乎涵盖了我国继续教育的所有领域。除学历教育之外,全国电大在非学历教育和教育服务方面,与政府部门、普通高校、科研单位及企事业单位开展的合作项目每年都有数百个,年培训人次达到数百万。还为数以千万计的农民提供了广播电视实用技术节目培训。电大系统还为国家部委、行业、普通高校、自学考试等单位及教育机构,提供了行业证书考试、网络教育支持服务、函授教育服务、助学助考等多种类型的教育服务。

3. 中央电大远程教育公共服务体系的实践,为公共服务平台建设积累了丰富经验

2001年年底,教育部批准中央电大开展现代远程教育公共服务体系建设试点,利用电大系统的资源优势和网络优势,为现代远程教育试点高校和国内外其他教育机构提供规范、标准的社会化支持服务,为参加远程教育学习的学生提供全方位、全过程的学习支持服务,提高远程教育的教学质量和综合效益。2008年,中央电大现代远程教育公共服务体系为31所普通高校网络学院的125个专业的24万学生提供学习支持服务,承担全国网络教育统考141万人次的考务工作。几年来,公共服务体系运行的实践表明,把各个远程教育主办院校中资源建设、网络传输、招生、学籍、助学、考试等方面的辅助管理和服务剥离出来,由专业化的服务体系来完成,有利于整合优质远程教育管理资源,避免教育资源重复建设,实现共建共享、综合利用和效益最大化;有利于建立统一规范的远程教育质量标准体系,保证办学规模和教学质量;有利于主办高校降低办学成本,把更多的精力放在特色专业的发展和提高质量上,实现远程教育的良性发展,使普通高校网络教育与广播电视大学共生共荣,取长补短,共同发展。因此,以电大系统为基础建立远程教育公共服务平台,是在我国教育资源相对短

缺情况下，构建终身学习体系和学习型社会最节约、快捷和有效的途径。

4. 教育部"数字化学习港"教改项目的深入研究和实践，为全民终身学习体系的建设提供新的方式和途径

2006年6月，由中央电大牵头，浙江大学、清华大学等高校参与实施，依托中央电大公共服务体系开展的"数字化学习港与终身学习社会的建设与示范"教改项目，面向更加广泛的学习需求，开展了一系列相关理论研究，并且深入实践，在代表性的乡镇、社区、企业和行业建设了不同类型的"示范性学习中心"，在学习模式、服务模式、管理模式和运行机制等方面，取得了大量建设性研究成果，2008年4月顺利通过教育部专家组的验收。这些研究成果为加快远程教育公共服务体系的建设，探索继续教育的多种发展和服务模式，推进学习型社会的建设提供了理论和实践的有益借鉴。

五、继续教育公共服务平台的定位与框架设想

根据以上分析，在现有的各类继续教育办学机构和办学网络中，就教学管理的规范性、教育质量的可靠性，以及办学网络运行的一体化程度、资源的共享程度、管理的有效性和信息技术应用水平而言，相对来说，电大的网络体系是比较健全和完善的。因此，以电大系统现有的基础设施和教学管理网络为依托，并结合其他各类继续教育办学网络进行优化整合，建设覆盖全国城乡的继续教育公共服务平台很值得有关部门和专家进一步研讨。关于这个平台的定位与框架，有如下基本设想。

1. 目标定位

一是继续教育体系健康发展的基础性支柱。通过这个平台，促进各类继续教育科学定位、相互补充、共同发展。

二是促进优质教育资源快速发展、整合和共享的舞台。通过这个平台，推进各类继续教育机构在同一规则和标准下有效竞争。

三是各类继续教育需求团体获取优质的、适用的教育资源的仓储中心或超市。

四是整个社会成员交流、了解继续教育供求信息的窗口。

五是各级政府对继续教育实施有效监控、管理的重要途径，也是各级政府推动继续教育规范化、多样化发展的重要载体。

2. 功能定位

一是在广大农村乡镇、城市社区建设能够满足继续教育学习基本需求的学习场所，建立起覆盖城乡的有机联系的教育网络，提供基于计算机网

络的远程学习环境及支持服务系统。

二是继续教育学习资源汇聚与传输的平台。建构一个分布存储、集中管理的资源库系统，建立高效运行的学习资源整合、存储、传输、交易、应用和管理的系统，为各类继续教育资源建设提供标准、技术等开发服务，通过市场化机制实现优质资源在全国范围内共享，服务于继续教育发展，进而服务于学习型社会建设。

三是建立继续教育学习支持服务规范，为学生提供高质量的个别化学习环境和完善的学习支持服务。接受各继续教育办学机构的委托，提供相应的教学支持服务、技术支持服务和管理支持服务，提高教育质量，降低服务成本。

四是受政府和行业的委托，对各继续教育办学机构提供的教育资源、服务进行评价、认证或推介。对继续教育市场进行分析，对继续教育相关标准的制定提出建议，为政府和行业提供决策咨询服务。

五是汇聚和发布社会继续教育信息，为广大社会成员和继续教育机构提供信息服务。

3. 基本框架

以现代信息技术为支撑，充分发挥广播电视大学、自学考试、普通高校、成人高校以及社会培训机构等的重要作用，建立起遍布城乡的、面向社会大众的继续教育公共服务平台。该平台以市场化机制共享数字化学习资源，继续教育提供方依托该平台组织教学及教学管理，接受相关行政部门、社会第三方的指导、监管和评估，为各类继续教育学习者提供随时随地可获得的数字化学习资源和学习支持服务。公共服务平台的运行机制可以采取国家统筹规划，全社会共同建设，各级政府分级管理，各个行业一起参与，公共服务一体运转。其性质是公益性的，政府主办，市场运作，利益共享，成本共担。

广播电视大学开展的继续教育[①]

面向全国的广播电视大学是邓小平同志于1978年亲自倡导并批示创办的。广播电视大学主要面向在职从业人员开展高等学历继续教育和岗位培

---

① 郝克明. 终身教育研究丛书. 第四辑. 北京：高等教育出版社，2006.

训等非学历继续教育，同时为其他教育机构提供各种教育服务。广播电视大学建校以来，适应我国改革开放和社会主义现代化建设的需要，始终践行邓小平同志关于教育要面向现代化、面向世界、面向未来的办学思想，充分应用现代信息技术手段开展教学、管理和支持服务，并逐步形成了覆盖内地所有省区、遍布城乡的"统筹规划、分级办学、分级管理、分工协作"的远程教育教学系统，已成为国家公共教育事业的重要资源和终身学习体系的重要组成部分。

一、广播电视大学继续教育的主要成就与基本经验

电大充分利用现代信息技术手段，发挥系统整体优势，在大规模培养基层应用型人才、保证教学质量、推进教育公平等方面取得了显著的成就，在我国现代远程教育的发展过程中起到了不可替代的重要作用。

1. 培养了大批"下得去、留得住、用得上"的应用型高级专门人才，为国家与地方经济建设和社会发展作出了重要贡献

（1）截至2009年秋，内地31个省级行政区的地市级电大教育覆盖率，除西藏不足50％外，其余省份均在75％以上，包括甘陕、新疆、川贵、黑吉辽、内蒙古等西部边远省份在内的19个省实现了100％全覆盖。县级电大的覆盖率也普遍在70％以上，甘陕地区则高达90％以上。[①] 全国电大累计培养高等学历教育毕业生720万人，为加快我国高等教育大众化进程作出了卓越贡献。特别是自1999年全国电大实施"中央广播电视大学人才培养模式改革和开放教育"试点项目（简称"开放教育"）后，十年来，开放教育累计招生达643万人，约占同期各类高等教育招生总数的1/8，占成人高等教育招生总数的1/3，占国家现代远程教育试点招生总数的3/4以上，毕业学生318万人。2009年，全国电大开放教育在校生达到313万，为高等教育毛入学率贡献约两个百分点。多年来，广播电视大学始终坚持面向在职从业人员开展远程开放学历教育，电大学历教育在读学生中的86.88％年龄在21岁以上，并相对集中在25到35岁的年龄段。

（2）非学历教育培训人数超过5000万人次，有效提高了从业人员的职业素养和岗位技能。电大不断拓展与部委、行业、企业组织的合作，广泛开展多种形式的资格证书培训、岗位证书培训、新法律法规培训、创业设计培训、职工素质培训等非学历教育。培训中小学教师和校长300万人次；为数以千万计的农民提供了广播电视实用技术节目培训；为国家证监委、

---

① 中央广播电视大学《教育统计参考2009》。

保监会、中国人民银行等部委、行业提供资格证书考试服务逾300万人次。

（3）电大毕业生在地方经济和社会发展中发挥了重要作用，电大教育质量得到了社会认可。电大学生分布在社会和经济建设的各条战线上，特别是在基层和边远落后地区，许多人经过电大的培养成为所在单位生产、管理、技术第一线骨干，其中还涌现出许多全国先进工作者、劳动模范和著名企业家。2005年，中央电大在全国进行毕业生追踪调查，调查的一万多个单位对电大毕业生质量的总体满意度达到83.4%。2009年的统计数据显示，除了北京、天津、上海等发达城市地区已经实现县级电大全覆盖外，在边远欠发达的陕甘宁、云贵川、黑吉辽地区，50%以上的地县也都设立了电视大学。每十万人中电大毕业生数在30人以上，陕甘宁地区则在60人以上。

2. 始终坚持四个面向的办学方向，将优质教育资源送向教育欠发达地区和特殊人群，为推进教育公平发挥了独特作用

（1）电大坚持面向基层、面向行业、面向农村、面向边远和民族地区办学，把经济适用的高等教育资源送到广大农村和边远民族地区。开放教育在校生的78%来自地市级以下的基层单位，25.4%来自西部省区。2004年起，中央电大组织实施教育部"一村一名大学生计划"，为农村培养技术和管理人才，目前开设了农业技术类、畜牧兽医类、农林管理类等17个专科专业，累计招生21.65万人，在校生16.34万人，毕业5.2万人。与西藏大学联合办学，依托西藏大学的计算机网络、教学设施和师资，发挥全国电大系统办学优势，面向西藏开展远程教育，把优质教育资源送到雪域高原，为促进西藏地区的民族团结和进步作出了贡献。面向新疆等少数民族地区开设双语教学专业，为少数民族学生提供双语网络教学环境。

图1-25 2009年3月26日中央广播电视大学空军学院成立大会暨开学典礼

（2）开展部队士官学历教育，为推进科技强军，提高部队士官整体素质服务。中央电大从2001年起，先后成立了八一学院、总参学院、空军学院，依托军队建制、军事院校组建教学点，采取开放教育方式，面向全军

开展远程学历教育。目前累计招收学员14.6万人，在校生8.4万人，毕业4.76万人，电大教育已延伸到西沙群岛、锡林郭勒等边防哨卡，为国防现代化建设和军地两用人才培养作出了贡献。

（3）开展特殊教育，为残疾人自强自立服务。2002年，中央电大成立残疾人教育学院，依托地方电大和残联共同建设教学点，面向全国残疾人和残疾人工作者开展学历教育与非学历培训。目前在全国设立了31个教学点，累计招收学员4000余人。开通了专用的"阳光学习网"及双语教学平台（口语和手语），为提高残疾人平等、充分参与社会生活的能力开辟了一个新途径。

3. 形成了以"五统一"、"五要素"为核心的教学质量保证体系，构建了现代远程教育条件下的人才培养模式

电大在长期的办学实践中，始终把教学质量视为电大教育的"生命线"，按照国家规定的高等应用型人才培养目标，以及在职成人学生多元化的特点和开放教育"宽进严出"的要求，坚持"五统一"，把握"五要素"，构建现代远程教育条件下的人才培养模式，改善了教学效果，保证了人才培养质量。

电大在现代教育理论和教育思想指导下，优化设计远程教育系统及要素，构建了现代远程教育环境下的人才培养模式：建设适应成人在职学习的教学内容与课程体系，搭建了满足继续教育多样化学习需求、模块化、多通道的开放课程平台；构建了基于多种媒体的导学与自主学习相结合的教学模式；营造了教学相长、师生互动的现代远程教学氛围；形成了中央电大和各级地方电大分工合作的系统运作教学管理模式，贯穿教学全过程的学习支持服务系统，为提高远程教育的学习质量创造了条件。

4. 建成覆盖我国城乡的远程教育系统和教学服务平台，成为国家构建终身教育体系和建设学习型社会的重要教育资源

（1）形成了天网、地网、人网"三网合一"的办学网络。电大自创立起即采用广播、电视等先进的传播手段进行教学，利用国家卫星教育电视网向全国各地播出学历教育和非学历教育课程，全国电大3万多个教学点均有卫星电视接收系统。近年来，随着信息技术的发展，电大加快教学技术现代化建设，利用中国教育卫星宽带多媒体传输平台、中国教育和科研计算机网以及公网，形成了数字化、多媒体、交互式的教学资源传输方式，构建了天网和地网结合，中央、省、地县三级平台互动的网络教学环境。目前，在教学方式上，电大已经实现了从单一单向的广播电视授课发展到包括网络在内的基于多种媒体的多样化交互式教学方式的转变；在教学资

源上，实现了从以文字教材为主到文字、音像、计算机课件及网络等多种媒体综合利用的教学资源的转变。人网方面，截至2008年年底，全国电大教职工总数8.58万人，其中专任教师5.06万人，另有兼任教师3.52万人，这是一支从事远程教育的专业队伍，是国家发展远程教育的宝贵人力资源。

（2）电大办学功能不断拓展，建设远程教育公共服务体系，为建设学习型社会搭建服务平台。目前电大系统举办或承担的教育形式几乎涵盖了我国继续教育的所有领域，除开放教育之外，全国电大通过与政府部门、普通高校、科研单位及企事业单位合作开展各类非学历教育培训，提供行业证书考试、网络教育支持服务、函授教育服务、助学助考等多种类型的教育服务。2001年年底，教育部批准依托广播电视大学系统建设中央电大现代远程教育公共服务体系，为高等学校及其他教育机构开展远程教育提供学习支持服务。目前公共服务体系的服务范围已覆盖31所普通高校网络学院的125个专业的24万学生。2003年，教育部批准电大承担"国家现代远程教育资源库"建设，建设面向各类教育机构和个体学习者的"多种媒体课程资源"超市，整合、开发优质教育资源，优化教育资源配置，促进优质教育资源的利用和共享。截至2010年，国家现代远程教育资源库共收录77个专业，1930门课程，60.2万条媒体资源，总容量超过7TB；涵盖了普通高校、电大系统、职业教育、国外高校及公共素材等多个领域和方向。近年来，全国电大系统还进行了网络教育数字化学习资源中心、数字化学习港的研究与实践，为构建公共服务平台奠定了较好基础。

电大30年的办学实践，在服务基层、系统运作、开放办学、现代信息技术应用和共享社会资源等方面，积累了丰富的办学经验。

① 坚持面向基层、面向行业、面向农村、面向边远和民族地区办学的方向，主动适应地方经济建设和社会发展的需要，始终坚持面向在职从业人员的继续教育、应用型人才的培养。

② 坚持发挥系统运作的优势。全国电大系统一体化运作，是电大有别于国内外其他远程教育机构的主要特征。系统办学有利于实现优质教育资源的共享，保证教学质量，有利于高等教育向下延伸，改善我国高等教育的布局，为推进教育公平和构建和谐社会发挥作用。

③ 坚持办学的开放性和灵活性。电大坚持学历教育与非学历教育相结合，多层次、多规格、多种形式办学，突出办学的开放性和灵活性，为各类社会成员提供继续教育和终身学习的机会和条件。

④ 坚持追踪现代教育技术和媒体技术发展，不断推进电大教育信息化

进程，注重提高信息技术和教育技术应用能力和水平，使学习方式更加灵活、方便，使"人人皆学、处处可学、时时能学"成为可能。

⑤ 坚持整合利用社会教育资源。电大通过模式创新，积极开展合作办学，利用高等院校、科研院所、厂矿企业的人力和技术资源，开发了一大批适应在职从业人员自主学习的教学资源，近百所高校和千余名专家学者，直接参与了电大人才培养方案的制定、学科专业建设和课程建设，较好地满足了学习者的多元学习需求，同时也增强了电大在办学层次、专业设置和培养目标等方面对于社会需求的适应性。

二、广播电视大学继续教育面临的挑战及存在的问题

电大继续教育在取得巨大成就的同时，随着我国经济社会的发展、产业结构的调整，人民生产生活方式的变化，以及我国高等教育大众化的加速推进，面临着许多新的挑战，自身也存在着诸多困难和问题。

1. *经济发展对电大教育需求的影响：转变教育培训内容和方式*

为实现党的十七大提出的到 2020 年实现全面建成小康社会的奋斗目标，需要转变经济增长方式，优化产业结构。产业结构的优化升级需要电大教育培训内容由基础知识补偿性向技术开发应用型转变。产业结构的梯度转移也势必引起教育方式的变化，由于不同产业和不同岗位对劳动力的技能需求存在一定差距，劳动者的频繁再就业和转岗带来了弹性的继续教育需求，需要灵活转换学习时间、地点和内容等。电大在未来的发展中需要考虑和其他专业性的继续教育培训机构合作，利用自身覆盖全国的网络优势，共同建立全国性的统一的继续教育培训平台，实现跨地区、跨时间、跨机构的课程衔接，满足就业人口频繁流动带来的教育需求。

2. *人民群众生活方式以及人口结构变化对电大教育需求的影响：积极开展城镇社区教育，深入开发农村教育*

随着我国经济的持续稳定发展，人民生活水平的提高，出现了较大幅度的农村人口向城市转移，学习逐渐成为广大人民群众的生活方式和内在需求。这些变化为电大发展社区教育、老年闲暇教育提供了机遇。截至 2007 年年底，国家级社区教育实验区已达 114 个，省级社区教育试验区达 300 多个[①]，电大成为全国及各地发展社区教育的先行和主干力量。党的十七大又提出要统筹城乡发展，推进社会主义新农村建设，形成城乡经济社会发展一体化新格局。因此，如何在建设新农村的社会背景下，深入开发

---

① 教育部职业教育与成人教育司，社区教育统计。

普及农村教育和培训,加快培养农村农业生产和经营的专业技能人才,将是电大教育新的拓展点。利用各种远距离教学形式为中小城市、乡镇企业、社区、农村以及边远和经济发展程度偏低地区服务,共同提供公共教育服务将是电大教育发展的重要内容。

3. 信息技术对电大教育需求的影响:拓展机构合作和远程教育,建设公共教育资源平台

信息技术的广泛运用,扩大了电大的服务群体,为远程教育的拓展提供了机遇,任何能够使用互联网的用户都可以成为电大教育的潜在服务对象。据中国互联网络信息中心统计,截至2009年6月,中国互联网普及率达25.5%,中国网民规模达到3.38亿人,宽带网民数达到3.2亿人,手机上网的网民达到1.55亿人,2008年年底,国家CN域名数达1357.2万个,三项指标居世界排名第一。这为中国现代远程教育加强合作,实现资源优化和共享,构建学生学习的支持服务系统建立了坚实的市场基础。信息技术带来的另一个变化是知识的爆炸式发展,导致学习需求从重点掌握知识和技能向掌握如何寻找自己所需知识和技能的方向发展。因此,对于电大来说,需要与国内高等教育机构、企业合作开展能力培训。由于电大拥有广泛的受众群体和分支机构,能够采取网络与现场教学相结合的方式节约成本,而普通高校拥有专业教师资源,两者可以合作进行课程开发和设计,共同培育专业技能人才。信息技术变革对电大拓展远程教育、建设公共教育资源平台提供了前所未有的机遇。此外,由于信息技术的变革使得人们的学习环境从纸介环境向虚拟网络环境的远程教育转变,在线学习成为终身学习体系中的一种新方式并迅速发展,在线学习规模的扩大也亟须电大建立公共教育服务平台,能够迅速快捷地为各种人群和各类高校提供专业的在线学习支持服务。

4. 来自继续教育统筹发展的压力和挑战:地方教育资源整合对电大系统办学的冲击,以及继续教育发展带来的竞争压力

一是现有法律规章的不适应。电大虽然进行了30年的办学实践,但指导电大发展的法规性文件,仅有1988年原国家教委颁布的《广播电视大学管理暂行规定》(简称《规定》)。随着我国经济体制和教育体制的改革与发展,特别是面临构建终身教育体系的新任务,原《规定》中有关电大的定位、办学条件、任务与功能、经费投入、质量监控等很多内容都与当前电大的发展状况不相适应,与社会发展对电大的要求不相符合。电大教育法规滞后导致的后果是,地方政府和教育行政部门在规划当地教育发展、明确电大地位和作用时,缺乏相应的法律依据,对当地电大的管理存在一定

的随意性，制约了电大的可持续发展。

二是地方教育资源整合对电大系统的冲击。自1998年以来，在国家教育管理体制改革和地方教育资源重组过程中，省级以下电大被合并、调整，甚至撤销的现象时有发生，截至2008年，44所省级电大中，有14所省级电大增挂了高职学院的牌子，地（市）级电大中仅有36.6%的电大独立设置，剩余电大大多与当地高职院校或师范院校合并。取消当地电大独立建制，削弱了电大面向基层农村和边远地区开展继续教育、终身教育的组织基础，使覆盖全国城乡的唯一公共远程教育系统网络受到损害，造成电大管理链条中断，信息传递相对迟滞，管理效率低下，教学质量难以有效保证。在地方教育资源整合中，如何优化教育资源，既实现教育资源整合，又保持电大系统整体运作的特点，使其发挥更大的效用，是一个非常值得深入研究和谨慎运作的问题。

三是来自继续教育市场的竞争压力。近年来，我国成人高等教育与继续教育积极主动地适应社会经济建设的需要，形成了普通高校、成人高校、广播电视大学、自学考试、民办教育机构及各类培训机构构成的多形式、多层次、多类型、多渠道的办学体系，继续教育市场参与主体逐渐增加，竞争日趋激烈，在这种激烈的竞争下，电大需要转变供给方式，从原有的机会供给向质量供给转变，从学科知识教育转向行业技能培训，并在课程设置和教学方式上进行相应调整。

5. 来自电大教育体制改革中的难题：电大系统自身教学管理体制、运作模式以及教育教学改革存在的问题日益突出

电大系统"分级办学、分级管理"的体制是在我国计划经济体制下形成的，各级电大的人、财、物的投入和领导班子的配备由同级政府负责，接受当地教育行政部门的管理；在教学上按照远程教育系统教学的规律，上级电大对下级电大的教学业务进行管理与指导。在这种双重管理体制下，由于缺乏相应的法律法规以及有效的沟通机制，一些地方由于投入不足，办学规模和办学条件不匹配，基层电大的建设出现弱化趋势，系统的整体优势得不到充分发挥。随着办学和服务规模的不断扩大，如何改革与完善电大系统的管理体制和运行机制，进一步明确各层级之间的责任和权利，以及进行科学合理的利益分配是需要研究解决的问题。

另外，电大教师队伍的总体数量、结构、素质还有待改善和提高。在专业建设方面，更好地适应地方经济社会发展的特色专业不足，专业的趋同性比较严重，需要进一步调整专业结构，增加专业开设数量。电大对在职人员学习特点及其发展变化的研究还有待深入，教学内容和课程体系还

不能很好地适应从业人员提高素质、能力的要求。电大教学资源种类还不够丰富，质量有待提高，系统内外资源共建共享机制还有待完善，教学资源建设投入不足，评估环节相对薄弱，尚未形成有效的教学反馈与用户评估机制。

三、广播电视大学继续教育发展的战略构想和策略建议

党的十七大提出"发展远程教育和继续教育，建设全民学习、终身学习的学习型社会"，这是对远程教育和继续教育功能的新要求和新使命。未来十几年是我国经济发展和现代化建设的关键时期，通过继续教育开发人力资源，越来越成为提高劳动者素质和造就各类专门人才的重要途径。面对当前的金融危机，更需要我国加快转变经济增长方式，进行产业结构调整和优化升级，需要大力发展继续教育，提高劳动者和各类专门人才的素质。另外，学习型社会的教育，更多地强调时空分离、宽进严出、法律保证、认证体系、公共服务、立体化教育体系、学习资源网络化等要素，而远程开放继续教育便具有这些特点。从中国网民急剧增加而且结构更趋合理的现状看，继续教育的网络化趋势愈来愈明显。在我国经济社会迅速发展、终身学习需求日益高涨的背景下，尤其是随着信息技术的进步和教育改革的深化，利用卫星、计算机、多媒体和互联网等多种手段发展继续教育，已成为深化继续教育教学改革的重要方向。因此，远程开放继续教育必将成为今后一个时期我国教育改革和发展的重点之一。基于以上分析，对今后广播电视大学的发展走向，特提出如下构想和建议。

1. 战略构想

广播电视大学发展远程开放继续教育，应深入贯彻落实科学发展观，着眼于国家构建终身教育体系和建设学习型社会的全局，以全民终身学习为己任，以建设具有鲜明中国特色的开放大学，搭建服务全民学习、终身学习的大平台为目标，坚持面向地方、面向基层、面向农村、面向边远和民族地区的办学方向，坚持学历与非学历并重、办学与服务并举，运用信息技术和手段，实现教育现代化，扩大教育机会，促进教育公平，为所有能够接受教育的人提供教育服务，为促进全民学习终身学习的学习型社会建设、促进社会主义和谐社会建设作出贡献。在发展方向上，电大应在以下几个方面加强探索和实践。

一是在现有广播电视大学系统基础上，组建覆盖全国城乡的国家开放大学。要探索建立宽进严出的招生、学籍和教学管理制度，开发贴近社会成员实际需要的专业和课程，面向在职成人开展各级各类学历教育，为行

业、企业、社区开展岗位培训及农村实用技术培训等非学历教育，为人民群众强烈的高等教育需求提供便利的多样化选择。

二是要继续发挥远程教育资源的优势，整合拓展现有的天网（卫星和广播电视）和地网（互联网）技术平台，建设继续教育公共服务平台，为高等学校及其他教育机构开展远程教育提供方便、灵活、个性化、可交互的学习服务；为全民学习、终身教育、学习型组织、和谐社会建设服务。

三是要建构开放的数字化学习资源中心。整合广播电视大学、普通高校、自学考试、教育培训机构和企业的学历、培训及素质教育等课程，推广使用数字化、标准化的课程资源，建立继续教育数字化学习资源中心，实现优质学习资源在全国范围内的共建共享。

四是探索建立先前学习成果认定、学分积累与转换的制度，促进不同类型学习成果的互认和衔接，在高校之间，在教育与培训之间起到立交枢纽的作用。

以上四大方面是相辅相成的。其中，开放大学是基础和依托。当然，这四个方面的探索不是短时间内能够完成的，需要全国电大人共同努力，长时间坚持不懈地进行创新和实践。

2. 策略建议

（1）在现有广播电视大学系统建构的基础上，立足于中央电大远程开放教育，组建一体化运行的国立开放大学。

随着现代信息技术和通讯技术的迅速发展，自20世纪60年代末以来，开放教育因其灵活、多样和适应性强的特点，受到越来越多国家的重视，世界上第一所开放大学——英国开放大学1969创立之后，开放大学如雨后春笋般在世界上很多国家应运而生。通过对世界各国远程教育机构和开放大学系统建构的比较研究，我们发现，绝大多数非联邦制国家只设置一所国立开放大学。英国开放大学是一个独立、自治的国家高等教育机构，向整个社会开放，进行多种媒体远程教学，在经费、考核、学分认定和授予学位、课程设置、课程资源的设计和开发，以及课程发送和学生学习支助服务诸领域享有充分的自治权。开放大学在全英设有13个地区中心，地区中心下辖约293个地方学习中心。地区中心主要负责学生入学、教学与咨询。英国开放大学从总部到地区中心、学习中心，是一个人、财、物、事权力一元化的管理系统，从而使其办学和服务能保持较高的水准和质量。

借鉴世界远程开放大学的经验，建议在现有广播电视大学系统建构的基础上，在保留各省级广播电视大学办学资质的基础上，面向全国组建一所国立开放大学。在行政管理上，各地方广播电视大学人、财、物仍归当地政府管理。在教学业务上，加速推进全国电大教学的一体化进程。国立开放大学在招生、专业设置、教学计划、教学大纲、教学管理、证书发放、质量监控等方面实现一体化运行。各省广播电视大学作为国立开放大学的一个地区分院，负责本地区学生的入学、教学与服务。现有各基层广播电视大学作为国立开放大学的一个学习中心或教学点，接受地区分院的领导。

开放大学实行"宽进严出"的招生管理制度，采取在入学资格认定基础上免试入学、随时注册的办法。学习管理上实行学分制，注册学员在一定年限内修完规定学分并考试合格者即可获得学历和学位证书以及各种专业资格证书。探索建立"终身学习卡"制度，建立学习者终身学习档案，把学习者终身学习的情况、学习奖励记录在案，在此基础上建立"学分银行"，给予学历或非学历的成果认定，推进学习者学习经历的跨学校互认、跨地域转移和跨阶段继承。

（2）充分利用信息技术手段，提高电大公共支持服务能力，搭建国家远程开放继续教育公共服务平台。

以现代信息技术为支撑，充分发挥广播电视大学、自学考试、普通高校网络教育学院、成人教育学院以及社会培训机构等的重要作用，建立起遍布城乡的、面向社会大众的继续教育公共服务平台。该平台的主要功能和任务：一是在广大农村乡镇、城市社区建设能够满足继续教育基本学习需求的学习场所，建立起覆盖城乡的有机联系的教育网络，提供基于计算机网络的远程学习环境及支持服务系统。二是建构一个继续教育学习资源汇聚与传输的平台，以市场化机制实现优质资源在全国范围内共享，服务于学习型社会建设。三是接受各继续教育办学机构的委托，提供相应的教学支持服务、技术支持服务和管理支持服务，提高教育质量，降低服务成本。四是受政府和行业的委托，对各继续教育办学机构提供的教育资源、服务进行评价、认证或推介。五是汇聚和发布社会继续教育信息，为广大社会成员和继续教育机构提供规范、可靠、充分、便捷、免费的信息咨询服务。

构建远程开放继续教育公共服务平台信息化运行环境。以现有的中国教育和科研计算机网络（CERNET）、国家教育卫星电视、教育卫星宽带传输平台（CEBsat）等为基础，进一步加大投入，扩大卫星、网络传输容量，改善现代远程教育教学基础设施，升级改造计算机网络，开发集学习资源整合、存储、传输、展示和交易于一体的运行环境，建立集信息发布、交流与反馈于一体的辐射全国的远程接待系统。

健全远程开放继续教育公共服务平台相关制度保障。健全组织，成立一个全国性的远程开放继续教育公共服务平台建设的领导协调机构，逐步搭建起由国家管理中心、省级管理中心、基层学习中心三级组成的完整的组织管理体系。加大投入，中央财政以引导资金的方式，加强继续教育网络平台建设、继续教育课程资源开发。加大建设，以电大基层教学点或网络教育学习中心等为基础，整合其他继续教育资源，引导各级政府加强公共服务平台基层学习中心办学条件建设、组织建设和队伍建设，使其成为服务当地经济建设和社会发展的继续教育中心和社区教育中心。

建立远程开放继续教育公共服务平台的相关标准和规范。制定基于公共服务平台运行的资源、技术、服务、管理等系列标准和规范，推进远程开放继续教育学习资源的共建共享，为国家制定继续教育的相关标准和规范打下基础。接受政府和相关机构的委托，对各继续教育办学机构提供的教育资源、服务进行评价、认证或推介，逐步完善有中国特色的继续教育质量标准、评价制度和机制，改进评价和认证的手段和方法，加强继续教育质量的社会监督。

（3）加强教育资源整合力度，搭建继续教育数字化学习资源中心。

在已有的"国家现代远程教育资源库"、"网络教育数字化学习资源中心"的基础上，依托全国广播电视大学系统建构一个、集中管理的资源库系统，采用国家政策引导、先期投入与市场化运作相结合的方式，进一步整合高校、行业、企业等社会优质继续教育资源，建构一个各类继续教育需求团体获取优质适用教育资源的国家级教育资源仓储中心或超市，建立高效运行的学习资源整合、存储、传输、交易、应用和管理的系统，实现优质学习资源在全国范围内的共享，为社会成员随时学习提供丰富的课程和内容。集中全国的优质教育资源，集中力量开发建设数字化学习资源，建设内容丰富、切合实际的终身教育数字化学习资源库，形成国家继续教育数字化学习资源中心。

继续推动电大"天网地网结合，三级平台互动"的网络教学环境建设，全面普及数字化校园环境；加大以国家中央资源库、节点资源库为骨干的数字化学习资源环境建设的投入；积极制定政策和措施，保障并推动资源整合机制和模式的实现和落实，组织有关行业和部门参加资源建设，完善网络教育资源建设的行政指导和调控机制。

（4）健全有关法律法规，推动远程教育和继续教育科学发展。

建议在《终身学习促进法》中，明确远程教育在国家构建终身教育体系、建设学习型社会中的地位和作用。建议在修订《高等教育法》、《教师法》等教育法规的过程中，根据远程教育发展的新形势、新特点，增加有关远程教育的实质性条款，保证远程教育院校（机构）及其师生员工的合法权益。

建议对《广播电视大学暂行规定》进行修订，制定并颁布《中国远程开放大学章程》。关于中国远程开放大学的立法内容应包括：办学定位问题、政府责任与经费投入问题、管理体制与运行机制问题等。应明确远程开放大学的性质、地位和功能，落实办学自主权，规定办学要素的标准，明确其办学和服务的双重功能，提出为终身学习以及其他远程教育机构进行社会化服务的任务、途径和方式，赋予国家或地方远程教育管理（服务）中心有关统筹、协调和管理职能。

确立国家对电大和开放教育的投入机制，明确各级政府对电大及开放教育的投入标准，设立相应的财政预算制度，完善政府、学校和个人合理分担教育成本的经费保障机制；设立专项经费长期支持电大发展残疾人教育、部队士官教育、少数民族教育及"一村一名大学生计划"项目。另外，也要明确对人才培养模式、内部质量保证与政府质量监管、教师和学习者权益等方面的立法内容。

（5）改革人才培养模式，加强内涵建设，实现规模质量协调发展。

以社会和学习者的需求为导向、以提高学习者对职业的适应能力和创新能力为核心，加强电大开放教育教学内容、方法和人才培养模式的适应性、针对性改革。积极探索研究更具远程开放继续教育特色的新的教学方法，加强教学过程中的双向互动，培养学习者自主学习的积极性和各种能力。加强工学结合，实行弹性学制和更加灵活的学分制度。加强办学与社会需求的紧密结合，加强实践环节与教学环节的紧密结合，加强社会对人才培养模式改革的参与程度，充分发挥各类教育资源、社会资源的作用，实现优势互补。

电大开放教育发展重点应放在加强内涵，提高质量上。设置适应社会需求的学科专业；深化和完善灵活、便利、适应学生终身学习、自主学习的教学模式和管理模式；建设高质量、适应学生自主学习的多种媒体课程教学资源；提供完善、优质、贴心的教学支持服务；构建完善的质量保证体系；进一步整合系统的教学力量，大力推进教师队伍建设和学科建设，提升内涵品质，增强办学实力。

E-Learning 数据挖掘：模式与应用[①]

随着教育信息化的快速发展特别是数字化校园和网络高等教育的日益普及，教育领域中部署了众多的软件系统，在这些软件系统中存储着海量的教育数据。如何利用这些教育数据，使这些数据转变为信息、知识，并为教育决策、教学优化服务，可从 E-Learning 数据挖掘中找到一些答案。本文系统梳理了国内外 E-Learning 数据挖掘的研究进展，并采用格语法分析方法对 E-Learning 的关键要素和过程进行分析，提出可以"谁在学、学什么、怎么学、学得如何"这一系列问题为主线，开展 E-Learning 数据挖掘工作，从而获得对 E-Learning 现状的更加完整的认识。在尝试回答"谁在学、学什么、怎么学、学得如何"的过程中，分解出三类挖掘任务情境即用于回答"谁在学"的学习者特征挖掘，用于回答"学什么、怎么学"的学习过程挖掘以及用于回答"学得如何"的学习结果挖掘，并对应地构建出三种数据挖掘模式。对模式的应用结果表明，这三种数据挖掘模式在 E-Learning 要素和过程分析中是有效的，较好地拓展了对 E-Learning 关键要素认识的完整性，对"谁在学"有了更全面的认识、对"学什么、怎么学"有了更准确的认识和对"学习的结果如何"有了更深入的认识。

一、引言

在过去的十余年，随着教育信息化的快速发展，特别是数字化校园和网络高等教育的大量实践，教育领域中部署了众多的软件系统。在这些软件系统中存储着海量的教育数据。如何利用这些教育数据，使这些数据转变为信息、知识，并为教育决策、教学优化服务，便是 E-Learning 数据挖掘的出发点和落脚点。E-Learning 数据挖掘指的是一个将来自各种 E-Learning 软件系统（主要是网络教学平台）的原始数据转换为有用信息的过程，这些有用信息可为教师、学生、家长、教育研究人员、教育管理人员以及 E-Learning 软件系统开发人员所利用，以实现对学生及其所接受教育的更好理解，并可据此采取更有针对性的管理和教学优化措施。广义

[①] 葛道凯. E-Learning 数据挖掘：模式与应用［J］. 中国高教研究，2012（3）：8-14. 本文系教育部科学技术研究重点项目 "E-Learning 学习过程中的数据挖掘"（项目编号：108185）的研究成果。

讲，E-Learning 可理解为通过互联网进行学习与教学的活动。基于聚焦研究问题的考虑，在本文中，E-Learning 的内涵则界定为"基于网络教学平台的学习"。这是由于开展数据挖掘需要系统的、结构化的数据。"基于网络教学平台的学习"可以产生系统性强、结构良好的学习记录数据，而"基于互联网的学习"则可能无法提供这些数据。

开展 E-Learning 数据挖掘的一般过程包括"收集网络教学平台用户使用数据"，"数据预处理"，"应用数据挖掘算法"，"解释、评估、应用所获得的结果"等环节，这与一般意义上数据挖掘项目的实施流程是一致的。

二、文献研究综述

目前，国内外已不乏 E-Learning 数据挖掘或教育数据挖掘方面的研究。国外研究方面，Romero 和 Ventura（2007）、Baker 和 Yacef（2009）分别对 1995 年至 2005 年间的相关研究以及 2008 年至 2009 年间的相关研究进行过综述。虽然这两项综述研究的主题是"教育数据挖掘"。但从综述内容来看，大部分已有研究的挖掘对象是 E-Learning 系统产生的数据，对传统课堂数据的挖掘仅占少数。这两篇文献主要从数据挖掘方法的角度对已有研究进行分类阐述。综合 Romero 和 Ventura（2007）、Baker 和 Yacef（2009）对教育数据挖掘方法的分类，这些方法包括：统计分析与可视化，聚类（聚类、离群点分析），预测（决策树、回归分析、时序分析），关系挖掘（关联规则挖掘、序列模式挖掘、相关分析）和文本挖掘等，其中预测挖掘方法、关系挖掘方法以及聚类挖掘方法在 E-Learning 数据挖掘领域的应用更为广泛。

鉴于国外已有比较成熟的综述研究。笔者主要从挖掘任务的角度重点回顾国内 E-Learning 数据挖掘。E-Learning 的基本要素包括学习者、教师、学习资源、交互工具、评价工具等，主要行为则有浏览资源、师生交互、练习考试等，在完成这些行为的过程中将产生学生的学习记录和教师的教学记录。分析 E-Learning 的要素和行为，可以作为挖掘对象的数据有学习者、教师、学习者资源浏览行为记录、学习者练习考试行为记录以及师生交互记录，对应的挖掘任务则有学习者特征识别、学习者在线学习行为分析、师生交互分析等。关于这三种类型挖掘任务的国内研究情况简述如下：

在学习者特征识别方面，目前基于网络教学平台数据开展的学习者特征识别研究比较少，已有的研究中如张弛、王慧敏等人利用 EM 聚类算法、决策树算法对移动学习中的学习者进行聚类、分类分析，发现移动学习平台中学生群体的分布特点及在资源需求上的差异，从而为改进和推荐移动学习课程资源设计提供支持。其他相关研究还有，为改进大学的本科招生工作，对潜在优质生源特征及选取规则的研究。但这些研究的数据并非来自网络教学平台，而是来自教务管理系统。

在学习者在线学习行为分析方面，不少研究者通过教学平台网络日志分析来描述在线学习行为。但从研究方法来看，这些研究者主要采用统计和可视化方法来描述学习者的在线学习行为，几乎没有涉及其他形式的数据挖掘方法。相比国外的研究，国内在方法应用上还显得不够灵活、多样。另外，研究者将在线学习行为的影响因素归结为网络资源和学习支持服务两个方面，主要侧重外部因素。

师生交互分析指的是对网络教学平台中交互论坛中的数据所做的分析，该分析结果可以帮助教师诊断学生对教学目标的掌握程度，以便给学生提供及时的反馈和指导。交互分析中常用的分析方法有社会网络分析法、内容分析法和系统建模法，对应的数据挖掘方法则有社会网络分析、文本挖掘和序列模式挖掘。其中，社会网络分析常用于虚拟学习社区或其他学习平台中"学习者或师生的交互网络"的研究以及"博客社区中的社会网络"的研究。内容分析法则用于协作交互文本内容分析、协作特征标识，并且侧重计算机支持的内容分析法。系统建模用于以形式化方法描述和预测协作交互过程，常见的建模方法有限状态机、隐马尔科夫（HMM）模型、Petri网等。

从上述文献分析来看，有关 E-Learning 数据挖掘的研究已有一些尝试。其中常用的数据挖掘方法有预测挖掘、关系挖掘和聚类挖掘，典型的挖掘任务则有学习者特征识别、在线学习行为分析、师生交互分析等，E-Learning数据挖掘所需的数据有时还要从 E-Learning 系统以外的软件系统中补充。本文的关注重点是，构建特定的 E-Learning 数据挖掘模式并检验数据挖掘模式的有效性：基于 E-Learning 实践，遴选出若干典型数据挖掘任务情境，根据任务选择挖掘方法和挖掘工具，并按照一定的流程对这些方法和工具进行重组，形成特定的 E-Learning 数据挖掘模式，从而使一些复杂的数据挖掘任务可以比较简便地得以完成。

三、E-Learning 数据挖掘模式构建

E-Learning 数据挖掘模式为完成特定挖掘任务而建。从前面对挖掘任务的分析来看，E-Learning 的要素很多，我们可以对各个要素如学生、教师、学习内容、学习活动逐个进行挖掘，但是却缺乏一条逻辑主线将这些散落的挖掘选题组织起来。下面，笔者采用格语法中的格框架方法，以"E-Learning"为中心谓词进行语义格标识。常见的语义格包括施事格、工

具格、承受格、使成格、处所格、客体格等。所得结果如图 1-26 所示。

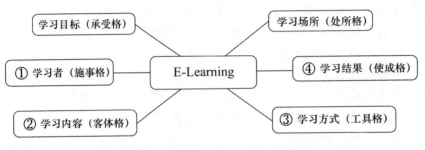

图 1-26　E-Learning 的格框架

如图 1-26 所示。笔者用数字编号标出需要重点关注的四个语义格。这四个语义格对应的内容在教学平台或教务管理系统中有数据记录，并且可形成一条清晰的逻辑主线，即以"谁在学、学什么、怎么学、学得如何"这一系列问题为主线，采用数据挖掘方法对这四个语义进行挖掘分析，将使格框架中的中心谓词"E-Learning"的细节更加清晰，从而形成对 E-Learning 现状的更加完整的认识。

围绕这一逻辑主线，可以产生三个挖掘任务情境，即用于回答"谁在学"的学习者特征挖掘，用于回答"学什么、怎么学"的学习过程挖掘，以及用于回答"学得如何"的学习结果挖掘，从而构建出三种数据挖掘模式。可为他人完成类似的挖掘任务提供参考。

1. E-Learning 数据挖掘模式构成要素

E-Learning 数据挖掘模式由"数据挖掘工作"、"工具与算法"以及"数据"等三要素构成，"工具与算法"为"数据挖掘工作"提供支撑，并产生相应的"数据"，如图 1-27 所示。这三个要素在时间上的展开将分别形成数据挖掘工作流、工具与算法流以及数据流。

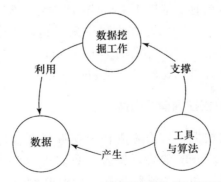

图 1-27　E-Learning 数据挖掘模式构成要素

数据挖掘工作符合数据挖掘的一般过程，包括数据收集、数据预处理、数据挖掘、模式解释评价与应用等环节，根据任务情境的不同，"数据挖掘工作"各环节各有特点。

工具与算法是指数据挖掘工作流中用到的各种工具及若干算法。在本文中用到的数据挖掘工具有 SQL Server 2005 Analysis Service（SSAS），SPSS 13.0，Excel 2007，UCINET 6.0，Weka，它们各具特色。这些数据挖掘工具中有些是不可替代的，如 UCINET 6.0 用于社会网络分析和社会网络图绘制；有些则有着相似的功能，如 SQL Server 2005 Analysis Service 与 Weka 都是专门的数据挖掘工具，SPSS 13.0 和 Excel 2007 都是统计分析工具。在本文中用到的算法涵盖数据挖掘的经典算法，包括决策树算法、时序算法、聚类分析算法、顺序分析与聚类分析算法、关联规则算法、线性回归算法以及统计与可视化方法等。

数据则是在应用工具和算法时产生的各类数据。包括挖掘得到的各类知识，如可视化图表、频繁项集、规则、序列模式、网络图等。

2. 学习者特征数据挖掘模式

学习者特征数据挖掘模式用于学习者特征分析的任务情境，如图 1-28 所示。

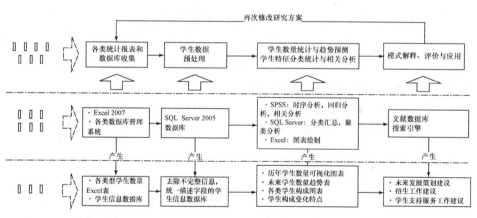

图 1-28　用于学习者特征分析的数据挖掘工具集成应用方案

（1）数据挖掘工作流。数据挖掘工作流过程包括数据收集、数据预处理、数据挖掘、模式解释评价与应用等环节。在数据挖掘环节中，主要有两项任务，即"学生数量统计与趋势预测"、"学生特征分类与相关分析"。

（2）工具与算法流。工具与算法流中，在数据挖掘环节所用到的工具有 SPSS、SQL Server、SSAS、Excel，用到的算法和功能则有时序分析、回归分析、聚类分析、相关分析、分类汇总和图表绘制，SPSS 的时序分析和回归分析主要用于学生数量趋势预测。SSAS 的聚类分析则主要用于学生特征发现。

（3）数据流。在应用工具和算法时则会产生各类数据，形成数据流。

3. 学习过程数据挖掘模式

学习过程数据挖掘模式用于学习过程分析的任务情境，如图 1-29 所示。

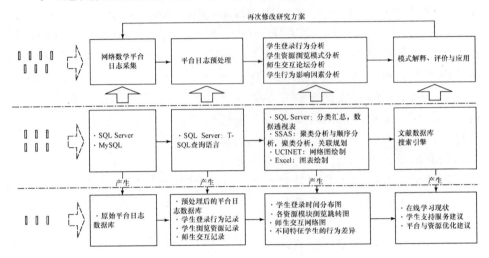

图 1-29　用于学习过程分析的数据挖掘工具集成应用方案

在数据挖掘工作流的核心环节，主要的数据挖掘任务有学生登录行为分析、学生资源浏览模式分析、师生交互论坛分析和学生行为影响因素分析，所用到的工具和算法则有 SSAS 的聚类分析与顺序分析、聚类分析、关联规则等以及 UCINET 的网络图绘制等。

4. 修业结果数据挖掘模式

修业结果数据挖掘模式用于修业结果分析的任务情境，如图 1-30 所示。

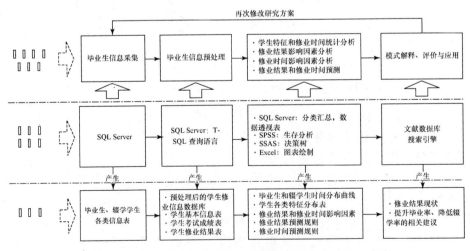

图 1-30　用于修业结果分析的数据挖掘工具集成应用方案

在数据挖掘工作流的核心环节中。主要的数据挖掘任务有毕业生（辍学学生）特征分析、修业（辍学）结果影响因素和修业（辍学）时间影响因素分析、修业（辍学）结果预测规则和修业（辍学）时间预测等，所用到的工具和算法则有 SPSS 的生存分析功能和 SSAS 的决策树算法。

四、E-Learning 数据挖掘模式应用及其发现

实施 E-Learning 数据挖掘，最终是要产生有利于教育教学决策和过程优化的有用知识。这就要求从实践中寻找应用需求，获取 E-Learning 过程中产生的各种数据，应用数据挖掘方法解决问题。笔者选取了网络高等教育的在线学习为挖掘对象，挖掘网络高等教育学习者、在线学习过程和修业结果等内容，尝试应用上述三种数据挖掘模式，实现对 E-Learning 关键要素新的完整认识。

1. 数据来源

在我国，目前有 69 所高等院校作为现代远程教育试点院校共同开展网络高等教育，但是各自的办学规模差距很大，其中中央广播电视大学网络高等教育的办学规模要远大于其他 68 所试点院校。自 1999 年以来，中央广播电视大学所举办的网络高等教育（一般称作"中央电大开放教育"，下同）始终占有全国网络高等教育总规模的 60%～70%，因此，中央电大开放教育在我国网络高等教育领域更具代表性。因此，笔者选取中央电大开放教育作为研究样本，数据主要源自两类平台，即电大在线网络教学平台（http://www.open.edu.cn）和中央电大开放教育教务管理系统，教务管理系统数据主要用于支持网络教学平台数据的分析。

在网络教学平台数据的采集方面，笔者选取中央电大开放教育学生的入学课程《开放教育学习指南》作为研究个案。选取江苏电大 2010 年春季参加该课程学习的 15 017 名学生为研究样本。通过获取这些学生的在线学习行为记录和基本信息记录（如性别、年龄、专业、职业），应用学习过程数据挖掘模式，开展在线学习行为描述与影响因素分析研究。

在教务管理数据采集方面，笔者获取了中央电大自举办开放教育以来所招收的近 700 万名学生的专业层次、性别、年龄、婚姻状况、教育背景、籍贯等信息，应用学习者特征数据挖掘模式，调查学生构成特点及其变化；笔者还获取了 9 所省级电大 2001 年、2002 年两个年级的近 10 万名开放教育学生的婚姻状况、性别、年龄、籍贯、教育背景、毕业时间、修业结果等信息，应用修业结果数据挖掘模式，开展学生修业时间特点与预测研究。

2. 主要发现

总体来说，本文构建的三种数据挖掘模式在 E-Learning 要素和过程分析中是有效的，较好地拓展了对 E-Learning 关键要素认识的完整性，具体表现为：对"谁在学"有了更全面的认识，对"学什么、怎么学"有了更准确的认识，对"学习的结果如何"有了更深入的认识。

（1）对"谁在学"有了更全面的认识。笔者发现了网络高等教育学生构成特点及其变化趋势。① 以中央电大开放教育学生数据为研究样本，学生以专科学生为主，专升本学生为辅，并且专科学生比重逐年增加；② 男生、女生比例相当，女生略多于男生且女生比重逐年增加；③ 以非高等教育适龄人口（>22岁）学生为主，但是高等教育适龄人口（18～22岁）学生在逐年增加，学生中位年龄逐年减小，12年（1999年至2010年）来中位年龄已由28岁降至24岁；④ 未婚学生为主，已婚学生为辅，但已婚学生的比重在逐年降低；⑤ 入学时中职（中专）教育背景学生最多，其次是大学教育背景学生，再次是普通高中教育背景学生，普通高中教育背景学生在专科学生中的比重逐年增加。

上述"专业层次"、"性别"、"婚姻状况"、"年龄"等构成的变化存在显著相关性。"专业层次"构成的变化对"性别"、"婚姻状况"构成有较大影响，对"年龄"也有一定的影响。具体表现为：随着"开放本科"学生比重的下降，"开放专科"学生比重的上升，男生比重随之下降，学生整体年龄也在下降。随着22岁以下年龄段学生比重的上升，已婚学生的比重随之下降。

（2）对"学什么、怎么学"有了更准确的认识。

第一，学生基本以评价为导向，只浏览评价所要求浏览的资源，而很少浏览其他资源，并且在1至2天时间内突击完成所有资源的浏览任务。以中央电大《开放教育学习指南》网络课程的学习为样本。83%的学生的资源浏览数刚刚达到形成性考核的要求。而在达到要求的学生当中。有超过3/4的学生是在1至2天的时间里完成的，反映出学生的在线学习有集中性和突击性的特点。学生一旦进入该网络课程"课程章节"或"体验区"模块，就主要在本模块活动，直至离开期间几乎不去访问其他模块。在课程主体部分即"课程章节"的学习过程中，极少用到"问题库"、"资料库"、"常用工具库"等学习辅助模块。学生资源浏览过程如图1-31所示。

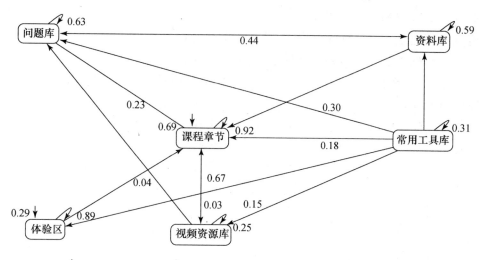

图 1-31　《开放教育学习指南》网络课程各模块访问跳转情况

第二，从群体角度看，学生的在线学习行为在时间的分布上相对均衡。以中央电大《开放教育学习指南》网络课程的学习为样本，学生的学习活动较为均匀地分散在一天中的 3 个时段（下午时段学生登录率最高）、一周中的 7 天（周日学生登录率最高）、一学期中的 15 周（第 5 周、第 6 周学生登录率最高）。没有学生登录率特别集中的某一周或某一天（单周最高登录率为 30.3%，单日最高登录率为 10.4%）。

第三，从个体角度看，学生的在线学习时间相对较少。以中央电大《开放教育学习指南》网络课程学习为样本，有 78.6% 的学生登录天数在 4 天及以下。50% 的学生登录天数在 2 天及以下。造成学生在线学习时间短的外在因素之一可能是缺乏必要的教学干预。影响学生在线学习时间投入情况的内在因素有性别、年龄和专业层次等。其中女生比男生投入的学习时间多，年长学生比年轻学生投入的学习时间多。本科学生比专科学生、专科比课程开放学生投入的学习时间多。其中，倾向于"登录天数""少于 3 天"的学生有"专业层次＝专科，性别＝男，年龄＝小于 25 岁"或"专业层次＝课程开放，年龄＝不小于 25 岁"等两个群体。

第四，师生交互程度低，交互论坛的主要功能仅是答疑。教师在交互中扮演着"领导者"和"中介者"的角色，学生的主体作用未能充分发挥。以中央广播电视大学在线培训课程"学生支持服务"为例，在师生交互网络方面，网络密度约为 2.2，即意味着平均每位成员仅回复了其他两位成员，并得到其他两位成员的回复。对于 84 天的长周期学习来说，这种交互强度是比较弱的。另外，教师在师生交互网络中不仅扮演了"领导者"的角色,而且还积极协调社群内不同成员之间的沟通,担负了重要的"中介"角色。相比之下,学生的主体作用未能充分发挥出来。

(3) 对"学习的结果如何"有了更深入的认识。

第一,网络高等教育学生总体毕业时间集中在第5、6、7、8等学期,毕业时间跨度平均为12.35学期。以中央电大开放教育专科学生为例,在8年学习有效期内,学生毕业时间集中在第5、6、7、8等学期,如图1-32所示。

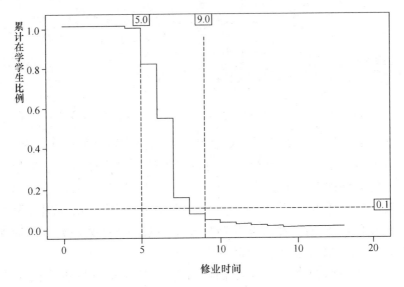

图1-32 修业结果(毕业)曲线

这4个学期的毕业比例累计为0.932,是学生毕业的主要学期。研究样本17个批次的学生中,有13个批次的毕业时间跨度(99%学生毕业所需的时间)在11学期至13学期之间,少数批次(2/17)的毕业时间跨度在7年以上。毕业时间跨度均值为12.35学期。由此看来,8年的最长学习年限是过长了,可以考虑缩短为7年甚至6年。通过相关分析表明,"毕业时间跨度"和"辍学率"呈显著正相关,即毕业时间跨度越长,其辍学率越高。

第二,在网络高等教育学生中,人文与社会科学类专业的学生毕业率略微高于非人文与社会科学类专业,20~29岁和30~39岁两个年龄段学生毕业率高于其他年龄段学生,女性学生毕业率高于男性学生。

第三,不同特征网络高等教育学生的毕业时间存在明显差异,婚姻状况、籍贯、入学时教育背景、年龄等变量是影响毕业时间的主要因素。

以中央电大开放教育专科学生为例。在毕业时间差异方面,女性学生毕业时间显著少于男性学生，已婚学生毕业时间要显著少于未婚学生，本地学生毕业时间要少于非本地学生，中职教育背景学生毕业时间要少于普通高中教育背景学生，普通高中教育背景学生毕业时间要少于专科教育背景学生（这类学生攻读下一个专科学历）。采用Cox回归分析方法，构建了应变量为学生的毕业时间（以"学期"为单位），协变量为婚姻状况（未婚＝0，已婚＝1）、籍贯（非本地学生＝0.本地学生＝1）、教育背景（中职＝0；普通高中＝1；专科及其他＝2）、性别（女＝0，男＝1）和年龄，状态变量为修业结果（毕业＝1；在学＝0）的学生毕业Cox回归模型。模型中婚姻状况、籍贯这两个协变量是促进性因素（危险性因素），它们有提高学生毕业率、缩短学生毕业时间的作用。教育背景、性别这两个协变量是阻碍性因素（保护性因素），有降低学生毕业率、延长学生毕业时间的危险。协变量年龄是一种无关因素。无关因素并不表示没有影响，而是这种影响是非线性的。

第四，发现了预测网络高等教育学生毕业时间的若干规则。以中央电大开放教育专科学生为例，采用Microsoft决策树算法构建了以5项个人特征（婚姻状况、年龄、籍贯、教育背景、性别）作为输入值，以毕业时间为预测值的毕业时间决策树模型，并获得了"毕业时间早于第6学期的学生预测规则"和"毕业时间不早于第8学期的学生预测规则"等两组规则，如"婚姻状况＝已婚，籍贯＝本地学生，教育背景＝中职，年龄≥41－－＞毕业时间＜6个学期"、"婚姻状况＝未婚，年龄＜23．性别＝男－－＞毕业时间≥8个学期"。

第五，发现了预测网络高等教育学生辍学的若干规则。以中央电大开放教育专科学生为例，采用Microsoft决策树算法，选取年龄、性别、婚姻状况、教育背景、籍贯等5个属性作为输入值，学籍状态（1＝毕业，0＝辍学）为预测值，来构造预测学生学籍状态的决策树，顺着根节点直到颜色较深叶子，形成了判定学生修业状态倾向于"辍学"的规则。

五、结论与启示

作者系统梳理了国内外E-Learning数据挖掘的研究进展，并采用格语法分析方法对"E-Learning"的关键要素和过程进行分析，提出应以"谁在学、学什么、怎么学、学得如何"这一系列问题为主线开展E-Learning数据挖掘工作，从而获得对E-Learning现状的更加完整的认识。在尝试回答"谁在学、学什么、怎么学、学得如何"的过程中，笔者提出三个挖掘任务情境即用于回答"谁在学"的学习者特征挖掘。用于回答"学什么、怎么学"的学习过程挖掘以及用于回答"学得如何"的学习结果挖掘，并对应地构建出三种数据挖掘模式。对模式的应用结果表明，这三种数据挖掘模式在 E-Learning 要素和过程分析中是有效的，较好地拓展了对 E-Learning 关键要素认识的完整性，包括对"谁在学"有了更全面的认识、对"学什么、怎么学"有了更准确的认识和对"学习的结果如何"有了更深入的认识，可为教育决策者、教育管理者、教学服务人员、科研人员、技术开发人员等提供以下 3 点启示：① 恰当运用数据挖掘技术能够为优化教育规划和管理、提高教育教学质量、改进教育软件设计与开发提供有益帮助。② 对于多数教育机构来说，在教育教学过程中适时应用数据挖掘技术不仅是必要的，也是可能的。③ 注重教育教学过程中相关信息的采集和存储是一项有价值的活动。

电大在终身教育体系建设中大有作为[①]

党的十七大报告是坚定不移高举中国特色社会主义伟大旗帜的政治宣言，是夺取全面建设小康社会新胜利的行动纲领。报告描绘了在新的时代条件下加快推进社会主义现代化的宏伟蓝图，提出要着力解决人民群众最关心、最直接、最现实的利益问题，强调既要通过发展来增加社会物质财富、不断改善人民生活，又要通过发展来保障社会公平正义，不断促进社会和谐。报告把"优先发展教育，建设人力资源强国"作为以改善民生为重点的社会建设六项任务之首进行部署，为教育发展指明了方向，提出了新要求。

党的十六大以来，教育战线不断解放思想，锐意改革，推动了我国教育事业巨大发展，形成了比较完善的国民教育体系，为终身教育体系建设打下了坚实的基础。而推动科学发展和促进社会和谐，必将要求国民教育体系更加完善，国民受教育程度明显提高，也必将要求终身教育有一个更好更快的发展。新中国成立以来，党和政府为了使更多的人接受高等教育，进行了不懈的探索，改革开放后加大了探索的力度，先后形成了函授、夜大学、成人脱产班、广播电视大学、高等教育自学考试、第二学士学位、在职人员以同等学力申请硕士博士学位、专业学位、现代远程教育等多种

---

① 葛道凯. 电大在终身教育体系建设中大有作为[J]. 中国教育报，2007-12-14（1）.

教育形式，这些探索始终坚持了四个方向。一是坚持面向基层，面向农村、面向西部、面向边远和民族地区，坚持为弱势教育群体服务；二是始终把满足在职成人的学习需要作为努力方向；三是始终把教育方式的开放、方便和灵活作为努力方向；四是始终把优质教育资源的广泛运用作为努力方向。这四个方向反映了党和政府对广大人民群众教育需求的关心和重视，反映了党和政府为提高全民族思想道德素质和科学文化水平作出的不懈努力。

过去的几年里，作为国家发展终身教育事业的重要骨干力量，广播电视大学贯彻中央提出的解放思想、改革开放、与时俱进的要求，全国电大大力实施"中央广播电视大学人才培养模式和开放教育试点"，电大教育取得了令人瞩目的成就。在1999—2007年的八年里，开放教育累计招生458万人，毕业学生238万人，为社会特别是基层培养了大批合格的应用型高等专门人才，形成了天地人网结合、三级平台互动的网络教学环境，建设了一大批适应学生自主学习的多种媒体教学资源，构建了大规模培养人才的质量保证体系。在此基础上探索了全新的面向在职成人的培养方式、方法和途径，形成了具有中国特色的开放式人才培养模式和学导结合的教学模式、系统运作的教学管理模式以及一体化的运行机制，初步揭示了远程开放教育的基本规律。

当前，终身教育体系建设虽然有了坚实的基础，但面对广大人民群众日益迫切的社会需求，我们肩上的担子还很重。我们既要坚持通过改革解决电大面临的困难和问题，又要继续推进电大改革决策的科学性，增强改革措施的协调性。

下一步的工作，我们将以党的十七大精神为指导，认真总结电大发展的历史经验，分析电大发展的机遇和挑战；根据十七大对终身教育发展提出的新要求，制定和完善电大开放教育发展战略，明确工作思路；深入贯彻落实科学发展观，坚持以内涵建设为重点，发展电大开放教育。要在进一步完善的基础上，落实好"十一五"发展规划，实施好六大工程，即电大系统建设推进工程、课程平台搭建工程、教学质量保证和学习支持服务强化工程、社会化公共服务体系推进工程、队伍素质提升工程、信息化校园建设工程；推展六项计划，即证书教育推进计划、特定人群教育发展计划、中等职业教育发展改革计划、对外合作与交流计划、社区教育推展计划和电大文化建设计划；力求汇聚优质的学习资源，提供体贴的支持服务、运行高效的办学网络、开展鲜活的科学研究，建设具有中国特色的现代远程开放大学，搭建服务全民终身学习的大平台。

与普通高等教育和新生劳动力教育相比，终身教育工作是一项任务重、探索性很强的工作，电大战线广大教职工要充分发挥主动性和创造性，加强调查研究，善于从实践中发现问题和总结经验，创新理念，破解难题，进一步揭示终身教育的基本规律；要更加积极地争取各级政府和社会各界的理解、关心和支持，为电大发展营造一个良好的社会环境。面对新形势、新要求，我们既要有信心，同时又要有忧患意识，埋头苦干，团结协作，为使全体人民学有所教，为构建具有中国特色的社会主义终身教育体系作出更大贡献。

加快建设国家终身教育体系[①]

当前，我国正在进入全面建设小康社会、加快推进社会主义现代化的新阶段。经过30年改革开放，特别是世纪之交十年来的奋斗，我国教育发展取得了巨大的历史性成就，实现了从人口大国到人力资源大国的历史性转变，进入了从人力资源大国向人力资源强国转变的新阶段。在这个特殊的历史时期，只有建立和完善终身教育体系，进一步发展和完善有中国特色的社会主义现代化教育体系，才能把人口大国真正转变为人力资源强国，更好地全面贯彻落实科教兴国和人才强国战略，更快地提升我国的国际竞争力。近年来，我国在许多地区蓬勃兴起的建设学习型组织、学习型社区活动方兴未艾，也取得了显著成绩，积累了宝贵的经验。我国已初步具备了建设终身教育体系和学习型社会的前提和基础。但也应该看到，我国的学校教育在发展规模、体系结构、教育内容、教育方法和教育教学制度等方面还不能较好地适应建设终身教育体系的要求；社会各行业、各部门在职人员的岗位培训、转岗培训和学校后的继续教育比较薄弱，适应社会成员多种需求的非学历、非正规教育还未能受到应有的重视；学校教育体系内部各类教育特别是普通学校和职业学校之间、学校教育体系与社会教育体系之间尚未建立起合理和有效的相互沟通与衔接的关系，教育资源共享程度不高；等等。面对这些问题，要落实教育优先发展战略，满足人民群众不断增长的教育与学习需求，促进社会的和谐进步，当务之急是要把建设世界最大的终身教育体系提到重要议事日程，以科学发展观为指导来谋

---

① 葛道凯. 加快建设国家终身教育体系[J]. 中国教育报. 2008-10-25（3）.

划终身教育的中长期发展。

我国对构建终身教育体系的探索，从新中国成立初期一直到现在始终没有停止过。除了人们熟悉的普通教育之外，还先后创办了多种教育形式，比如有函授、夜大学、成人脱产班教育、高等教育自学考试、广播电视教育、网络教育、开放教育、专业学位制度以及企业职工大学、管理干部学院等多种学历教育办学形式，还有各类岗位培训、职业资格证书教育、技能证书教育等非学历培训。学习方式也很灵活，有全日制课堂集中授课的方式和非脱产业余时间集中授课的方式，也有通过提供资料、利用多种媒体进行远程教学等方式。这些教育形式已经成为开展终身教育活动的一个个平台，为我国终身教育体系的构建发挥着各自的积极作用。但与构建终身教育体系、建设学习型社会的要求相比，这些教育形式还存在诸多问题。各种教育形式都有其自身的局限性，它们之间相互孤立、割裂，不能融会贯通，多种学习资源之间不能整合共享，有的形式还出现了与经济社会发展和教育规律要求相脱节的现象。根据新的形势，实现我国从人力资源大国向人力资源强国的迈进，建设全民学习、终身学习的学习型社会，做到"学有所教"，必须要更加自觉地坚持以科学发展观为指导，在现有基础上构建一个更加科学的终身教育体系。

科学发展观，第一要义是发展，核心是以人为本，基本要求是全面协调可持续，根本方法是统筹兼顾。在终身教育体系构建中贯彻落实科学发展观要做到以下三个方面：

第一，要推进各级各类教育的协调发展。加快构建适应我国经济社会发展需要、符合我国教育发展实际的国民教育体系和终身教育体系，必须把握好教育发展的节奏、重点。既要促进基础教育、职业教育、高等教育和继续教育的协调发展，又要促进各级教育内部的协调发展，还要重视学历教育和非学历教育、学校教育和教育培训、传统学校教育和以现代远程教育为代表的新型教育等方面的协调发展。构建覆盖人的一生的终身教育体系，还需要科学规划教育体系自身发展与扩大开放的关系，推进全社会资源在教育活动上的整合与共享。

第二，在终身教育体系构建上抓好协调。从高等教育角度看，为建设终身教育体系服务，需要对新中国成立以来先后形成的函授、夜大学、成人脱产班、广播电视教育、高等教育自学考试、现代远程教育、专业学位教育等多种教育形式进行认真梳理，根据经济社会发展的新要求、教育改革发展的宏观走向和信息技术发展的总体趋势，研究其历史成就与现实问题、发展优势与发展潜力、应有作用和未来走向等。在此基础上，结合终身教育其他教育形式的现实与走向，明确发展思路和整体架构，建立横向贯通、纵向衔接的新格局。当前，如何站在全局和战略的高度，打破教育内外部壁垒，把包括这些重要教育资源在内的所有教育资源进行整合贯通，协调发展，对实现到2020年形成"体系完整、布局合理、发展均衡"的终身教育体系的目标至关重要。

第三，加快《终身学习促进法》的立法进程，从法律上明确终身教育的地位和作用。加大终身教育投入保障，创新终身教育的管理体制和运行机制，加强终身学习和继续教育政策和资源的统筹协调。建立终身教育"立交桥"，理顺学历教育与非学历教育、职前教育与职后培训、学校教育与继续教育、学历资格与职业资格等的关系，促进各种教育形式的相互衔接和沟通。建立和完善覆盖城乡的终身教育网络，健全质量保证和评价机制，加强终身教育公共服务平台和资源平台建设，把优质教育资源方便、灵活、便捷地输送到学习者身边，满足人民群众日益增长的教育需求。

第二章　传播开放教育理念

——媒体之声

□ □ □ □ □ □

以新的思路发展电大开放教育[①]

电大目前已成为全世界最大的开放大学，在近 30 年起起落落的发展历程中，电大人默默耕耘，勇于奉献。在为取得的成绩感到骄傲的同时，他们也时时流露出危机意识，也正是这种危机意识持续地激发着这支队伍的不懈战斗力。

上任伊始，中央广播电视大学（以下简称中央电大）校长葛道凯博士即在 3 个月内对电大进行了一番调研。在首次接受《中国远程教育》杂志记者采访时，他表示：电大所从事的是一个非常可爱和可敬的事业，也是非常有前途的事业。"困难大、空间大、希望大"，是他对电大发展现状的描述。他提出，在建设和谐社会、学习型社会的大背景下，"当教育的主要任务从以新生劳动力培养为主转向全民教育的时候，电大的任务是非常艰巨的，事业也是非常广大的"。为此葛道凯校长提出电大要有"理念引导、定位先行、固本培元、

图 2-1　2006 年 10 月 18 日接受《中国远程教育》杂志采访

---

① 李桂云. 以新的思路发展电大开放教育 [J]. 中国远程教育，2006（10）：12-15.

度势发展"的新思路。

一、国家教育转型　电大责任重大

记者：据了解，您到任以来，对电大的发展进行了深入、细致的调研，请谈谈您的调研感受。电大的情况与您最初的认识有哪些不同？

葛道凯：我到电大来，有些情况是想到了，多数是没有想到的。电大是我们国家的一笔宝贵财富，是国家教育资源中一个非常宝贵的组成部分。这是我到电大之前就已认识到的。但更多的却没有想到，或者说是认识得不是太深刻。那就是电大已经形成了一系列的特色和优势。第一，电大系统是一个延伸到基层行政区域的网络，与社会融为一体，伸展到基层社会细胞里。西部地区是到了县，东部是到了乡镇，有的到了社区。电大的一言一行直接反映到了社会，而社会的发展也直接反馈到电大的学生和电大的教学上。

第二，电大的开放的理念。大家一听到开放的理念往往想到的是资源面向所有的学生，而电大的开放不仅仅在于此，还在于电大的资源都是面向所有社会优质资源进行整合的。社会上好的资源不论是普通高校、行业部门还是培训机构的，都可以作为电大的资源。可以说，电大从一开始就有很好的体制和机制来整合和利用社会的优质资源。

第三，电大是面向职业人的教育，这是电大的优势。以前我总觉得来电大上大学的，一般都是老百姓所讲的"学习成绩比较差"的。到了电大之后，我觉得这个观点至少是不全面的，或者是不准确的。因为电大的主体学生是职业人，职业人就是曾经有工作，或现在正在工作着的人。有工作就有实践经验，有实践经验就具有实践能力的积累，而这恰恰是普通高校学生所不具备的。我走了12所省级电大，他们普遍反映电大的学生学习主动性很高，理解力较强，这些学生掌握着大量的可以作为教育资源的财富。

第四，电大对教学质量的重视、教学管理的严格和质量监控体系的严谨是出乎我意料的。这一点在很大程度上确保了电大的社会声誉。我到电大工作没几天，就按要求到地方电大去巡考。所有校领导都要去巡考，这是中央电大的规定。除了巡考，在有可能出现问题的一些地方，中央电大的考试中心还专门派人在那儿盯着"蹲考"。这说明了电大对教学质量的重视程度。

这是四个积极的方面。也有一些反映电大的困难和问题的地方，电大人的危机意识出乎我的意料。我在做调研的过程中，几乎所有的电大都提到了同样的问题——电大向何处去？他们流露出了对电大前途的担忧。电大人的危机意识是很强的，当然这个危机意识可以从两个方面来理解：一面是从消极的方面来理解，说明我们现在面临许多困难，而且有很多重要的问题需要去克服、去解决；积极的一面是说明电大这支队伍都非常热爱这个事业，并且不断地为这个事业出谋划策。到目前为止，我所听到、看到的，更多的是危机意识的积极方面。这种危机意识作为强劲的动力源泉一直是激发着电大战线这支队伍不断增强自身的战斗力。有人说电大是三起三落，我说是四起三落，即我们现在正在起，正在发展过程中。正因为有这些起起落落，所以大家总有一种危机意识，不断地研究怎么把自己的工作做好。

电大所从事的是一个非常可爱又非常可敬的事业，也是一个非常有前途的事业。电大困难大、可维持、前途亟待研究。这是目前电大发展中稍微消极的一面。从积极一面来看可以概括为：困难大；空间大；希望大。为什么说空间大？为什么说希望大？现在党中央和国务院提出要建设和谐社会，要建设学习型社会，教育的对象要面向全民。当教育的主要对象从新生劳动力为主转向全民的时候，我们的任务是非常艰巨的，事业也是非常广大的。从整个国家来说，这方面的经验不多，积累不多，所以可以做的事情是非常多的。你做了一点儿就会对社会有所贡献，就会在社会上反映出来。因此，电大对社会的贡献和普通高校对社会的贡献一样重要。如果从国家教育发展的进程来说，可能电大现在做的这个事业更重要，因为以前对终身教育重视不够。现在需要在这方面投入更多的精力，使我们的教育能够更加平衡，特别是要把对新生劳动力的培养和对职业人的培养一并重视起来。

二、电大教育是职业人教育的主流

记者：尽管电大有27年的发展历史，并且已成为世界巨型大学之首，不论是招生规模还是毕业生数量都相当可观，为社会作出了巨大贡献，然而当人们提起电大时，仍然会流露出冷漠甚至不屑的神情，电大教育似乎总是徘徊在主流教育之外。您如何看待这一现象？

葛道凯：对于新生劳动力的教育来说，普通高校是主流，这是肯定的，这方面电大不会占据主流地位，也不应该成为新生劳动力培养的主流。但是，教育的另外一部分，就是职业人的教育，电大应该是主流，实际上也是主流。对职业人教育的认识应该是个社会问题。我们国家的成人教育从革命战争年代就已出现，对成人教育重要性的认识也很早就存在了。只是因为以前对新生劳动力教育的任务非常艰巨，所以它的地位自然就非常重要、非常突出。需要注意的是，我国的基础教育是到20世纪90年代以后才基本完成"两基"任务的，现在是在巩固"两基"阶段；普通高等教育的大发展也是在刚刚过去的几年内才实现的。在新生劳动力教育任务非常艰巨的情况下，我们国家非常重视新生劳动力的培养，这是符合教育发展规律的，也是无可非议的。

随着新生劳动力教育水平的提高，社会对教育的重视也会逐步从较多重视新生劳动力的培养，转向对新生劳动力培养和在职员工的培养并重；随着工业化进程和城镇化进程的推进，国家的更多精力将会转移到在职劳动力的培养上来，这是一个社会发展阶段的问题。我相信电大教育会成为整个教育的主流之一，也应该成为教育的主流之一。现在我们已经看到了这个苗头，即建设和谐社会、建设学习型社会目标的提出，将使终身教育成为国民教育体系的十分重要的组成部分，而在终身教育体系中，电大应该是主体部分，或者说将起到重要的支撑作用。

如果从操作层面讲，当然还有一些政策和措施的问题。由于多年来，政府对教育的关注主要放在普通教育上，所以普通教育的体制、机制、政策措施等相对比较完善，因此呈现良性发展的态势，情况越来越好。然而，由于对终身教育这一块以往关注得比较少，相应的这方面的体制、机制还不够完善，政策措施还不是很配套；因此现阶段想发展这样的教育就会出现一系列的困难。我相信，随着教育工作重心的转移，我们电大教育的政策环境、社会环境等将得到较快地改善。

记者：在去年"2005中国国际远程教育大会"上，有一些电大校长提出了电大应该改个名字，比如叫"中国开放大学"。这些校长提出改名的用意是什么？关于更名的问题您如何看？

葛道凯：名字只是一个符号，但这个问题中隐含着另外一个问题，即电大的业务范围是什么？1988年颁布的《广播电视大学暂行规定》明确，电大的业务范围应当包括现在大家讨论的所谓开放大学的所有职能。我们以前一谈到教育主要谈的就是学历教育，而给电大的任务不仅如此，除了学历教育之外，另外的各种证书教育、面向老龄人的社区教育、文化教育、休闲教育等等，都是电大的业务范围。因此，从业务性质上讲，现在的广播电视大学就是国家的开放大学。既然包括了这么多方面，为什么还急于要在这里讨论改名呢。因为以前的电大教育不够平衡，更多地重视了学历教育，下一阶段应该在做好学历教育的同时，把社区教育，把各种各样的证书教育抓起来，真正做到与既定任务相符合，使电大真正实现两条腿走路。同时也呼吁各级政府把电大系统作为学习型社会的宝贵平台，充分发挥电大在非学历教育中的作用。

具体来说，关于电大更名问题是一个需要仔细论证的题目。27年来，电大在社会上已经有了一定的认知度，走到哪儿，人们即使不知道电大具体做什么，但也是知道这个名字的，知道电大出了很多人才，这是一笔财富。任何学校的发展都希望在继承原有财富的基础上进行，获得更多的社会资源。如果因为改变名称使原有的资源丧失了，那肯定在一个阶段是得不偿失的。

图 2-2　在 2006 中国国际远程教育大会做主题报告

其次，近些年来普通高校更名的确十分盛行，其用意多是希望通过更名吸引更优秀的生源和引起社会精英的更多关注，以实现自身更好的发展目标。而电大是面向基层的，反其道而行之，思路不一样。比如说，"开放大学"这个词，有文化的人容易理解，但是别忘了，我们13亿人口中，绝大多数文化程度相对比较低，而电大教育的主要对象正是处于社会基层的绝大多数人群；那些对电大有深刻理解的人，知道"开放大学"内涵的人，他们很可能不必接受电大教育。而普通老百姓是不是能够认可"开放"这个名字？如果重新做到家喻户晓，又要投入多少？能不能有效？这都要做一些深入的研究。

三、发挥系统优势　扩大合作范围

记者：提到现代远程教育，很自然就会想到电大和高校网院。记得在试点高校网院出现时，在电大系统内似乎出现了短时间的恐慌；然而开展开放教育试点几年后，我们看到许多电大人又重新找到了自信。您觉得电大人这种前后心态变化的原因在哪儿？

葛道凯：网院做网络教育，电大做开放教育，都是为社会作贡献，都是提高国民的素质，也都是社会应该大力发展的。为什么电大人会越来越自信了？因为大家在不知不觉中认识到了电大客观上存在着一系列优势，是普通高校无法比的。普通高校的优势在校园内,有优秀的师资,有很好的校园,有严格的教学规章制度,但是这些优势很难走出校园,因为它没有校园外的网络来支撑。即使建立了学习中心这样的机构,学校对学习中心的约束也非常有限。而电大系统的优势在于它有一个延伸到基层行政区域的网络。尽管自己没有校园,老师可能没有普通高校的老师那么多,科学研究开展得也相对弱一些,但是在成立之初,电大的定位就已经弥补了电大这个非常致命的弱点。政府要求电大整合社会优质资源实施教育活动,这样电大的弱点反而成为电大的优势,自然其竞争的能力也比较强。这就是为什么

图 2-3　作者在中央电大复兴门大楼会见中国政法大学校长黄进

2005年全国网络教育学生人数为265万人,其中200万人是在电大系统的原因。

其实我们关注的不仅仅是网院,如果要做分析的话,我们的眼光还会放在成人教育的其他各种形式上。函授、夜大、自考、培训机构等等,这些教育形式都是终身教育的组成部分,教育活动主要在校园外进行,教育对象主要是职业人,各类教育机构在开展这些职业人的教育时各自都有什么长短呢?先说普通高校。它有好的资源,有经过实践检验的严格的教学管理制度,应该把它的优质资源向社会辐射,让全社会来享受。但是,这不是它的主业,同时它没有校园外教育的严密体系、严格的制度,因此优秀的资源很难走出校园。

再说独立设置的成人高校。这是它的主业,它非常爱护这个市场。但它的师资、办学经验、科研水平都没有普通高校强,同时它也没有严格的校园外的办学网络,无法向社区、城镇等地方辐射。

第三是自考。这是它的主业,它有严格的管理和相应的体系,它爱护这个市场,它的专家来自社会方方面面,都是优秀的。但它不直接管理和控制教学过程,这是社会上尤其是教育界不少朋友比较忧虑的方面,因为人们多倾向于认为人和人交流的过程是保证教育质量不可或缺的环节。除此之外,还有培训机构,它们也是为社会提供教育服务的,它们的长处是

对市场非常了解和理解，它的资源适应社会发展的需要。但是，它的弱点是没有校园和办学、教学网络，社会认可度有限，很难大范围地推广它们的教育。

最后要说电大。这是电大的基本任务。它有一套完整的管理和运行网络，它爱护这个市场，有严密的教学质量保证体系。虽然电大自身独有的优质资源比较少，但独有的体制弥补了这一问题，它可以整合各种优质的资源。

国家建设终身教育体系，使全体社会成员都能够有机会接受教育，为社会作贡献，就需要把各种教育方式的优势结合起来。如果多种形式的成人教育达到最优化的组合，就能使最广泛的人群受益。因此，对于电大、普通高校、独立设置的成人高校、自考以及培训机构，应该在彼此最大限度发挥自身优势的基础上进行合作，从而为社会提供更好的教育服务。

记者：正如您前面所说，电大最突出的优势是它有一个遍布全国的庞大网络，然而据了解，目前一些省电大或地方电大出现了与当地高校合并的情况，电大该如何面对这一问题？

葛道凯：这是电大发展必须要认真面对的一个挑战。电大在新的形势下，要更好地为社会服务，扬长避短，就必须对这些问题进行研究。在电大系统中，有些地市级的和省级的学校被合并。我想，这些合并都是在一些人比较多地注重普通教育的情况下发生的，在这个背景下，出现这种情况是可以理解的。因为他们没有认识到终身教育的重要性和终身教育基本体系架构的特点。我相信随着中央对终身教育的重视，各级政府也会更加注重终身教育体系的构建。在这个基础上，他们就会重新审视已经合并的或打算合并电大的政策。当然对被合并的电大来说，无论是对学校、教师还是对管理都会带来一定的损失，会走一段弯路，这也是令我们很遗憾的事情。教育部也非常关心这一情况，现在已采取了一些措施，不希望这个趋势继续下去。对于中央电大来说，在政府的政策之外，通过什么样的措施来巩固和发展这个体系，使这个体系能够为即将到来的终身教育大发展做好准备，而不是到时再重打锣鼓现开张，是我们现在要认真思考与研究的。

四、以新的思路推动电大发展

记者：中央电大在"十一五"发展规划中提出了四句话：扩大开放、保证质量、强化特色、打造品牌。结合这样的工作方向，请谈谈电大下一步具体的工作思路。

葛道凯：扩大开放、保证质量、强化特色、打造品牌是中央电大"十一五"期间的发展方向和主要任务。结合电大的发展现状，要实现"十一五"规划目标，我认为电大需要强调理念引导、定位先行、固本培元、度势发展。为什么要理念引导？是要保证迈出的每一个步骤都是按照既定的方向前进的；定位先行是说要找到自己合适的一个起点，如果起点错了，就算方向再对，也是有偏差的；固本培元是要做好自己强身健体的事情；度势发展就是要把握发展大势，从比较重视新生劳动力培养向更加重视终身教育发展，这是大的趋势。我在这里可以举一个例子，在高速公路上面坐汽车看路边的栏杆，从远处看时，栏杆非常直，当稍近一些，发现不是很直，而当你走到这个弯时，它又是直的。度势发展就是要把握大的趋势，把握了大势就可以避免大的偏差，即使操作上有一点小小的偏差也不会伤及根本。

这十六字里面的核心是"理念引导"。首先电大要确立自己的大学理念，即核心价值。我认为电大的核心价值有三点：对社会来讲，是平民进步的阶梯，可促进社会的垂直流动；对教育来说，电大是教育公平的砝码；对学习者来说，是增进动力的补给站，充实生活与解决困难的帮手。真正的核心在这几个关键词：阶梯；砝码；帮手。

第二个层面是办学理念，即以什么样的思想来办学？电大系统要明确声誉和质量是电大的生命，优质的服务是电大的立校根基。人们愿意接受知识，但能够提供知识的地方很多，电大要通过优质服务使学生有一个好的学习环境和好的学习心情，所谓优质服务就是要更加强调主动和高效的服务。同时，电大系统还要明确强化开放与系统建设是电大的未来，要面向所有学习者、面向各类教育机构，实现双向开放；由于电大是一个系统，故系统的高效运行是保障。

第三个层面是目标理念，核心就是办成什么样的学校？培养什么样的人？首先电大的机构定位是国家的远程教育机构，政府的高等学校。中央电大就是国家的远程教育中心、教育部直属高校；省电大就是省里的远程教育中心和省里的高等学校；地市电大就是地市的远程教育中心和高等学校。电大不能只是整合教育系统的资源，而是要把各种资源都整合起来，在系统平台上提供优质服务。作为政府的高等学校要急政府之所急，想政府之所想；其实质也就是急老百姓之所急，想老百姓之所想。电大的社会定位是全民终身学习的支柱，学习型社会的平台。这些决定了电大办学要学历、非学历教育并重，办学和服务并举；致力于开展职业人的教育，应用型人才的培养。职业人的教育在实践教学方面不同于新生劳动力的教育，开放教育教学实践环节相对较弱，但社会实践非常强大。后者不能取代前者，但在一定程度上可以弥补教学实践环节的薄弱和不足，同时开放教育的教学实践也可以在社会实践的基础上进行。大家认为电大在科学研究方面相对弱一些，如果很好地利用电大与社会有机融合这一优势，深度开发电大学员拥有的来自中国社会基层的大量活生生的素材与资源，相信电大的科研工作也会有很大进步，也会对国家发展作出独到的贡献。

我们的目标就是要汇聚优质的资源，提供体贴的服务，运行高效的办学网络和开展鲜活的科学研究。如果这些都做到了，我相信电大会发展得更好。

解读中央电大开放教育试点"三个模式、一个机制"[①]

"中央广播电视大学人才培养模式改革和开放教育试点"项目（以下简称开放教育试点）由教育部于1999年4月批准，6月正式启动实施。在教育部的指导和地方教育行政部门的支持下，试点由中央电大组织实施，全国电大共同参与，合作高校和相关单位积极配合，实现了试点预期目标，取得了丰硕成果。到目前为止，开放教育试点已经培养了160余万毕业生，现有在校生210多万，初步形成了具有中国远程开放大学特色的人才培养模式、教学模式、管理模式和运行机制。

近日，中央电大对开放教育试点人才培养模式进行了专题研讨，在总结试点实践和相关课题研究成果，特别是省级电大总结性评估的基础上，进一步概括了中央电大开放教育试点"三个模式、一个机制"，即"开放式人才培养模式"、"学导结合教学模式"、"系统运作教学管理模式"和"一体化运行机制"。为使大家进一步了解中央电大开放教育试点模式和机制的内涵，《中央电大时讯》对中央电大校长葛道凯进行了专访。

---

① 何菁，李令群. 解读中央电大开放教育试点"三个模式、一个机制"[J]. 中央电大时讯，2007（350）.

一、"开放式人才培养模式"是总体架构

《中央电大时讯》：据了解，中央电大在前一段自评工作中，对开放教育试点人才培养模式进行了专题研讨，作了进一步总结概括，请问中央电大人才培养模式的要点是什么？

图 2-4　接受《中央电大时讯》采访

葛道凯：中央电大人才培养模式被称为"开放式人才培养模式"，其要点可以总结为"以适应经济和社会发展现实需要为目标，以适合从业人员学习需求的专业和课程为内容，以整合优化的学习资源为基础，以天网、地网、人网合一的学习环境为支撑，以学习者自主学习为主要方式，以严格而有弹性的过程管理为保障，培养留得住、用得上的应用型高级专门人才"。这七句话实际上是对中央电大人才培养模式的客观描述和对过去几年人才培养模式改革成果的概括。这个模式有四个基本特征：理论实际融合；多方资源整合；多种媒体组合；天地人网结合。

《中央电大时讯》：请问这个模式的构建经历了一个怎样的过程？

葛道凯：中央电大"开放式人才培养模式"的构建有三个阶段：从开始试点到中期评估，是初步探索阶段，也可以叫稳步推进阶段；第二个阶段即中期评估后到总结性评估开始之前，是巩固深化阶段；第三个阶段是总结性评估开始后，称为提升拓展阶段。

《中央电大时讯》：这个人才培养模式和开放教育试点之前的模式相比有什么新发展？

葛道凯：这个模式和开放教育试点之前的模式相比有了很大发展，表现在几个方面：第一，这个模式立足于职业人的教育，强调学科理论与经济社会现实需要的有机融合，致力于应用型人才的培养；第二，这个模式突出多方资源的有效整合和多种媒体教学资源的组合运用；第三，这个模式致力于为学习者创造一个天网、地网、人网合一的，师生互动方便灵活

的学习环境；第四，这个模式以信息技术的广泛应用为基础，强调既严格又有弹性的过程管理。

《中央电大时讯》：这个模式与普通高等教育、成人函授教育、普通高校网络教育及自考的模式相比，具有哪些特点？

葛道凯：与普通高等教育相比，这个模式是面向校园外的，旨在通过构建遍布全国城乡的学习环境，将学习资源输送到学生的工作和生活场所；与成人函授教育相比，这个模式强调适应学生的不同学习途径与习惯，提供可供选择的多种媒体教学资源，促进师生间多种方式的互动；与普通高校网络教育相比，这个模式强调整合优化多方资源，包括普通高校、行业部委以及社会各界的优质资源，具有更深入更广泛的开放性；与自考相比，这个模式强调教学过程的落实、管理和监控。

《中央电大时讯》：中央电大将以什么样的思路继续指导"开放式人才培养模式"的改革？

葛道凯：人才培养模式改革是一个不断推进的过程，今后一个时期，中央电大仍将继续坚持突出能力、强化应用、整合资源、改善条件的改革思路，继承和发展从实践到理论、再从理论指导实践的宝贵经验，深化改革，使开放教育更好地适应学习者学习的需求，适应经济社会发展的需要。

二、"学导结合教学模式"是核心

《中央电大时讯》：人才培养模式改革的核心是教学模式的改革。那么请问，中央电大开放教育试点形成了怎样的教学模式？具有什么特点？

葛道凯：回顾几年来的试点实践，教学模式的改革始终围绕着一个基本的目标进行着，并取得了可喜的进展。这个基本的目标就是如何处理好远程开放教育中"学"与"导"的关系，各级地方电大和各学科专业的老师们在这一过程中逐步形成了许多不同的教学模式，但这些模式有一个共同的基础。这个共同的基础就是中央电大在开放教育试点进程中始终倡导并坚持的教学模式，现在称为"学导结合教学模式"，其要点是"学习者利用多种媒体资源开展自主学习与协作学习，教师基于教学设计进行多种方式的引导与辅导，学校通过天地人网提供全程学习支持服务"。

这个教学模式改变了广播电视教育单向传播、封闭面授为主的传统模式，具有三个基本特征：第一，自主性，强调学生的自主学习，教师的引导、辅导要服从、服务于学生的自主学习；第二，针对性，强调教学活动要针对学生的学习特点、能力特点、生活角色多元的特点来进行，强调解决学生学习过程中的难点、重点问题，强调突出教学过程的关键环节——互动；第三，多样性，各地各专业、课程都可根据各自特点来形成自己的教学模式。

《中央电大时讯》：中央电大"学导结合教学模式"的形成经历了哪些过程？下一步改革的方向是什么？

葛道凯：这一教学模式形成的启动阶段主要抓初始设计、人员培训、基本建设和教学组织。推进阶段则结合中期评估整改，重点抓教学主要环节、管理制度保障、应用系统研发与应用能力提高，通过多次多媒体课件评比、学术圆桌会议等方式交流研究成果。提升阶段主要抓总结应用，文件制定，建立长效机制，通过教学创新和ODE网上教学评选以及教师教学反思征文等活动促进成果向教学常规的转化。各试点单位在中央电大的指导下，结合本地区教学实践，形成了具有自身特点的教学模式，如北京、山西、哈尔滨、上海、江苏、宁波、福建、湖北、湖南、黑龙江等电大的"五突出"、"导学群"、"三原、四步、五环"、"3L"、"学-导多元互动"、"112"、"导-学协同"、"一网两学"、"123"、"三环互动"等教学模式。贵州、上海、四川、内蒙古、湖南等省级电大的教学模式改革成果还获得了国家和省市的教学成果奖。

下一步，中央电大"学导结合教学模式"的深化改革将以"重在效果，强化互动，改进服务，关注个性"为思路，更加强调增进学习者学习效果，强化师生互动，致力于为学生提供体贴的学习支持服务，更多关注学生发展的个性化需求，使学生学习更加方便、灵活、舒心。

三、"系统运作教学管理模式"是保障

《中央电大时讯》："学导结合教学模式"需要一个与之匹配，能够保障它有效运行的教学管理模式，请问中央电大开放教育试点的教学管理模式是怎样的？具有哪些特征？

葛道凯：中央电大开放教育试点经过7年多的实践，已经形成了一个基于系统运作的以统一、规范、灵活、有效为显著特征的教学管理模式。"系统运作教学管理模式"主要通过系统、质量、过程和技术四个方面的管理来保障教学运行，其要点是：统一规划规范，分工协调运作；统筹关键环节，全程质量监控；实行课程开放，分类指导服务；集成信息平台，动态反馈调整。

《中央电大时讯》：这个教学管理模式的改革历程是怎样的？改革思路是什么？

葛道凯：电大系统的教学管理具有多年的基础和很好的传统。试点项目启动后，广播电视大学由原来的分级办学转向开放教育的系统整体办学。为适应新时期新任务的需要，中央电大会同省级电大，共商大计，共谋发展，在继承的基础上改革创新，制定并实施了一系列管理规范和实施办法。中期评估后，围绕人才培养模式改革目标，中央电大进一步提出了"以人为本、强化过程、强调规范、提高能力"的教学管理模式改革思路，即确立以人为本的管理理念，强化教学全过程管理、评价与监控，推进教学管理的规范化，以信息技术的应用促进管理能力和水平的不断提高。需要强调的是，中央电大提出的这个"系统运作教学管理模式"是总体架构，各地电大需要结合实际情况对其内涵进行不断地丰富和发展，这也是我们系统化运作的一个重要特色。

四、"一体化运行机制"是支柱

《中央电大时讯》：开放教育试点已经进行了7年多的实践，在运行机制的构建上有何成果？

葛道凯：开放教育试点由中央电大统一规划和组织，与普通高校和行业部委合作，在遍布全国的电大系统内展开，通过深入理解国情，适应社会主义市场经济下教育改革与发展进程的需要，大胆创新，逐步形成了"需求引导，项目合作，协议约束，反馈调整"的一体化运行机制。我体会，这一运行机制不仅是开放教育试点十分珍贵的成果，也是我国整个成人高等教育改革中十分有价值的进展，对国家终身教育体系和学习型社会的构建也会有积极的贡献。

《中央电大时讯》：如何理解"一体化"？

葛道凯：开放教育的本质特征是开放，学习资源、学习环境、学习过程的开放，它不受时间、地点的限制，什么都是开放的，这就决定了它在运作上又必须是高度一体化的。没有一体化的基础，所谓的开放将带来无序，带来各行其是和恶性竞争，这是被无数实践证明了的。所谓一体化，又要以开放为基础，否则将会僵化，缺乏活力和生机，这也是历史经验。这两者是辩证统一的。开放教育试点的运行，中央电大是设计者和组织者，各级地方电大是实施者，许多普通高校和行业部委参与其中，各方面作为一个整体，既分工又合作，相互支持，密切配合，高度的协调一致保证了试点的成功和开放的持续与深化。

专访结束时，葛道凯特别强调，这些提炼出来的模式和机制只是阶段性的成果。他表示，从实践中总结、提升出理论，再用理论来指导实践，是中央电大人才培养模式改革的一个重要特点，因此中央电大人才培养模式的探索是一个动态的、不断改革和完善的过程。中央电大将在初步探索、巩固深化、提升拓展三个阶段的基础上，按照"理念引导、定位先行、固本培元、度势发展"的思路，不断推进人才培养模式的改革与完善。

着眼终身教育　构建开放式人才培养模式[①]

"中央广播电视大学人才培养模式改革和开放教育试点"项目（以下简称开放教育试点）是教育部1999年4月决定，同年6月正式启动实施的。在教育部的领导和地方教育行政部门的支持下，中央电大负责设计和组织，全国电大共同实施，同时合作高校和行业部委等相关单位积极配合，几年来，取得了丰硕的成果。

图 2-5　接受《中国远程教育》采访

总结成绩，剖析经验，我们不难看到：开放教育试点确实促进了电大的改革和发展，其中重要的成果即形成了体现中国远程开放大学特色的人才培养模式、教学模式、管理模式及运行机制，"对我国现代远程教育工程的实施，产生了重大影响"；在构建我国终身教育体系、推进学习型社会的建设中，"三个模式、一个机制"的构建，亦为有益的探索。

目前，开放教育试点项目已进入总结性评估阶段。中央电大总结试点实践经验，综合相关课题研究成果，对开放教育试点人才培养模式等进行

[①] 郝丹，冯琳，曹凤余. 着眼终身教育　构建开放式人才培养模式[J]. 中国远程教育，2007(3).

了归纳和提炼，在全校开展专题研讨。近日，《中国远程教育》记者着重就开放教育试点人才培养模式和与之紧密联系的教学模式、管理模式和运行机制等有关问题，对中央电大校长葛道凯进行了专访。

一、开放教育试点：促进电大事业发展

记者："中央广播电视大学人才培养模式改革和开放教育试点"进入总结性评估阶段，体现中国开放大学特色的人才培养模式、教学模式、管理模式和运行机制已经基本形成。请您首先谈谈这"三个模式"和"一个机制"形成的宏观背景。

葛道凯："三个模式、一个机制"指的是"开放式人才培养模式"、"学导结合教学模式"、"系统运作教学管理模式"以及"远程开放教育一体化运行机制"，这些是中央电大会同各级地方电大开展人才培养模式改革的重要成果，也是开放教育实施7年多来取得的重要成绩。按照教育部为试点项目确定的"是中央广播电视大学改革人才培养模式、发展现代远程教育的重要实验"的总体定位，"三个模式、一个机制"形成的宏观背景，在一定程度上也就是整个试点项目的背景。

关于开放教育试点开展的背景，我想从三个层面来谈。

第一个层面，开放教育试点是适应国家经济建设和社会发展总的需要而进行的。从1999年到现在的这几年，恰恰是我国经济快速增长、信息技术创新与应用势头迅猛、国家信息化建设全面推进的一个非常重要的时期。从1993—2006年，全国GDP总量从3.53万亿元增长到20.94万亿元。在2000—2006年的几年间，我国上网计算机从892万台发展为5950万台，上网用户人数从2250万人增至1.37亿人。党的十六届六中全会用"四个深刻"来概括这几年的形势：经济体制深刻变革；社会结构深刻变动；利益格局深刻调整；思想观念深刻变化。与此同时，国家提出建设学习型社会、构建社会主义和谐社会。社会经济发展需要人才，这就对高等教育改革发展产生了巨大的推动作用。知识经济时代和现代信息技术的进步驱动教育变革，推动着教育信息化和教育现代化建设。整个开放教育试点项目就是在我国经济迅速发展、社会急剧变革的大环境下进行的，也是适应这个大发展的需要而进行的。

第二个层面，开放教育试点是伴随着国家教育改革发展的大形势而进行的。从1999年到现在，也是我国教育、特别是高等教育高速发展的阶段，高等教育规模持续扩大。根据教育部2006年发布的《2005年全国教育事业发展统计公报》上的数据：2005年，各类高等教育在学人数超过

2300万人，高等教育毛入学率从1998年的9.8％增长到21％；其中，普通高等教育本专科招生504万人，是1998年的4.67倍，普通高等教育本专科在校生1562万人，达到1998年的4.58倍。在高等教育快速发展的同时，国家提出构建终身教育体系。终身教育体系的建设主要是在校园外发生，这就必然要求大力发展校园外教育，而且校园外教育要和各类人群的生活、工作方式有效地结合起来，这就必然对原有的教育体系提出一些新的要求。正是在这样的情况下，经国务院批准，教育部实施了"现代远程教育工程"，在67所普通高校开展网络教育试点，并由中央电大组织开放教育试点。

第三个层面，开放教育试点也是电大教育实现现代化和拓展开放性的必然要求。电大从成立到开放教育试点开始前，已经走过20年的历程，为国家发展作出过很大的贡献。但是，随着社会的发展、信息技术的进步，随着教育的发展，特别是老百姓对教育、对电大教育的要求越来越高，传统的电大教育模式显现出越来越多的不适应。在这种情况下，如何跟上现代化的步伐，同时，如何推动电大更加深入地拓展开放性，成为电大发展的历史性命题。也正是在这样的背景下，教育部决定由中央电大开展开放教育试点。

几年来的实践表明，开放教育试点主要从以下几个方面有力地促进了电大事业的改革、建设和发展。

第一，推动了电大的教育教学改革进程。通过形成"开放式人才培养模式"、"学导结合教学模式"、"系统运作教学管理模式"以及"远程开放教育一体化运行机制"等符合远程开放教育规律的模式和教学制度，基本实现了传统广播电视教育向现代远程开放教育的转变。

第二，增强了电大的办学实力。到2006年年底，全国电大固定资产增至238亿元，是1999年的3.93倍，其中教学设备57.9亿元，是1999年的3.99倍；形成了"天网地网结合、三级平台互动"的网络教学环境；建设了一大批质量较高、特色鲜明、满足基层试点教学点实施教学和学生自主学习需要的多种媒体教学资源和精品课程；全国电大专职队伍达到8.5万人，其中专任教师数、专任教师中研究生学历和高级职称人数分别达到1999年的1.71倍、5.21倍和2.42倍，兼职教师达到3.8万人；积累了理论研究与教育实践有机结合的宝贵经验，科研能力和水平得到提升。

第三，强化了电大的办学特色。这个方面的成绩包括：进一步明确了面向地方、面向基层、面向农村、面向边远和民族地区开展职业人教育的办学方向；强化了整体运作的系统优势；突出了办学的开放性和灵活性；

推进了教学手段的现代化；拓展了整合社会优质资源的能力等。

第四，提升了电大对建设学习型社会的服务能力。为国家构建终身教育体系进行了有益的探索，积累了社会主义市场经济和当前经济社会条件下实施开放教育的经验，为各类人群提供了一种新的、有质量保证而又方便灵活的学习途径。

我们体会，实施开放教育试点这项决策，无论是对电大还是对国家，实践表明都是有前瞻性的。

那么，在整个试点项目中，人才培养模式的改革与探索，占有什么位置呢？作为一种比较新兴的教育形式，开放教育的理念与全民教育、终身教育、学习型社会的理念是一脉相承的，它们各自处于同一个链条的不同环节上，因此开放教育的理念是具有时代精神和符合时代潮流的。但是，理念要转化为实际中可以实施的教育形式和途径，至关重要的是要科学地确定既与这种教育形式相适合，又与社会成员学习需要和社会发展要求相适应的人才培养的目标、内容、方式、方法等等，而这正是人才培养模式改革所应该完成的。所以说，在整个试点项目中，人才培养模式改革居于十分重要的位置，是开放教育试点工作的重点。

二、探索三个模式　凸显中国开放大学特色

记者：开放教育试点的重点是探索人才培养模式。那么，"开放式人才培养模式"的内涵和特征有哪些？中央电大推进人才培养模式改革的具体思路是什么？

葛道凯：中央电大"开放式人才培养模式"的要点，是以适应经济和社会发展现实需要为目标，以适合从业人员学习需求的专业和课程为内容，以整合优化的学习资源为基础，以天网、地网、人网合一的学习环境为支撑，以学习者自主学习为主要方式，以严格而有弹性的过程管理为保障，培养留得住、用得上的应用型高级专门人才。这个模式的基本特征就是：理论实际融合；多方资源整合；多种媒体组合；天地人网结合。

推进人才培养模式的改革，首先要突出学习者岗位综合能力的提高，强化专业设置的实用性和课程开设的模块化，同时要加大教育资源的整合与优化力度，推进教学设施的现代化与有效利用。这是我们开展人才培养模式改革的思路，归纳起来，也就是所谓的：突出能力；强化应用；整合资源；改善条件。

记者：有人说，教学模式是人才培养模式的核心，教学模式改革通常

也是人才培养模式改革的重点和难点。围绕"开放式人才培养模式",中央电大探索了"学导结合教学模式"。您能否概括一下"学导结合教学模式"的内涵和改革思路,以及这一模式的形成过程?

葛道凯:对于开放教育试点来说,这一说法总体上是与试点实践相符合的。按照"开放式人才培养模式"改革思路,教学模式的改革经历了启动、推进、提升三个发展阶段,形成了具有远程开放教育特色的"学导结合教学模式"。这个模式的要点是,学习者利用多种媒体资源开展自主学习与协作学习,教师基于教学设计进行多种方式的引导与辅导,学校通过天地人网提供全程学习支持服务。自主性、针对性、多样性是其基本的特征。我们继续推进教学模式改革的思路是:重在效果;强化互动;改进服务;关注个性。

"学导结合教学模式"的形成可以分为三个阶段:启动;推进;提升。

启动阶段主要抓初始设计、人员培训、基本建设和教学组织。推进阶段主要结合中期评估整改,重点抓教学主要环节、管理制度保障、应用系统研发与应用能力提高,通过多次多媒体课件评比、学术圆桌会议等方式交流研究成果。提升阶段主要抓总结应用、文件制定,建立长效机制,通过教学创新和ODE网上教学评选以及教师教学反思征文等活动促进成果向教学常规的转化。

记者:教学模式改革是人才培养模式改革的重点、难点之一,应该如何认识这项改革?中央电大下一步打算怎样进一步推进教学模式改革?

葛道凯:中央电大强调,教学模式改革是广播电视大学人才培养模式改革的重点、难点之一。开放教育试点启动以来,各级电大及教学点和有关合作单位,围绕人才培养模式改革总体目标,边实践、边研究、边总结、边推广,在现代远程开放教育教学模式改革方面取得了明显进展。教学模式改革是个长期而复杂的系统工程,目前取得的进展只是阶段性成果,需要继续在实践中不断探索和完善,也还有一些问题有待于逐步研究解决。深化教学模式改革,不只是开放教育试点及总结性评估的阶段性要求,更是电大远程开放教育发展内在的长期性要求,全国各级电大对此应该形成新的共识和合力。

近日,中央电大就进一步推进教学模式改革工作提出了15条意见,要求各级电大及教学点要充分认识广播电视大学教学模式改革的重要性、复杂性和艰巨性,继续把教学模式改革作为学校重要工作和长期任务来抓,以试点项目总结性评估为重要契机,推广、应用教学模式改革成果;特别要加强教学及教学管理制度建设，继续推进教育信息化基础设施建设，将多种媒体教学资源的建设和应用作为教学模式改革的重点内容和推进教学模式改革工作的重要"抓手"；同时，要更加充分和有效地调动和发挥广大教师在教学模式改革中的积极性和创造性，加强对学生学习需求和学习特点的研究与分析，探索远程开放教育条件下成人在职学习模式；在教学过程中，要注意加强导学环节，加强协作式学习的研究、设计与指导，并进一步加强网上教学工作，积极推进基于网络环境的课程教学模式探索；还要探索并逐步形成适应成人远程在职学习特点的实践教学模式，深化课程考核改革，积极推进教学管理模式改革，完善系统运作教学管理模式，以及进一步加强教学模式改革课题研究，并适时推出新的专项改革试点；最后，要以课程开放作为深化教学改革的"切入点"，抓紧搭建适应社会经济发展，满足学习者自我设计和终身学习需要的模块化、多层次、多通道的立体化课程平台。

记者：教学模式的落实需要管理来保障。作为三个模式之一的"系统运作教学管理模式"，它的内涵又该如何理解？电大推进教学管理模式改革的思路是什么？在开放教育试点的实践当中，电大是如何贯彻"系统运作教学管理模式"的？

葛道凯：开放教育试点的运行，是在电大系统原有管理体制的基础上进行的。中期评估后，围绕中央电大人才培养模式改革目标，提出了"以人为本、强化过程、强调规范、提高能力"的教学管理模式改革思路，通过试点实践与研究，逐渐形成了"系统运作教学管理模式"基本框架。这一模式的要点包括：统一规划规范，分工协调运行；统筹关键环节，全程质量监控；实行课程开放，分类指导服务；集成信息平台，动态反馈调整。"统一、规范、灵活、有效"是它的主要特征。下一步，中央电大将继续按照教学管理模式改革思路，进一步推进教学管理模式的深化改革和不断完善。

试点项目启动后，广播电视大学由原来的分级办学转向开放教育的系统整体办学。在教育部高教司直接领导下，中央电大会同省级电大，共商大计，共谋发展，制定并实施了开放教育试点的管理规范和实施办法。具体体现在，通过签订协议明确各级试点单位的职责分工及权利义务关系；通过人才培养方案（教学计划）统一质量标准和教学流程；通过教学管理制度，规范教学过程；通过年报年检、教学检查、教学督导及审核备案等制度对各级电大教学实施过程进行监控；通过专业规则和课程平台的搭建，对统设必修课程统一建设、管理和考核，实现不同学习层次间有机衔接和学历教育与非学历教育沟通；通过入学测试、补修课程、免修免考等对不同学业基础和不同需求的学生分类组织教学；通过专项试点，对不同发展水平和办学条件的试点单位采取分类推进措施，如招生规模自控、"两随"（随时接受学生注册入学，学生随时注册学习课程）试点、专业小范围试点等；通过教务管理信息系统和电子公务系统实现管理信息的数字化，疏通信息渠道，保证教学及教学管理信息传输的准确性、时效性和统一性，加快系统内外反馈响应和调整的速度，提高应变能力。

三、构建一体化运行机制　确保开放教育质量

记者：您曾经说过，"一体化运行机制"是开放教育试点一个难得的成果，也是我国整个成人高等教育改革中十分有价值的进展。这样一个机制，它形成的背景是怎样的？

葛道凯：任何一种教育形式，评价其发展的状况，有几个方面是一定要考虑到的：一是方向是否正确，是否符合党和国家的方针、政策；二是教育内容、方式、方法是否适应经济社会发展的需要和人民群众学习的需求；三是管理是否规范，运行是否有序，质量是否有保证。

以在职成人为对象的成人高等教育在我国已经有几十年的发展历史，其在推动优质教育资源向地方基层辐射、探索适应成人学习规律的教学组织方式等方面积累了宝贵的经验，为国家经济建设和国民素质的提高作出了积极的贡献。但成人高等教育的教学运行通常有诸多社会组织和教育机构的参与，如何做到有机协调，从而实现管理规范、运行有序、质量保证，一直是成人高等教育界努力探索、整个教育领域长期关注的命题之一。

与传统成人高等教育的各种形式相比，开放教育的教学运行必然涉及更多各级各类教育机构和社会组织的参与和合作，要实现相互之间的有效合作和密切配合，构建科学的运行机制显然是一项基础性的探索。因此，在开放教育试点中，运行机制的构建具有支柱性的作用。正是基于这样的考虑，中央电大在教育部领导下，会同各省级电大和合作单位，借鉴国内成人高等教育和国际远程教育的有益经验，认真分析国情和开放教育的本质属性，大胆创新，并在实践中不断发展，逐步构建了"一体化运行机制"。

记者：我们应当怎么样理解"一体化运行机制"的内涵和特点？

葛道凯：开放教育试点由中央电大统一规划和组织，与普通高校、行

业部委合作，在遍布全国的电大系统内展开，逐步形成了"一体化运行机制"。这是开放教育试点的重要成果之一。"一体化运行机制"的主要内容包括四个方面：基于广泛调研、行政参与、专家把关的决策机制；基于资源整合与多赢的合作机制；基于职责分工与监督保证的约束机制；基于分类管理与评估的调控机制。

"一体化运行机制"可以用四句话来概括：需求引导；项目合作；协议约束；反馈调整。"需求引导"，是指办学的原则和决策的依据，我们所有的办学活动都要根据社会需要来决定。这里面包括专业的设置、课程的开设、教师的配置等，都要根据社会需要来确定。社会需求如何判断？这要通过社会调查和需求研究以及咨询政府部门和学科专家来实现。了解这些需求以后，要去组织资源，如何做到呢？"项目合作"，说的是资源怎么来，通过与其他高校、行业部委开展合作，以利益互惠为纽带整合各类优质教育资源，电大系统内通过共建与共享，实现优质资源的优化整合。"协议约束"，讲的是如何运行，以协议方式明确各级电大、行业部委和合作高校等的职责，并通过政府指导和系统内检查两个渠道来强化外部与内部约束，保证运行的有序与规范。"反馈调整"则讲的是调控，在运行过程中，发现有不适合的，及时进行动态的调整。

几年来的实践表明，"一体化运行机制"较好地实现了开放教育教学运行中各相关方面的有机协调，保证了教学质量。除此之外，"一体化运行机制"还显现出以下几个方面的作用和影响：有利于各级地方电大结合本地实际和发挥自身特长实施教学，增强了远程开放教育主动适应社会经济发展和满足多样化学习需求的能力，同时带动了各合作教育机构的教学改革；有利于开放教育多样化发展基础上，统一质量标准的实现，为教育教学质量的稳步提高打下了坚实的基础；有利于广大在职学习者更有效、更便捷地享受到更优质的教育资源和有质量保证的学习服务；有利于开放教育各项教学活动的专业化，在一定程度上促进了电大系统由传统广播电视教育向具有中国特色的现代远程开放大学的转化；有效地降低了覆盖城乡的远程开放教育办学成本，提高了办学效益，积累了低成本、大规模举办有质量保证的高等教育的经验，为国家构建全民学习、终身学习的学习型社会提供了可借鉴和可依托的途径。

从实际效果看，这一运行机制较好地保证了开放教育试点项目的整体性，增强了各级电大的凝聚力和整体实力，促进了全国电大的共同发展。当然，随着社会的发展，随着整个教育的发展，特别是随着开放教育本身的发展,"一体化运行机制"也要不断地丰富和发展,试点实践中仍然存在的一些不尽如人意的方面必将得到逐步完善。

四、不断推进与深化人才培养模式改革

记者:"三个模式、一个机制"的运行在人才培养上取得了哪些成绩?

葛道凯:成绩还是值得关注的,具体可以通过下面几组数据来说明。

截至2006年年底,开放教育试点累计招生379万余人,其中本科近142万人;累计毕业生163万多人,其中本科毕业大约57万人。目前,在读学生共计217万,其中本科83.5万,专科133万多,可以说为国家的高等教育大众化作出了积极贡献。

从横向来比较,2005年中央电大开放教育试点招生、毕业生和在校生分别相当于同期全国普通高等教育学生总和的12.0%、15.56%和12.01%,占成人高等教育学生总和的23.46%、21.91%和29.44%,占全国现代远程教育试点学生总和的71.24%、64.9%和73.6%。

电大开放教育试点课程考试通过率连续多年保持平稳,本科和专科及格率分别保持在80%和73%左右。中央电大组织期末考试抽查,抽查结果总体上也是正常的。另外,在教育部组织的3次全国网络教育部分基础课程统一考试中,开放教育学生的统考合格率略高于整体平均合格率。

2005年,中央电大组织开展了全国电大毕业生追踪调查,共有15 780名电大毕业生和10 134个社会用人单位接受了调查。以百分制评价,毕业生和社会用人单位分别给了80.5分和83.4分,反映电大远程开放教育培养的人才质量从总体来说是比较好的。

我想,上面这些数据应该可以回答这个问题了。

记者:我们还想进一步了解,电大在继续推进人才培养模式的改革方面,有哪些进一步的设想?

葛道凯:人才培养模式改革是一个不断推进的过程,今后一个时期,中央电大仍将继续坚持突出能力、强化应用、整合资源、改善条件的改革思路,继承和发展从实践到理论、再用理论指导实践的宝贵经验,深化改革,使开放教育更好地适应学习者学习的需求,适应经济社会发展的需要。

记者:教师队伍是支撑和制约电大发展的重要因素,也是贯彻"三个模式、一个机制"的中坚力量。请谈谈您关于教师队伍建设的看法?

葛道凯：开放教育的队伍建设包括教学、管理、技术和研究四支队伍，我们强调四支队伍的协调发展和共同提高。中央电大在提升队伍素质方面做出了很大努力。近三年来，中央电大按照队伍建设规划要求，直接调入了专业人员92人，参与试点的各类人员总数达到1714人。其中专任教师133人，合作高校直接参与试点教学的兼职教师63人，主讲主编教师1126人，教学管理、研究和技术人员392人。专任教师中研究生学历和高级职称人数分别是1999年的1.67倍和1.42倍。学校还先后组织教职工1640人次参加教学、信息技术应用、管理及科研的相关业务培训，包括选送到普通高校进修或国外访学。

就全国电大而言，到2006年年底，专职教职工总数达8.5万人，其中专任教师4.8万人、教学管理人员1.66万人、技术人员0.99万人、科研人员0.16万人、其他人员0.89万人；另有兼职教师3.8万人。与1999年比较，专任教师数是当时的1.71倍，研究生学历人数为5.21倍，高级职称人数为2.42倍。

电大的教师队伍建设，和普通高校的教师队伍建设，内涵上是有所不同的。对普通高校来说，教师队伍主要指专任教师队伍。而电大的教师队伍包括专职教师队伍和兼职教师队伍。对专职教师队伍来说，人数不在多，而在精。这支队伍应该是电大开放教育实施的非常重要的组织力量。兼职教师对电大来说也十分重要，这是由电大的特点决定的。兼职教师队伍不仅要水平高，也要人数多。为什么呢？优质的资源都是跟人联系在一起的，要想把优质资源引进来，最好的办法就是把拥有优质资源的人请过来。所以我们的兼职教师队伍既要追求质量，也要追求数量。而且，我们是在质量的基础上求数量，数量越多越好。在即将出台的中央电大"十一五"发展规划纲要里，电大教师队伍建设也将是很重要的部分。

关于电大专职教师队伍的研究能力，有没有可能较快地得到提升，我感觉是有基础和有条件的。因为，电大系统和其他普通高校及科研院所相比，拥有非常独特的发展教育科学研究和其他学科应用研究的潜力。为什么这么说？一方面，电大教师是远程教育和开放教育的实践者，他们有教育科学的基础，有实践的认识和积累，为推进教育科学相关领域发展而奉献的精神。国家提出构建终身教育体系和建设学习型社会，他们完全有能力解决相关问题。另一方面，电大是伸向社会基层的网络，我们的教师分布在全国各地，我们的学生都是拥有社会经验、了解中国国情的。通过这些学生和教师，就可以方便地了解社会最基层的情况，发现经济社会发展中迫切需要解决的问题，这些也就是科研工作的切入点。而且学生本身就拥有非常丰富的可供研究开发的资源，老师和学生组织起来，就是一个很好的研究团队。相信通过适当的政策导向和制度建设，促进教学相长，电大专职教师队伍的科研水平一定会得到比较快速的提高。

记者：据悉，教育部将于4月份组织进行试点项目总结性评估的专家实地考察工作，评估组专家也会从教育评价的视角对开放教育试点提出评价性意见。本刊将继续关注相关的问题。非常感谢您接受采访！

让电大更好地成为人民的开放大学[①]

一、全社会应该重新认识电大

记者："中央广播电视大学人才培养模式改革和开放教育试点"已启动近八年时间，与八年前比较，您觉得电大的根本性变化是什么？

葛道凯：八年来，电大的变化是多方面的，如果说比较根本性的变化，主要有两个方面。

一是理念，这是最大、最根本的变化，理念的变化主要表现在几个方面。

首先是从原来的以学历补偿教育为主的理念，变成了开放教育的理念。第二个方面是，开放教育的理念逐步渗透到了全战线。从管理层到教师，到学生，甚至通过这个变化影响到了社会，开放教育这种教育形式正逐渐被社会接受。第三个方面是，变化不仅仅在理念层面，而是通过思想观念的变化，把先进的理念落实到了具体的管理工作中，具体的教学实施过程中。当然，理念的变化是一个长期的、持续不断的过程，随着人才培养模式的改革和开放教育的推进，理念也将不断深化。

二是电大作为国家和人民的大学，它的人民性特点更加明显。通过八年来的试点，电大面向地方、面向基层、面向农村、面向边远和民族地区的办学方向更加鲜明。在它的在校生中，有超过四分之三的学生来自地市

[①] 李桂云. 让电大更好地成为人民的开放大学——中央广播电视大学校长葛道凯专访[J]. 中国远程教育，2007（4）：29-31.

级以下的行政区域，超过90%的学生是21岁以上的在职成人。国家提出建设和谐社会、学习型社会，电大在思想上、办学上已形成一定的积累，可以为此做更多的工作。

记者：全社会该怎么重新认识电大，表述今天的电大，您认为最重要的关键词是什么？通过试点，电大建设有鲜明中国特色的现代远程开放大学的目标是否已初步实现？

葛道凯：第一个关键词是开放，描述现在的电大，在一定程度上就是中国的远程开放大学。无论是从它的培养目标到教学的内容、课程的体系、教学的方法、教学的手段，还是从它的管理运行上和国际认同上，在很大程度上已经是实际上的中国的远程开放大学。

第二个关键词是现代化，经过过去几年，应该说整个电大已经实现了由以传统广播电视手段为主向以信息技术手段为主的转变。更重要的是，它实现了第二代技术和第三代技术的有效整合，甚至可以说，实现了第一代技术、第二代技术和第三代技术有效的整合。对教育来说，技术是基础，是手段，技术先进是重要的，但更为重要的是先进的技术能不能和教育目标相结合。如果能够实现有机的结合，那才是最好的。

第三个关键词就是服务，电大的教育服务能力得到了提升。经过过去这几年的试点，电大形成了一个很好的运行机制。这个运行机制使电大教育在保证质量的情况下，可以达到一定的规模。电大历史上在校生最多时不到70万人，而目前达到200多万人。在有200多万学生的情况下，教学质量依然能得到保证，这本身就说明它的教育服务能力得到了提升。因此我们可以自信地说，电大能够在国家构建终身教育体系里发挥主体作用，或者是骨干作用、支撑作用。

二、系统优势助电大深入最基层

记者：电大人才培养模式的创新，在我们国家的成人教育改革中有什么重要地位？对整个远程教育行业的发展，有哪些重要的借鉴意义？

葛道凯：开放教育试点确实促进了电大的改革和发展。第一个方面，形成了体现中国远程开放大学特色的人才培养模式、教学模式、管理模式和运行机制。开放教育的理念与全民教育、终生教育、学习型社会的理念是一脉相承的，这些理念要变成一种教育形式和途径，至关重要的是科学地确定既与这种教育形式相适合，又与社会成员学习需要和社会发展要求相适应的人才培养的目标、内容、方式、方法等。"开放式人才培养模式"、

"学导结合教学模式"和"系统运作教学管理模式",这三个模式摸索出了一条低成本、大规模、有质量地开展成人教育的路子。

第二个方面,运用最好的资源,采取比较有效的组织形式,提供比较适合学生需要的学习方式和服务方式。

第三,推进多种媒体教学资源建设与应用,形成独具特色的开放教育教学资源建设的标准、规范。采用优质的多种媒体教学资源开展教学,是远程开放教育的重要特色之一,也是保障远程开放教育教学质量的基础。

我的一个感受是,质量是第一个要务,要时刻把质量作为学校思考问题、制定政策的出发点。那么高质量从哪儿来?要有好的老师,要有好的资源,要有好的服务,等等。从长远来说,方方面面都很重要,但现阶段有突出重要性的是管理。没有管理,就没有质量;没有质量,就没有生命力。具体就管理而言,需要有一个很好的管理机制,要能够把各种管理资源有效地组织和整合起来。

记者:深入基层,深入农村是电大非常突出的一个特色,然而,据我们了解,目前电大出现问题较多的地方主要集中在县级电大,在整个系统建设的过程中,这方面电大是怎样考虑的?

葛道凯:县级电大是电大系统延伸到基层的细胞,是"信息反馈的神经感官"。县级电大的情况,最体现管理水平,同时也是最体现办学适不适合各地区需要的。在电大的"十一五"规划中,"电大系统建设推进工程"是提高电大系统综合实力的一项重要举措。而系统建设工程里建设计划的重点是基层电大的建设。

加强基层电大建设,就是要把基层电大建设成为当地的远程教育基地和社区教育中心,从而推动整个电大的人才培养模式、教学模式、管理模式改革进程进一步深化。具体而言,可以从改进硬件设施,配备学习资源,加强教师和管理干部的培训,加强对基层电大的检查、评选和表彰,从而凝聚基层电大的向心力几方面考虑。中央电大已考虑对基层电大开展表彰活动。发现基层电大的宝贵经验,并把这些经验总结出来,让其他的基层电大去学习。这是加强基层电大建设的一个很重要的方式,"以点带面"这是毛主席提倡的工作方法吧。

三、在危机中不断突围

记者:目前"中央广播电视大学人才培养模式改革和开放教育试点"已进入总结性评估阶段,您曾讲过评估的主要目的是总结成绩,发现问题,规划未来。八年试点下来,电大目前面临的困难与问题都有哪些?

葛道凯:困难正如刚才我们谈到的,在地方教育机构调整和高等教育资源的整合中,电大系统的完整性受到冲击,这对电大面向基层、农村和边远及民族地区办学的一体化运行造成影响。另外,进一步扩大开放也受到一些政策的制约。

除这两个困难外,我们在试点过程中也面临一些问题。第一个问题是教学模式改革需要进一步深化。在已有的教学实践和取得成果的基础上,要进一步深入研究在职成人的学习特点及规律,深入探索不同专业和课程的教学模式;根据学生对资源需求的差异,有针对性地改进教学资源,提高教学资源使用率。加强教学设计,引导学生利用网络及其他多种媒体开展学习活动,提高学习效果。加强教学过程的组织和支持服务,完善教学信息的反馈与调控机制。

第二个问题是电大教师队伍建设需进一步加强。一方面是电大自己教师的专业结构、职称和学历结构,还有待改进和提高。另一方面,电大系统的每一门课有上百个老师,甚至有几百个老师。从横向上看,他们来自于普通高校、行业部委、媒体制作单位、企业,还有电大自己的。从纵向上看,中央电大有主持教师,省电大有责任教师,基层电大有辅导教师。这么庞大的队伍如何能够更有效地发挥作用,甚至形成一个有机的整体,还需要不断探索。

第三个问题就是实践教学,以往大家说实践教学是电大的弱项,虽然这种认识需要改变,但对于我们而言,如何构建有电大自身特色的实践教学体系,这个任务仍然十分艰巨。

记者:对于电大开放教育试点八年来所产生的巨大变化,电大人该以怎样的心态去面对?目前电大人的危机感是否有所缓解?

葛道凯:我个人觉得应该有三个心态。第一个心态,电大过去八年取得的成绩表明只要我们实实在在地去做事情,只要我们尊重教育规律,按照规律做事情,就会得到各级政府和老百姓的欢迎。所以电大同人应该感到高兴,同时在今后的进一步发展中要更加自信。第二个心态,这个成绩归功于谁?这个成绩不仅仅是电大的,也是全国人民的。电大只是在其中做了自己应该做的那一部分。应归功于党中央、国务院提出构建终身教育体系的主张,归功于教育部前瞻性的、符合国际教育发展潮流的决策。再者应该归功于社会各界的支持,比如,普通高校的支持,各个行业部委的支持,最后要归功于老百姓的信任。第三个心态,试点这只是一个基础,一个台阶,开放教育作为一种新的教育形式,只是刚刚起步,只是有了一个好的起点,要真正把这个教育形式办好,那后面的路还是很长的。下一步的任务更艰巨,更多的内涵发展还需要研究探索。

谈到危机感,我想,任何时候,任何一个团体,任何一个个人的发展,都离不开危机感。那么对于电大来说,不在于有没有危机,关键是如何看待危机。如果遇到了危机,就害怕了,不敢面对,或者退缩了,那肯定是不行的。我们面对这个危机,要找出解决危机的办法。

我想只要我们继续坚持声誉和质量是生命、优质服务是根基、强化开放和系统建设是未来、高效运行是保障的办学理念,致力于汇聚优质的学习资源、提供体贴的支持服务、运行高效的办学网络、开展鲜活的科学研究,建设具有中国特色的现代远程开放大学,搭建服务全民终身学习的大平台,那我们必将为学习型社会与和谐社会的构建作出更大贡献。

过去八年取得的成绩表明,只要我们实实在在地去做事情,只要我们尊重教育规律,按照规律做事情,就会得到各级政府和老百姓的欢迎。

向着"学有所教"的目标努力[①]

带着全国电大人的嘱托,10月15日至21日,党的十七大代表、中央电大校长葛道凯,出席了举世瞩目的党的第十七次全国代表大会。在圆满完成了大会各项议程后,葛道凯信心百倍地回到工作岗位。10月24日,在中央电大召开的全校教职员工大会上,葛道凯向中央电大全体教职员工传达并学习了党的十七大精神。他说,党的十七大是在我国改革发展关键阶段召开的一

图2-6　2007年10月17日做客中国网节目——中国访谈·世界对话

---

① 蔡诚,王旖旎. 向着"学有所教"的目标努力——党代会归来访十七大代表、中央电大校长葛道凯[J]. 中央电大报,2007-11-8.

次十分重要的大会,大会通过的胡锦涛同志代表中央所作的报告,是我们党团结带领全国各族人民坚定不移地走中国特色社会主义道路、在新的历史起点上继续发展中国特色社会主义的政治宣言和行动纲领。

报告会后,葛道凯接受了《中国电大报》记者的专访。

一、教育是民生之基

党代会归来,葛道凯抑制不住内心的激动。他告诉记者:"我注意到,胡锦涛在十七大所作的报告中,先后在不同的部分,有多次涉及教育工作,其中更是在较多方面明确了终身教育的任务,明确要求发展远程教育和继续教育,建设全民学习、终身学习的学习型社会。我认为优先、公平、现代化这三个词、七个字是解读党中央部署未来教育工作的线索。这对我们电大系统来说,无疑是一个巨大的鼓舞和鞭策!"

对十七大报告所涉及的教育部分的内容,葛道凯一一道来:"胡锦涛同志在十七大报告中明确提出,教育是民族振兴的基石,教育公平是社会公平的重要基础。还明确提出了优先发展教育,建设人力资源强国等加快推进以改善民生为重点的社会建设的六大任务。还比如,报告中提到要加强中华优秀文化传统教育,运用现代科技手段开发利用民族文化丰厚资源;加强就业观念教育,使更多劳动者成为创业者;加强党员、干部理想信念教育和思想道德建设;在全国农村普遍开展党员干部现代远程教育;等等。可以说,今后这些新举措的不断出台,必将大力提升教育的公平度,也充分说明了党和政府是把教育作为民生之基的高度来认识的。"

但葛道凯同时坦言,"第一次将'远程教育'明确写进党的报告中,这充分体现了党中央对远程教育的高度重视,也说明电大的工作任务会更重"。他认为,"电大作为远程教育和继续教育重要组成部分,它的目标就是要使全民学习、终身学习成为可能,而随着经济社会的发展和人民生活水平的提高,人的素质的提高已被提升到第一位,学习的需求必然越来越强烈。'科学发展观'强调的就是以人为本,电大的教育模式、教学手段恰恰符合这种要求,我们电大通过多年的探索,已经找到了一种和终身教育规律比较符合的办学方式,相信会在终身教育体系的构建中发挥非常重要的作用,不辜负党和政府对电大系统的希望,同时也不辜负全国人民对电大系统的希望。"

二、宣传电大不遗余力

忙碌的十七大会议期间,葛道凯始终不忘他的电大人身份。在代表们中间，在记者面前，甚至在就餐时间，他总是要将随身携带的宣传电大的小册子发给新朋旧友，并在一起交流、探讨。"既然教育部和中央电大广大党员信任并推举我当党代表，我当然不能辜负大家的期望。我相信这是一个难得的推介电大的好机会。"

作为世界最大开放大学的校长，在会议上，葛道凯吸引了不少关注教育的媒体记者的目光。"我并不习惯和媒体打交道，但这样的时候，我必须要和记者接触，我认为这是宣传电大、宣传远程教育的好机会，在我身后有百万电大师生关注的目光，而电大的发展也需要世界的目光。"

2007年10月17日晚，葛道凯和另一位电大在读学生邹存亮受邀参加了中国网的直播节目——"中国访谈·世界对话"。在一个多小时的访谈中，葛道凯不仅向网友畅谈了在大会中的所闻、所感，而且还着力介绍了电大的教学特色和不平凡的发展之路。10月21日，《光明日报》和《人民日报》分别以《让全体人民学有所教》和《把教学资源送到百姓身边》为题发表了对葛道凯的访谈。访谈中他告诉记者，当他在人民大会堂听到胡锦涛同志在十七大报告中强调，"要努力使全体人民学有所教、劳有所得、病有所医、老有所养、住有所居"这句话时，心里"猛地一暖"，感到"学有所教"是电大今后工作的目标。他表示，电大要力求汇聚优质的资源，提供体贴的支持服务，运行高效的办学网络，开展鲜活的科学研究，搭建服务全民终身学习的平台。

三、特殊的座谈会

2007年10月16日晚，大会召开的间隙，在中央电大校长葛道凯的邀请和陪同下，朱桂全、宗道辉、邹存亮、李振生等四位和电大结下深厚情缘的十七大代表，一起来到中央电大参观并座谈。座谈会上，几位十七大代表一起畅谈了在电大的学习和工作体会，对中央电大现代化的远程教育设施、丰富的教学资源和主动的教学支持服务等给予了高度评价，都为自己选择电大，成为一名电大人感到骄傲。

曾被评为中国十大杰出青年、全军优秀士官等光荣称号的中央电大八一学院2007秋大专行政管理专业学员宗道辉告诉记者，他之所以选择电大，是因为电大有灵活的办学方式和优质的教学资源。"在工作中因为角色的转换，我需要不断地充实新的知识，同时学习也不只是为了个人，而是为了提升我们团队的战斗力，培养一批新人的需要，现在在电大学习我感觉很好，事实证明我的选择是对的，我感谢电大！"

衷心感谢电大的不只有电大学生，和电大有过长期和深入合作的福建莱克石化集团董事长、福建电大梅山学院的副院长李振生也表示，多年来他一直致力于建设"文化先导型社会主义新农村"，而要建设好新农村，重中之重在于发展农村教育，农村建设需要很多有文化有知识的人参与，这也是建设社会主义和谐新农村的必然要求。"发展'新农村建设'，必须定位科学发展

图 2-7 2007 年 10 月 16 日与几位十七大代表录制节目

观，电大的教育深入农村和企业，能够真正培养'留得住，用得上'的人才，是'新农村建设'的有力支持，今后 3 年，我们计划培养 200 名毕业生，带动农村现代化发展。"

座谈会持续了一个多小时。同为十七大代表的葛道凯对他们抽空到电大做客表示欢迎，认为他们自强不息的学习精神代表了电大学生的风貌，他们是电大学生的优秀代表。"我们电大人才济济，今天我请到的只是其中的几位代表，我相信在十七大的代表中，一定还有我们电大的毕业生。我现在越来越为电大感到骄傲，当选十七大代表既是他们个人的荣誉，也是全体电大人的骄傲！"

四、电大孕育和谐

如何发展未来电大？党代会归来后，葛道凯充满自信与激情地阐述了自己的见解与心得。

葛道凯表示，十七大报告提出发展远程教育和继续教育，对包括电大在内的成人教育战线来说是非常重大的使命。未来，电大必须要把弱势群体的教育服务作为自己的努力方向，面向基层、面向农村、面向西部、面向边远和民族地区；必须把面向在职人员学习需求作为努力方向；必须把开放、方便和灵活的教育方式作为努力方向；必须把推动优质资源的广泛使用作为努力方向。这"四个面向"也是电大开放教育加强内涵建设，走内涵发展的道路的必然要求，也反映了党和政府对广大人民群众接受教育的关心和支持，对提升全民素质所作出的不懈努力。

葛道凯认为学习、宣传、贯彻党的十七大精神，是当前和今后一个时期电大战线的首要任务。他希望电大系统能把学习、宣传十七大精神的各项活动落到实处。"我们应该自觉地把思想和认识统一到十七大精神上来，用大家的智慧和力量，实践科学发展观，努力办好人民满意的远程教育、终身教育，为建设人力资源强国、夺取全面建设小康社会新胜利作出新的贡献。"

党的十七大描绘了全面建设小康社会新胜利的宏伟蓝图，指明了远程教育和终身教育的方向。任务已下达，方向已明确，电大人抖擞精神，向着"学有所教"的目标前进。

电大如何迎接第四次飞跃[①]

"三十年前惊天动地创电大，三十年后硕果累累盼更好，十余万孺子牛已丑话旧新，千余万电大生喜迎又一春"——许多电大职工曾在牛年新春之时，收到了这则短信。短信来自中央广播电视大学校长葛道凯教授。在电大即将迎来建校30周年之际，葛校长又将对所有的电大人说些什么呢？

作为一位至今已在中央电大工作了3年的管理者，全国3000多所电大的引路人，葛道凯对电大事业充满了深深的热爱。在接受《中国远程教育》杂志记者采访时葛校长感慨地说，自己担任电大校长的三年只是三十年的十分之一，将来也仅是电大历史长河中的一瞬间，希望这三年里的思考和实践、对电大三十年所进行的总结和提炼，以及对电大未来发展的描述，能成为电大未来三十年发展的一个非常扎实的台阶。

一、热爱电大事业的几个原因

记者：至今您在中央电大领导者的岗位上已工作三年，许多人都说电大人对电大有一种特殊的情感，请问您是否也有这样的感受？

葛道凯：想想这三年，对电大的感情还是很深的，可以用一句话来概括，电大事业非常可爱。

为什么电大的事业可爱？每个学校都有自己的校友、都有自己的毕业

[①] 李桂云. 电大如何迎接第四次飞跃[J]. 中国远程教育，2009（7）：12-16.

生，所有的毕业生，所有的校友，都会对母校有一种感情，这是人之常情。而电大人的这个感情非常特别，在电大学习过的、工作过的，甚至离开电大已经很长一段时间，或在电大工作的时间并不长的人们，总是即便在离开电大以后，也会对电大有一种特殊的感情，一种特殊的关注，总是希望能够帮助电大做一些什么，能够为电大的发展出一些主意、做一些具体的事情、做一些宣传等等。

为什么是这样？我觉得有几个原因。第一，电大所从事的这个事业，是几乎所有人的理想里应该追求的一个事业，电大事业是全民学习、终身学习这个思想实现的一种途径，是人们对教育的最高追求。因为人人都有这样的理想，或者都有这样的愿望，总是要为实现自己的愿望或者是理想做些什么，所以我觉得人们对电大的这种感情、这种热爱是和电大的性质密不可分的。

第二，电大教育事业的这支队伍的精神状态反映了人们共同的一些价值追求。电大的文化首先是一种开放、进步的文化，就是积极向上、不甘于停步不前的文化，极端一点是不甘于颓废的文化；电大的文化还是一种合作、共享的文化，合作、共享是人类社会一种基本的价值追求，是人类社会发展的一个基础。

第三，电大事业具有无限的想象力，是不可穷尽的一个事业。人人都可以学习、人人随时随地都可以学习、人人都可以随时随地学到任何自己想学的知识，怎么可以穷尽呢？人们对这个事业发展的要求是无止境的，这个事业本身的发展潜力永远是存在的，这给了人们充分的想象空间。所以这也是人们对它投以更多关注的原因。

第四，人们对现有教育体系总体是很满意的，但总会有一些不理想的地方，因此人们把对现有教育体系的补充和完善的任务更多地赋予了远程教育，更多地赋予电大教育来完成。

记者：三年中您有哪些最难忘的事情或经历？如果用拍电影的方式，您觉得哪些镜头是一定要出现的？

葛道凯：最难忘的，首先是那些学生，他们可能是年轻人，可能是中年人，还可能是老年人。在和他们交谈时，他们的眼神、声音、神情，他们对知识的渴望，对改变自己生活的强烈愿望，都深深触动着我。他们是电大发展真正的动力所在。

其次是电大这支队伍，他们对电大事业的热爱，对电大事业的执著，常常让我感动。从中央电大到省电大、地市电大，再到县电大，尽管电大老师的社会地位相对于普通高校老师而言，社会认可度偏低，大家普遍具有一种自豪和自卑并存的矛盾心理，但所有人都会觉得电大事业是必须坚守的责任所在，有一种精神蕴含其中。

最后，最难忘的是电大事业的艰难。当突然接到某一位省电大书记、校长的电话，说遇到了对电大的发展至关重要的事情，希望能得到中央电大的支持，但因外部环境中顶层制度设计的欠缺，中央电大又找不到什么可以支持的办法时，那种无奈无法言表。

二、迎接第四次飞跃需要作出努力

记者：您讲到电大事业具有无限想象力，是不可穷尽的事业，那么您觉得下一步电大应该为这个具有无限想象力的事业作出哪些准备呢？

葛道凯：正因为电大事业有无限的想象力，所以电大教育、远程教育肯定会越来越好，但是需要现在的电大人或者是即将进入电大队伍的人来作出努力。我觉得要在以下几个方面作出努力。

第一，首先要对电大的历史和现状有一个客观、全面、理性的认识。既要认识到它的成绩、长处，也要认识到它的不足、缺陷。在实际工作中融合它的长处、它的优势，使长处得到更好的发挥，使缺陷、不足得以回避，或者从其他方面得到弥补。这是一个非常艰巨的任务。

第二，要对国际远程教育的发展趋势有一个科学的判断。电大有美好的未来，但是不可以脱离现实，只有把理想和现实结合起来，才能变成每一个阶段的具体行动。那么如何结合起来？国际远程教育的发展趋势，为我们提供了一个借鉴。俗话说"他山之石，可以攻玉"，攻玉如果找到了结构的弱点就可以破开，并不是说别的山的石头就一定比玉硬，而是因为攻玉要有独到的视角，所以要把握国际远程教育的脉搏。

第三，一定要把握我们国家经济社会发展的走向。教育是社会发展的组成部分，以经济社会发展为基础，同时它服务于经济社会的发展，引领经济社会的发展。电大一定要把握经济社会发展的总体走向，将自身的发展和经济社会的发展有机地结合起来，除了服务于社会，还要能引领社会的发展。

第四，一定要睁开眼睛办教育，要把握整个教育的发展态势。不能只就远程教育讨论远程教育，只就电大教育讨论电大教育，要把电大教育的发展放在大教育的背景下进行研究、进行分析。教育是服务全人类的，教育由各种各样的教育形式共同组成，每一类型的教育都有自己独特的任务，同时教育有共同的规律，如何从其他教育类型里面汲取营养？从其他教育类型里面找到那些坎坷或者波折，从而使自己少走弯路，这也是自己发展很重要的一个条件。

除此之外，我认为电大还要有坚定的意志和决心来解决远程教育发展中或者电大教育发展中那些重大命题、基本矛盾。基本矛盾不突破，很难实现大发展。我认为电大带有根本性的重大问题是信息化的水平，这是制约资源、管理和服务的一个重要因素。如果这个问题突破了，就可以带动其他方面的发展。另外，解决重大问题要有科学的策略，不是说有热情、愿意解决就能解决，要根据现实，包括自身的现实、环境的情况，制定一个适合这个问题解决的策略。如果从这几个角度做到了，我相信电大的发展一定会更好。

记者：您以上讲的多数是基于电大自己内部的努力，外部环境是不是也是影响电大健康发展的一个很重要的因素？

葛道凯：内因是变化的根据，外因是变化的条件。对于外部环境的变化，当然我们可以去呼吁，但呼吁并不一定会使环境发生变化，最重要的还是以自己内部的变化去引导外部的变化。"要努力为电大发展营造一个良好的外部环境"，这句话的关键是怎么营造？如果这个环境和你无法结合，那么这个环境是没用的。另外能不能与总的政策体系接轨，这都不是外部一厢情愿的努力可以做到的，一定是要外部和内部的条件相结合。而我自己体会更主要是内部，通过自己内部的变化主动去争取、去引导。

外部环境一方面是影响，另一方面是要很好地利用，不利的外部环境里面也有有利的因素，有利的外部环境里面也有不利的方面，即使在一个有利的外部环境，也不一定做得好，你可能在发展过程当中突出了它不利的方面；即便在不利的外部环境里面，你有效地运用了有利的因素，那么就是一个好的环境。

记者：您曾总结在电大三十年履行使命的过程中实现了三次历史性的飞跃。您觉得第四次飞跃将在什么时间点发生，它实现的基础是什么？

葛道凯：2007年，党的十七大报告中提出"发展远程教育和继续教育，建设全民学习、终身学习的学习型社会"，以此为标志，电大的发展进入了一个新的阶段。在这一新阶段，电大将完成三项新使命。第一，实现教学内容的针对性和适应性变革。经过三次历史性的飞跃，手段的问题已经基本解决，下一步要更多地根据教育对象研究内容，实现教学内容的针对性和适应性变革，使电大的学生能更好地做到学以致用。第二，搭建全民终身学习大平台。在教育部批准的中央电大"十一五"规划里，提出中央电大要建设成现代远程开放大学和国家远程教育中心，省级电大要建成当地的远程教育中心，地、县级电大要建成当地的远程教育基地和社区教育中心。第三，建设一流的开放大学。这些是电大实现第四次飞跃的重要基础，如果按照这一思路走下去，我认为经过十年左右的时间这个飞跃可以初步有成就，或者有成果。

三、认清矛盾推动变革

记者：在电大的基本矛盾中，您提到了信息化的问题，对此该如何理解？电大的前三次飞跃都是跟技术紧密相关的，您提出信息化的问题是不是也源于三次飞跃的经验？

葛道凯：这与三次飞跃是有关联的。电大下一步发展面临的困难我们可以描述很多方面，比如管理的，再比如外部的环境，也可以是表现在内容方面，但是我自己体会基本矛盾是信息化。信息化不仅是技术，也是思想观念。从20世纪90年代开始，随着信息化普及程度的提高，信息技术和人们生活的联系越来越紧密，信息技术和教育的联系越来越紧密，尤其是与电大教育的联系越来越紧密。

电大未来的发展要推动管理的改革，要推动制度变革，要推动内容改革，但这些改革都要以观念的变革作为先导。观念的变革以什么为基点？信息技术广泛应用应成为观念变革的基点。比如随着信息化普及程度的提高，原来电大分级管理造成的信息流动上的一些障碍会得到消除，管理体系自然要发生本质的变化，通过信息化的建设来带动管理观念的变化，从而实现管理体制的变革。

记者：电大和高校网院，作为中国开展现代远程教育的主要力量，都为此项事业的发展作出了自己的贡献，但据了解，它们之间的交流并不多。我注意到您也曾到一些高校网院去参访，您觉得两者之间有哪些可以相互借鉴与学习的内容？

葛道凯：电大和高校网院各有各的优势，各有各的劣势。一方面，电大的优势在于，电大在远程教育方面有几十年的积累，而且这个积累是系统的，是通过一支相对稳定的队伍得到不断的继承和发展，这是电大优势的第一个方面。另外，电大是一个系统，便于进行全国一体化整体设计和布局，这是电大的优势。电大的劣势在于系统太大，所有的人容易把眼光投在内部，不容易把眼光放在外部，电大对于外部世界，对于其他普通教育，对其他教育系统的关注相对少、研究相对少。所以电大要睁开眼睛，要引进来，走出去。要从其他教育里面汲取营养，使自己不断地得到提升。另外一方面，我们要走出去宣传电大，把电大的成就让别人了解。要让电大的做法为其他教育所借鉴。

高校网院有自己的优势。因为网院起步比较晚，比较新，没有历史的包袱，因此网院对远程教育的理论思考相对多一些，这是网院的第一个优势。网院的第二个优势，因为网院和普通教育形式共生为一体，因此它和其他教育形式之间的信息交流比较多。但是网院的劣势也比较明显，第一个弱势是网院之间缺乏系统的协调和组织；第二个弱势是网院对远程教育的规律的认识，受普通教育的束缚比较多。所以电大和网院一定要很好地交流，然后才能够取长补短、共同进步。

记者：目前有学者指出，中国的现代远程教育发展态势，已呈现电大、高校网院、公共服务体系三足鼎立的局面。您是否认可这一判断？

葛道凯：这个说法是不准确的。首先网院本身和电大不在一个层面上，而普通高校和电大在一个层面上。电大的全部业务就是做远程教育，而普通高校的业务主体是全日制高等教育，网院、函授、夜大、在职人员攻读博士、硕士学位等其他教育形式是它的组成部分，在其他教育形式里网院仅占据一部分。所以，准确地说电大是现代远程教育的骨干力量，普通高校通过举办网络学院这种形式，丰富了服务社会的途径。

公共服务体系则是在另外一个层面的问题，是属于服务范畴的。从理论上讲公共服务体系可以服务于普通高校的网院，也可以服务于其他远程教育，还可以服务于别的系统。所以公共服务体系应该说是远程教育运行方式的一种探索，它并不是举办教育的一种形式，目前，它主要是提供资源的传输和相应的服务。专业开设、课程开设、资源制作等都不是它的职责范畴。

总之，电大是现代远程教育的骨干力量，普通高校是现代远程教育的重要力量，电大教育要发展，普通高校的网络教育也要发展，也要鼓励其他社会机构积极参与远程教育事业，并为远程教育事业的发展作出贡献。因为远程教育总体是服务全体人民的学习需要的，我想这不是一类或者一家教育机构能够独立完成的，需要大家的共同努力。

四、主业与副业协调发展

记者：目前电大在原有主体业务之外，公共服务体系的功能不断加强，一些电大人担心这种发展态势会对主体业务造成一种冲击。该如何理解两者之间的关系？未来电大业务的发展会呈现怎样的趋势？

葛道凯：在电大实现第四次飞跃的过程中，第一个任务，实现教学内容的针对性和适应性变革；第二个任务，建设一流的远程开放大学，是电大责无旁贷的责任，是电大的根本任务；第三个任务，搭建全民终身学习的大平台，在一定程度上就是指公共服务体系的作用。但不是现在意义上的公共服务体系，是未来的公共服务体系，这个也是电大发展的重要任务。

现在的公共服务体系更多地是为网院提供服务的，从这个角度讲，未来的公共服务体系不一定只是为网院服务，而可能是为所有的教育机构都提供服务；而这个服务的内容也许不仅仅包括报名、考务的服务，还包括成为资源建设和资源传输的平台，管理与学习服务的平台，以及教育机构之间交流与合作的平台，继续教育活动评价与推介的平台等。这些提供公共服务的组织可能是目前现有架构上的拓展，也可能有其他类型的组织形式。他们之间是竞争还是合作，取决于每一个事业的发展情况，竞争是促进，合作是主流。因为公共服务的领域太宽泛了，不同的组织形式应该有自己的主要任务，在他们主流业务之外，彼此会有一些交叉，这个交叉也是有益的。我想服务的功能发挥好了，可能也会促进电大机制体制的改变，如同信息化的建设，将会对电大产生的影响一样。

记者：有专家指出，在学习型社会的建设中，高校网络教育机构应该成为学习型企业的建设主体，而电大应该成为学习型社区的建设主体。您如何看待？

葛道凯：建设学习型社区，是为了有一个更和谐的社区、进步的社区、健康发展的社区。学习型社区中学习活动的开展要有三个要素，一是学习场所的便捷性，二是学习主题的多样化，三是学习圈子的有限性。要使社区中的学习活动有效开展，就要坚持以人为本、非强制性、引导性三项原则。学习型社会的建设是全社会的共同目标，教育机构要发挥服务的作用，但教育机构千万不要把自己做成主体。社区教育需要资源你就给资源，需要过程的服务，你就做过程服务。如果一定要使用"主体"这个词，那么教育机构应该是学习型社会中为学习活动提供支持服务工作的重要主体。

广播电视大学首先是大学，既然是大学，它的首要任务是培养高级专门人才，这是基础。因此在"十一五"期间，电大提出的"六项工程"、"六项计划"全部都是围绕着开放大学使命提出的。固本培元，"固"的是开放大学之"本"，"培"的是开放大学之"元"。

教育总体是服务于社会发展需要的，社会对教育的需要不是一所大学能完成的,而是整个教育体系共同的任务。因此说到社区教育,所有教育机构都可以参与其中,当然在这里电大和其他高校相比可以服务的方面更多一些。对于电大来说,与"985"、"211"高校的区别在于它和社会现实结合得更加紧密。社区教育是电大发挥社会服务功能的一个重要方向,也是电大服务于终身教育体系、服务于学习型社会建设的一个重要途径。电大这种开放的教学组织方式,可以直接为社区教育提供服务,直接为社区教育所借鉴;电大的这种资源传输方式可以为社区教育提供更便捷的教育资源的服务;电大的整合教育资源的优势,可以推动社区教育资源的跨社区流动。

目前社区学院到底是一种什么样的组织形式,在中国并没有固定的模式。如果说社区学院的主要任务是通过社区教育为社区服务的话,那么电大可以介入进去,但不会成为社区学院的主体;如果社区学院成为像美国社区学院那种形式,它既是面向基层的高等教育的主体,也是服务社区的一个主体,那我们现有的基层电大进一步拓展它的社区服务功能就可以完成这一社区学院的任务。

五、对电大校长的六项要求

记者:作为几千所电大的领导者,几百万学生的校长,十几万职工的管理者,您觉得对于电大校长应该有哪些特别的要求?

葛道凯:我不是回答这个问题的合适人选,因为中央电大校长是几千位电大校长中的一员,要和大家一起,在各级党委、政府的领导下,肩负起人民群众的重托,履行好使命。我可以谈点体会,与大家共勉。电大校长和所有的校长一样,应该对事业充满热情。如果对电大校长提要求,这是第一个要求,即要对这个事业充满爱。

第二,他应该具有更宽阔的视野。电大校长应该善于从整个教育的发展态势里把握电大教育的方向,同时,能够比较准确地认识电大教育所面对的困难和问题。

第三,电大校长应该有统筹协调的艺术。电大既是一所学校,又是无数所学校,我们3000所学校,各自处于不同的经济社会背景,由不同的队伍组成,处在相似但有差异的发展阶段。任何一所省级电大、地市级电大都有类似的情况。如何能让大家形成共识,如何在众多的,甚至是尖锐的矛盾和问题中,寻找到共同点,是电大校长最需要解决的,如果不能够使大家找到这些问题的基本点,那就失去了共同发展的支点。

第四,电大校长应该对学生充满热爱和责任感。对电大校长更要特别地强调这一点。因为在所有的教育类型里,电大或者远程教育的学生,是相对处于弱势地位的,他们所面临的学习困难更多一些。只有对学生充满了热爱,学校的改革和发展才不会走错方向。

第五,应该对广大教师充满无私的爱。每一级电大都有自己直接管理的教师,其他各级电大的老师也是电大的老师,我们是不是也应该为他们提供帮助、支持?所以要把它转化成你的职责,形成制度的保证。所谓对老师的关心、帮助和支持,更多的是要营造一个制度环境。

最后,电大校长应该对电大的规律有深刻的体悟。各级电大校长既要管理好自己所在的电大,又要为其他电大提供相应的帮助、支持。作为引路人,你自己都看不清路在哪儿,怎么运营好?对电大教育的基本规律,对教育机构运行的基本规律,对教育战线的基本规律,要有领悟。此外,要讲政治对电大校长来说也是必不可少的。

记者:电大三十年里,有那么多任校长,每位校长在任期间都制定了许多发展战略,如何保证这些战略执行的可持续性?

葛道凯:任何人都不可能超越历史,在当时的历史条件下完成了历史赋予的任务,这就是最大的贡献。电大的历任领导他们都在自己所处的时代作出了贡献,正是因为每一届领导班子都在前人的基础上作出了努力,才推动电大发展到了今天。相信未来的三十年也是要一届一届的电大领导班子带领全体电大人团结一致,一步一步往前走。

关于如何保证电大发展战略的持续性问题,我认为应该从两个方面来看,一方面坚持原有战略是对的,另一方面坚持原有战略又不是对的。电大的发展一定要顺应时代的发展,顺应教育的发展,顺应自身的发展。现在电大制定的各种发展战略,在近期可能是对的,我们要坚持下去。怎么坚持?最重要的是要形成共识,要把这些战略的思想方法尽可能地变成全体教职工的自觉行动,只有这样才能够坚持。但是永远坚持又是不对的,要随着电大的发展,根据新的形势分析调整创新,制定新的战略。

《中国远程教育》要成为响当当的品牌[①]

记者:《中国远程教育》(资讯)今年迎来创办五周年,作为中央广播

---

① 李桂云.《中国远程教育》要成为响当当的品牌[J]. 中国远程教育(资讯),2007(12).

电视大学校长,请您简单评价一下这份由教育部主管,中央广播电视大学主办的杂志。

葛道凯:这份杂志我认为办得是成功的,第一点表现在这个杂志始终坚持了比较客观公正的立场,坚持了比较正确的办刊方向。对于电大这样一个远程教育机构主办的一份杂志,很容易把它变成电大自己的媒体平台,而《中国远程教育》(资讯)从成立之初,就是定位于面向整个远程教育行业,客观公正是杂志一直坚持的报道立场。

图 2-8　在 2008 年国际远程教育大会上做主题报告

成功的第二点理由是始终坚持了严肃的风格。《中国远程教育》杂志,从远程教育学科发展角度确立了自己的地位,许多文章成为远程教育界有影响的文章,《中国远程教育》(资讯)则继续坚持了这种风格。

第三个我觉得成功的原因是,把服务于远程教育事业的发展作为杂志的办刊宗旨。在自负盈亏的基础上,能够把自己的全部力量,付诸于远程教育发展的大势,这是很不容易的。

记者:您觉得杂志还存在哪些不足?面临哪些挑战?

葛道凯:从以上三方面看杂志可以说是成功的。然而这份杂志要进一步办好,任务还很艰巨。

第一个方面,现代远程教育经过过去八年多的发展,也只能说刚刚起步,在这八年里远程教育积累了很多经验,当然也有很多教训。有一些矛盾,在经过初期的积累以后,会显现、重复和暴露。作为远程教育界的专业杂志,如何从这些暴露出的矛盾中抓到远程教育事业的核心和主要矛盾,探索出远程教育发展的基本规律,从而讨论和引导远程教育的发展方向,这要求媒体要更有深度,更有洞察力。

第二个方面,在整个领域里,教育管理者、院校领导、教职工以及全国几百万接受现代远程教育的学员,他们在一定程度上关注着这份杂志的一言一行、一举一动。在这个过程中,如何处理好与政府、教育机构、教师、学生和企业等多方面的关系,也是需要不断深入研究的。作为远程教育发展成就的展示窗口，作为远程教育研究成果与信息交流的平台，你们要成为政府、教育机构、教师、学生和企业等多方面的代言人之一。同时很重要的一点要肩负起行业发展舆论监督的角色，对于那些违规行为要勇于揭示与报道。

第三个方面，随着社会的发展，人口结构不断变化，国家经济体制改革逐步深化，各种媒体所面临的挑战越来越多，如何找到更适合读者的内容，容易被读者接受的视角，需要做更多的工作。另外，在媒体出现了综合发展态势的情况下，《中国远程教育》杂志作为平面媒体如何应对这些变化，还需要研究和探索。

记者：今年您当选中国共产党第十七次全国代表大会代表。请您结合十七大报告精神以及当前教育的发展形势，谈谈在新时期杂志应该承载怎样的历史使命与职责？

葛道凯：第一，要关注十七大对教育的认识，特别是对终身教育的认识。十七大报告把终身教育放在了非常突出的位置，这不是一种偶然而是必然。十七大以改善民生为重点加强社会建设，真正找到了经济社会协调发展的要点，标志着我们国家改革开放进入了新的阶段。十七大报告既然把社会建设放到突出的位置，就必然把教育放在突出的位置。十七大报告中，对教育的论述里面有两个地方专门提到终身教育，一个提出到2020年终身教育体系基本形成的新要求，另一个是建设全民学习、终身学习的学习型社会。还有另外两点，一是在第八部分的引言中提到，要使全体人民接受教育；二是在就业里面提到，要使全体职工接受教育培训。这实际上内涵是一样的。此外在其他地方，包括经济建设、政治建设、文化建设、社会建设及党的建设里全都提到了对终身教育的要求。比如新农村建设里，报告提到培育有文化、懂技术、会经营的新型农民；在经济建设里提出，要培育一线创新人才；在经济发展方式里提出，要从过去的主要依靠物质资源消耗转移到主要依靠劳动者素质的提高。所以说十七大报告对于终身教育的重视极为突出。

我觉得你们要关注十七大对终身教育的重视，关注终身教育的基本规律。作为行业专业杂志如何去揭示这个基本规律，并且要引导大家去遵循这个规律，是你们的任务。通常人们往往没有找到规律，即使找到了，行动中却又背离了这个规律，这个事业就不可能持续发展。

第二，要关注全社会对终身教育的需求。人们的生活水平不断改善，社会对教育的需求会在不知不觉中发生，作为终身教育领域的媒体，需要敏感地抓住这些变化，这对于终身教育界将具有很好的支持意义。现在各级政府对教育都非常重视。社会上也出现了更多的教育名词，如老年教育、社区教育，还有休闲教育等等。名词多本身就说明需求更多，但有时名词会掩盖需求的本质。作为专业杂志不能被这些眼花缭乱的名词所迷惑，要善于从这些名词中揭示其内在的东西。

第三，要关注教育领域对终身教育的重视。国家对终身教育的重视，自然会引起教育领域里所有教育战线同人们思维方式的变化。谈到终身教育的重要性，在教育战线会得到广泛赞同，但是在重视的同时又有很多无奈。这些无奈来自哪儿？既来自历史的经验，也来自历史的包袱。由此引申出来的问题是，下一步终身教育体系的构建必然从现有的教育体系的整顿、规范开始。如果没有整顿，体系如同建立在一片沙滩之上，很难健康发展。

记者：最近教育部颁布了普通高校从2008年开始停招成人脱产班的通知。另有通知要求开展对现代远程教育试点普通高校和中央广播电视大学开展现代远程教育进行专项检查，这是不是与您刚才所说的整顿、规范是有关联的？

葛道凯：是的。这些举措，我认为都是在为成人教育、终身教育的健康发展做基础性的工作。普通高校成人教育脱产班停招表面上是政府行为，实质上是因为在相当程度上，我们还没有遵循或者没有找到发展这种教育形式的基本规律。这一政策发布对于远程教育规范发展也有非常强的警示作用，要求远程教育更加规范。

历史是一面镜子，但很少有人去照镜子。为什么呢？因为镜子照出来的往往有很多痛苦的记忆。但是，必要的照镜子，善于照镜子的人可以更好地把握今天，因为今天会成为明天的镜子。

其实任何一种稳定的、可持续发展的教育形式，都是在不断反思中发展的。以普通高等教育为例，也是在不断反思中进行的。现在反思的是在快速发展的同时，要更加重视质量。20世纪90年代高校稳定发展，是在对80年代的快速发展反思的基础上实现的。但在90年代同时出现另外一种反思的思潮，就是发展速度太慢了，无法更好地满足社会的需求。而从内容来讲，国际上原来高等教育更注重专业教育，后来又强调通识教育。当发现大学生毕业后，直接上岗有困难，又提出加强针对性，回归到专业教育的层面。所以任何一种教育形式都是在不断反思，而经常地反思对教育的发展是有利的。

记者：今年您出席了许多远程教育的国际会议，请谈谈您参会的一些感受，您觉得有哪些发展趋势值得关注？

葛道凯：从国际趋势看，世界各国都在探索终身教育，都在关注这件事情。电大是走在前边的几家之一，这是我参加国际会议的体会。

图 2-9　2007 年 10 月 29 日葛道凯在马来西亚主持 AAOU 执委会会议并与执委会成员合影

在马来西亚举行的 AAOU 年会上，教育部高教司司长张尧学同志获得 2007 年度亚洲开放大学协会颁发的杰出成就奖，这是中国远程教育机构负责人首次获得亚洲开放大学协会设立的嘉奖。AAOU 年会上颁发一个论文金奖，两个论文银奖，两个半由电大获得。在一些国际会议上我介绍了电大的情况，他们都非常非常羡慕，觉得我们确实走在前面了。

第二个就是大家对非学历教育格外重视。而将来终身教育的主要内容应该是非学历教育，远程教育应该会在非学历教育领域发挥更大作用。从这个方面继续延伸下去，远程教育和社区教育结合，远程教育和老龄教育结合，远程教育和休闲教育结合，远程教育和更多培训结合，都是未来远程教育发展的重要领域。

记者：最后，请对杂志下一步的发展提出您的期望？

葛道凯：党的十七大报告里把教育公平作为发展教育的一个很重要的方面，是国家的基本教育政策。我们这个杂志作为远程教育界有影响力的杂志，一方面是促进教育公平的发展，另一方面是保证教育公平的正确方向，在提高教育公平的有效性方面充当喉舌。另外十七大报告强调发展教育现代化，远程教育当然是教育现代化的非常重要的内容，你们应该在促进教育现代化方面起到应有的推动作用。十七大报告还把教育优先发展作为重点，要求优先发展教育，建设人力资源强国，杂志也要在教育的优先发展方面出力。

我希望这个杂志越办越好，成为我们远程教育界的一块响当当的品牌。这个响当当的品牌包括不同的含义：第一个是内容，应该为读者提供更加优秀的内容；第二个是要有可读性，不论对于政府、教育机构、老师、学生，还是企业都有很强的可读性；第三个是杂志社的同人也应该是响当当的，不仅包括思想品德、业务水平，也包括身体状况。希望你们不仅要当好远程教育事业发展的见证者，还要成为远程教育事业发展的代言者、监督者和推动者，走出一条品牌引领、健康发展之路。

有一个"孩子"不再徘徊在主流之外 ①

一个偌大的运动场上，许多大大小小的孩子在玩耍，有的打球，有的跑步，有的跳绳，还有的踢毽子，大家都玩得十分尽兴。然而，有一个孩子在运动场的一个角落里独自玩着自己手中的变形金刚，他玩得很投入也很认真，似乎忘记自己是这个运动场中的一个成员。其实，他心里非常想和大家一起玩，他想告诉大家他的玩具是多么有趣、多么引人入胜、多么令人心醉；他也很想和其他孩子一样共同分享运动的快乐。接受采访时，葛道凯坦言自己在被任命为中央广播电视大学校长之初，头脑里常常出现这么一个情景。

图 2-10　接受《中华儿女》采访

一晃，三年过去了。这个"运动场"上的情景发生变化了吗？那个"孩子"成长得如何了？这些"孩子"在"运动场"上配合得如何？作为电大系统的教育主帅，葛道凯为记者一一揭底。

一、"葛三点"接受挑战的背景

2006年6月22日，教育部人事司负责人到中央广播电视大学宣布：中共教育部党组任命葛道凯为中央广播电视大学校长。教育部副部长吴启迪出席会议并讲话，称"葛道凯同志的专业背景很强，有长期在教育行政管理岗位工作的经验，工作认真负责，曾经被评选为优秀公务员，对电大领域也比较熟悉"。

---

①　余果. 有一个"孩子"不再徘徊在主流之外［J］. 中华儿女，2009（9）：73-77.

图 2-11　教育部副部长吴启迪出席 2007 全国电大党委书记校长会议

葛道凯表示，能够担任中央电大校长这个职务他感到非常荣幸，并说"在新的形势下，如何强化和发展电大系统办学的优势，如何体现电大办学理念、教学改革的特点，如何争取电大办学的制度保障和条件，这些都是必须面对的问题"。他给自己提出了三个要求，一是要加强学习，二是要加强对远程教育的研究，三是脚踏实地做好工作。

其实，早在一个月前，葛道凯就知道自己已被任命为中央电大校长，"因为当时作为教育部高教司副司长的身份出访法国的时间和行程已定，考虑到这一特殊情况，直到6月份才正式宣布"。当教育部领导找葛道凯谈话时，葛道凯坦陈"我个人的特点是更喜欢做一些研究性的专项管理工作，作为高教司副司长自己还是很有成就感的。现在，组织上安排我到电大工作，我尽管有压力，但是自己一定不负重托，接受挑战"。说这话时，葛道凯不由忆及自己的人生道路……

1963年7月，葛道凯出生在河南济源市五龙口镇。济源因济水发源地而得名，古时济水与长江、黄河、淮河并称"四渎"，是传说中"愚公移山"故事的发祥地。后来学地质学的葛道凯清楚，早在旧石器时代末期和新石器时代早期，人类就已在此繁衍、生息。这里曾是夏王朝的都城，战国至两汉时期"轵邑"以富庶闻名天下。尽管葛道凯出生在一个普通的农民家庭里，但是他深深受到这座中原历史文化名城的文化熏陶，从小爱学习，爱钻研，成绩一直名列前茅。15岁那年，以优异的成绩考入济源一中。被誉为中原古代建筑"博物馆"的济渎庙当时就是济源一中的校园，这里保存着完整的、规模宏大的历史文化遗产。葛道凯不仅为这里的亭台楼榭、参天古柏、林立碑碣所吸引，更为这祭祀圣地的古代文明所吸引。信步亭台楼阁间，徜徉淙淙流水旁，他体味到济水精神的博大，感悟到几千年的辉煌。

葛道凯兄弟姐妹6人，他排行第四。"我的父亲农民一个，是个能人，爱琢磨事情，他曾说动地方专员修水渠，解决了家乡靠天吃饭的困扰，造福一方。我的父母做人诚实善良，通情达理，教育子女循循善诱，经常讲一些动脑筋的小故事给我们听，让我们知道一些解决问题的方法。"

葛道凯告诉记者："我是在河南农村长大的，对老百姓的生活有所了解。在我的思想深处一直有一个准则，就是任何时候一定要有一颗为基层老百姓做实事、做好事的正直、正派、正气的心。我是这样一步步走到今天的，我想这也是我一辈子不会改变的做人准则。"正是带着这样一颗无私的心灵，无论在哪里，葛道凯都很受同学、同事的欢迎和尊重。

1980年9月，葛道凯考入焦作矿业学院（现河南理工大学）读地质学本科，"是我的哥哥为我选的学校与专业"。大学期间，葛道凯学习成绩同样是在班上前几名，并且出任校学生会副主席、系学生会主席。大三那年，他光荣加入中国共产党。

1984年9月，品学兼优的葛道凯如愿考入中国地质大学（北京），先后攻读能源系硕士、博士研究生，师从著名地质学家、中国科学院院士杨起教授。1990年，他进入北京大学，在城市与环境学系从事博士后研究工作。

1992年，葛道凯结束博士后研究工作，留在北京大学任教，并被聘为城市与环境学系副教授，1994年被聘为教授，主要研究领域为沉积学。他先后参加过国家科技攻关项目、"攀登计划"项目、"973"项目及自然科学基金项目等研究工作，曾获多项省部级科技进步奖，发表论文数十篇。期间，他常常漫步菁菁校园，仰视那一间间教室，似听到曾有多少大师级教授在这里谆谆教诲莘莘学子。葛道凯一直认为"北大是一个做学问的好地方"，并立志在这里成就自己的学者梦。

1994年，葛道凯被借调原国家教委临时帮忙。没想到，由于这次借调而被最终留在了原国家教委高等教育司，先后任理科处副处长、处长、理工处处长。由于工作成绩突出，2001年他被提任为教育部高等教育司副司长，分管高职高专教育（难点）、远程与继续教育（热点）、理工教育（重点）这三大块。于是，人称葛道凯为"葛三点"。

在教育部高等教育司副司长的任上，葛道凯积极推动高职高专教育改革，促进高职高专教育事业向前发展，渐渐使高职高专教育成为我国高等教育中发展最快的一个部分。他曾多次强调，任何一所学校都要找准自己在经济社会发展中的位置，瞄准这个位置，持之以恒，办出自己的特色，办出自己的水平，确保学校健康、稳定、持续发展。他提出，高职高专院校要有自己独到的东西，没有特色就没有活力，要在特色中体现高职高专的教育水平和教育质量，这是高职高专教育教学改革必须坚持的基本走向。

就是在这个时候，他开始探索全新的面向在职成人的培养模式、方法和途径，深入研究远程教育的特点和规律，为他日后推动中央广播电视大学的改革和发展，奠定了扎实的理论基础。

二、给"有前途的事业"重新定位

上任伊始，葛道凯即在3个月内对电大进行了一番调研。"以前我总觉得来电大上大学的，一般都是老百姓所讲的'学习成绩比较差'的。到了电大之后，我觉得这个观点至少是不全面的，或者是不准确的。因为电大的主体学生是职业人，职业人就是曾经有工作，或现在正在工作着的人。有工作就有实践经验，有实践经验就具有实践能力的积累，而这恰恰是普通高校学生所不具备的。我走了12所省级电大，他们普遍反映电大的学生学习主动性很高，理解力较强。"

在调研中，葛道凯同样听到不少反映电大困难和问题的地方。葛道凯一路走，一路问，一路思考——电大向何处去？电大的核心价值在哪里？在调研过程中，他听到了不少电大人流露出对电大前途的担忧。对此，葛道凯没有消极理解，没有因为困难而退缩，相反更让他看到了电大人积极的危机意识，他认为这种危机意识作为强劲的动力源泉会激发电大战线这支队伍不断增强自身的战斗力。"对于电大来说，不在于有没有危机，关键是如何看待危机。如果遇到了危机就害怕了，不敢面对，或者退缩，那肯定是不行的。我们面对危机，要找出解决危机的办法。"

调研归来，葛道凯认为，电大是非常有前途的事业，"困难大、空间大、希望大"。"为什么说空间大？为什么说希望大？党中央和国务院提出要建设和谐社会，要建设学习型社会，教育的对象要面向全民。当教育的主要对象从新生劳动力为主转向全民的时候，我们的任务是非常艰巨的，事业也是非常广大的。从整个国家来说，这方面的经验不多，积累不多，所以可以做的事情是非常多的。"不久，他提出电大要有"理念引导、定位先行、固本培元、度势发展"的新思路，将电大定位为"平民进步的阶梯、教育公平的砝码、学习者的补给站"。

起初，他对电大定位的提炼总结，只是先在一些小型会议上慢慢吹风。渐渐地，他听到回应："葛校长讲的这些话，不就是我们这20多年来所干的事吗？我们关键是如何坚持下去，并发挥好。"于是，葛道凯怡怡作笑，开始在各种场合反复而耐心地向电大人分析广播电视大学的发展形势与当前的环境，提出电大的任务和今后的发展方向与思路。他对电大的前途充满了信心。

1978年，中国改革开放元年。这一年，对于广播电视大学来说是有历史性意义的一年。这年2月6日，邓小平在教育部和中央广播事业局联合呈送的《关于筹备电视大学的请示》上亲笔批示，揭开了中国现代远程教育的序幕。

1977年10月19日，邓小平在会见英国前首相爱德华·希思时，谈到了我国"文革"后经济建设人才的严重短缺和恢复教育的艰难。希思介绍了英国利用广播电视手段举办开放大学的一些情况，引起了邓小平的注意。邓小平明确表示要利用电视手段加快发展我国的教育事业。接受记者采访时，葛道凯说："中国基于广播电视的远程教育的早期实践可以追溯到上世纪五六十年代，在新中国成立初期兴起的函授教育和成人业余教育的基础上，各地政府结合广播、电视传输网络，利用黑白电视即将广泛使用的条件，在天津、北京、上海等中心城市成立了区域性的广播电视大学，1958年创办的天津红专广播函授大学是中国广播电视远程教育最早的开拓者。"

根据邓小平的指示精神，相关部门随即成立了电视教育领导小组，并在3个月内提交了《关于筹备电视大学的请示》。两天后，邓小平就审阅并批准了这个请求。仅仅经过1年的筹备，1979年2月6日，中央电大和全国28个省、自治区、直辖市电大同时开学，国务院副总理王任重出席开学典礼并讲话。开学典礼通过当时的北京电视台（中央电视台前身）向全国直播。开学典礼后，著名数学家华罗庚通过电视台给全国电大学生讲授了第一节课。

葛道凯没有想到，自己的职业生涯与广播电视大学紧紧联系在一起。他欣喜地看到，30多年来，电大伴随着我国改革开放的伟大历史进程不断发展壮大，在改革发展的不同的历史时期发挥了独特作用。

三、"远程"与"开放"是电大的孪生兄弟

2007年年初的一天，葛道凯正在云南出席教育部组织的一次会议，部领导在会议的间隙告诉他被推荐为教育部党的十七大代表候选人。"得到这个消息，我非常意外。老实说，党代表应该要有很高的政治意识和党性修养，我虽然曾经两次到党校学习过，但我觉得自己这方面离当选十七大代表还有很大差距。我认为大家并不是推选我个人当代表，我身后有数百万电大的师生，有教育战线广大干部群众，我肩上承载着党组织的嘱托和党员的希望。"

通过中央国家机关党代会选举，教育部产生了4名十七大代表，葛道凯是唯一一位来自教育部直属事业单位的代表。作为十七大代表，葛道凯感受到不只是荣誉，更是一份沉甸甸的责任。

胡锦涛在十七大报告中强调:"发展远程教育和继续教育,建设全民学习、终身学习的学习型社会。"作为十七大的教育界代表葛道凯在会场听到这句话时,心里"猛地一暖":"这是在党的大会报告里头第一次写发展远程教育。我想,这是中央根据国内外经济社会发展的大形势、根据我们国家教育发展的大形势作出的一项重要决策。发展远程教育,建设全民学习、终身学习的学习型社会,需要电大更好更快的发展。"

采访过程中,记者提出中央广播电播大学应当改名为"中国远程教育大学"才名副其实,毕竟现在电大的教育手段已不再局限于传统的广播电视了。对此,葛道凯说:"名字只是一个符号,我认为目前还没有改名的必要。不过,曾有人提出改名为'中国开放大学'。中央电大人才培养模式是开放式人才培养模式,是以适应经济和社会发展现实需要为目标,以适合从业人员学习需求的专业和课程为内容,以整合优化的学习资源为基础,以天网、地网、人网合一的学习环境为支撑,以学习者自主学习为主要方式,以严格而有弹性的过程管理为保障,培养留得住、用得上的应用型高级专门人才。这个模式有四个基本特征——理论实际融合,多方资源整合,多种媒体组合,天地人网结合。"

"我们以前一谈到教育主要谈的就是学历教育,而电大的任务除了学历教育,另外的各种证书教育、面向老龄人的社区教育、文化教育、休闲教育等等,都是电大的业务范围。从业务性质上讲,现在的广播电视大学就是国家的开放大学。我认为,不宜急于改名,关键的是在做好学历教育的同时,把社区教育,把各种各样的证书教育抓起来,真正做到与既定任务相符合,使电大真正实现'两条腿'走路。同时也呼吁各级政府把电大系统作为学习型社会的宝贵平台,充分发挥电大在非学历教育中的作用。"葛道凯喝了口水,接着说,"电大,在社会上目前可以说人人皆知,人们即使不知道电大具体做什么,但也是知道这个名字的,知道电大出了很多人才,这是一笔财富。任何学校的发展都希望在继承原有财富的基础上进行,获得更多的社会资源。如果因为改变名称使原有的资源丧失了,那肯定在一个阶段是得不偿失的。"

电大系统的人才培养模式与普通高等教育、成人函授教育、普通高校网络教育及自考的模式相比,具有哪些特点呢?葛道凯掐指而数:"与普通高等教育相比,这个模式是面向校园外的,旨在通过构建遍布全国城乡的学习环境,将学习资源输送到学生的工作和生活场所;与成人函授教育相比,这个模式强调适应学生的不同学习途径与习惯,提供可供选择的多种媒体教学资源,促进师生间多种方式的互动;与普通高校网络教育相比,这个模式强调整合优化多方资源,包括普通高校、行业部委以及社会各界的优质资源，具有更深入更广泛的开放性；与自考相比，这个模式强调教学过程的落实、管理和监控。"

"开放教育的本质特征是开放，学习资源、学习环境、学习过程的开放，它不受时间、地点的限制，什么都是开放的。"葛道凯总结道，电大开放教育的模式改变了广播电视教育单向传输、封闭面授为主的传统模式，具有三个基本特征：第一，自主性，强调学生的自主学习，教师的引导、辅导要服从于、服务于学生的自主学习；第二，针对性，强调教学活动要针对学生的学习特点、能力特点、生活角色多元的特点来进行，强调解决学生学习过程中的难点重点问题，强调突出教学过程的关键环节——互动；第三，多样性，各地各专业、课程都可根据各自特点来形成自己的教学模式。

葛道凯有一个梦想，那就是建设一流的远程教育基础设施、一流的远程教学资源、一流的远程学习支持服务、一流的远程教育研究水平、一流的远程教育队伍的现代远程教育教学系统，使电大的综合办学实力居于世界远程开放大学前列。让他欣慰的是，电大人正力求汇聚优质的学习资源、提供体贴的支持服务、运行高效的办学网络、开展鲜活的科学研究，建设具有中国特色的现代远程开放大学，搭建服务全民终身学习的大平台。

"对于新生劳动力的教育来说，普通高校是主流，这是肯定的，这方面电大不会占据主流地位，也不应该成为新生劳动力培养的主流。但是，教育的另外一部分，就是职业人的教育，电大应该是主流，实际上也是主流。随着新生劳动力教育水平的提高，社会对教育的重视也会逐步从重视新生劳动力的培养，转向对新生劳动力培养和在职员工的培养并重；随着工业化进程和城镇化进程的推进，国家的更多精力将会转移到在职劳动力的培养上来，这是一个社会发展阶段的问题。我相信电大教育会成为整个教育的主流之一，也应该成为教育的主流之一。"葛道凯相信，随着教育工作重心的转移，电大教育的政策环境、社会环境等将得到较快地改善。

电大的校史，是中国改革开放巨大成就的一个缩影；中国特色开放教育的创立，是中国高等教育开放进程的必然产物。当年，人们每提起电大，会流露出冷漠甚至不屑的神情，电大教育似乎徘徊在主流教育之外。葛道凯十分骄傲的是，广播电视大学这个曾经"被人遗忘的孩子"已经开始走到其他孩子的中间。有关电大系统毕业生的追踪调查表明，电大毕业生是受社会欢迎的，是真正"留得住、用得上、干得好"的人才。葛道凯说，构建终身学习体系、建设学习型社会的要求给电大这个"孩子"的成长提供了新的机遇，这个"孩子"的角色已越来越重要。

采访结束时，记者请葛道凯为自己这几年在电大工作的日子打分。他不假思索地说："从尽心程度方面打分，我给自己打高分，是不是满分不好说；从工作效果方面打分，我无法打分，这要让历史说话。如果有一天我离开了电大，我希望这个'孩子'更健壮、更高大。不论今后我在哪里工作，我都会关注电大，关心电大的成长和发展，对电大一往情深。"

第三章　思考开放教育未来

——论坛现场

在"纪念邓小平同志批示创办广播电视大学30周年暨推进国家终身教育体系建设座谈会"上的发言①

尊敬的陈至立国务委员，

尊敬的各位领导、各位来宾，老师们、同学们：

大家上午好！

1978年，对于全国人民来说，是十分重要的一年。这一年召开的十一届三中全会，拉开了我们国家改革开放的序幕。1978年，对于广播电视大学（以下简称电大）来说，更是十分重要的一年。这一年的2月6日，邓小平同志在教育部和中央广播事业局联合呈送的《关于筹备电视大学的请示报告》上亲笔批示，揭开了中国现代远程教育的序幕。

1977年10月19日，在国家积极筹备恢复高考的同时，邓小平同志会见了英国前首相爱德华·希思，谈到中国恢复教育的艰难和人才的严重短缺，明确表示要利用电视手段加快我们国家教育事业的发展。根据小平同志的指示精神，相关部门随即成立了电视教育领导小组，并在3个月内提交了筹备报告。两天之后，小平同志就审阅并批准了这个报告。仅仅经过一年的筹备，1979年2月6日，中央电大和全国28个省、自治区、直辖市电大同时开学，王任重副总理出席了开学典礼并讲话。华罗庚教授通过中央电视台（当时是北京电视台）给全国电大学生讲授了第一节课。

---

① 本文系葛道凯2008年1月31日在"纪念邓小平同志批示创办广播电视大学30周年暨推进国家终身教育体系建设座谈会"上的发言。

图 3-1　出席纪念邓小平同志批准创办电大 30 周年暨推进国家终身教育体系建设座谈会

30 年来，电大伴随着我国改革开放的伟大历史进程不断发展壮大，为国家培养的高等学历教育毕业生超过 600 万人，在改革发展的不同历史时期，发挥了独特的作用。

在创立发展时期，电大以开展学历补偿教育为主要任务。1982 年，电大的首届毕业生和恢复高考后的 77 级、78 级毕业生同时投身到国家的经济建设之中。这一时期电大不仅为"文革"中被耽误的青年人提供了接受高等教育的机会，而且为缓解改革开放初期的人才严重短缺发挥了应有的作用。

在改革探索时期，电大积极探索多层次、多规格、多功能办学，由主要举办高等专科教育发展为既举办高等专科教育，又举办广播电视中专教育、卫星电视师范教育，还开展以岗位培训为主的大学后继续教育、职业教育、农村实用技术教育等，同时，先后开展了与自学考试的合作和"专升本"试点等多项改革。

从 1999 年起，电大进入了开放教育的新时期。根据《面向 21 世纪教育振兴行动计划》的部署，中央电大和清华大学等普通高校同时参与到国家"现代远程教育工程"的实施中，在这个工程中，中央电大探索了远程开放教育的新形式，并且实现了与全国普通高等教育的同步快速发展。电大教育的年招生量，大约相当于全国现代远程教育的 2/3，成人高等教育的 1/3，全国各类高等教育的 1/8。更为重要的是，在这一时期，电大教育实现了四个转变：一是从以教师的教为中心到以学生的学为中心的教育思想的转变；二是从单一的广播电视授课到包括网络在内的多样化交互式教学方式的转变；三是从以文字教材为主到文字、音像、计算机课件及网络等多种媒体综合利用的教学资源的转变；四是从封闭式校园管理到网络化、开放式管理的转变。在此期间，电大还组织实施了教育部"一村一名大学生计划"，面向残疾人和军队士官开展学历教育。同时，电大还积极参与农村党员干部现代远程教育，为党员培训提供课件服务。

电大 30 年的实践充分证明，小平同志的决策是符合中国国情的，而且是高瞻远瞩的。回顾电大30年发展历程，我们有三点深切的体会。

第一，各级政府和社会各界的大力支持，是电大改革发展的基本前提。30年来，党中央、国务院十分重视电大教育，党和国家领导人就电大教育的发展作过许多重要指示。电大能够取得今天的成绩，首先应归功于党中央、国务院的英明决策，各级政府和教育主管部门的大力支持。其次应该归功于社会各界的支持，比如，普通高校的支持，行业部委的支持和人民群众的信任。再者要归功于全国电大人多年始终不渝、坚持不懈的探索和实践。

第二，科学定位，是电大持续发展的重要保证。30年来，电大始终坚持面向基层、面向行业、面向农村、面向边远和民族地区办学，坚持面向在职从业人员的教育需求和应用型人才的培养。我们体会到，对社会来讲，电大是平民进步的阶梯，电大要做全民终身学习的支柱，学习型社会的平台；对教育来说，电大是教育公平的砝码；对学习者来说，电大是充实自我和增进动力的补给站。30年来电大的发展正是终身教育理念的具体体现。

第三，不断追求创新，是电大长远发展的关键所在。30年来，通过几代人的探索和实践，与国内其他教育机构相比，电大形成了一系列的特色和优势。通过机制创新，建立了一个遍布全国城乡的教育网络，一个延伸到基层行政区域的办学系统。通过模式创新，不断增强整合和利用优质资源的能力，包括整合普通高校的资源、行业部门的资源、培训机构的资源等。通过管理创新，建立了一套比较严密的教学质量监控体系，来保证电大学生的教育质量。我们体会到，这些优势和特色，也是国家构建终身教育体系的有益探索。

各位领导、各位来宾，老师们、同学们，电大是在改革开放初期百废待兴的条件下创办的，是在新时期新阶段迅速发展壮大的，面对党的十七大提出的"发展远程教育和继续教育，建设全民学习、终身学习的学习型社会"的新要求，中央电大和全国四十四所省级电大、近一千所地市级电大分校、近两千所县级电大的十多万专兼职教职工有决心、有信心履行好党和国家赋予我们的新使命。下一步，我们将努力汇聚更优质的学习资源，提供更体贴的支持服务，运行更高效的办学网络，开展更鲜活的科学研究，推动电大教育持续发展，力争成为国家构建终身教育体系、建设学习型社会可以依靠，而且能够依靠的重要力量。

我们期待各级领导、社会各界继续关注电大，关心支持电大。全国电大人将不辱使命、不负重托，力争向党和政府、向全国人民交一份满意的答卷！

谢谢大家！

开放大学的使命——新时期的思考[①]

20世纪下半叶以来，亚洲各国经济迅速发展，高等教育规模快速扩张，新的开放大学不断产生，已有的开放大学持续变革，对开放大学使命的认识似乎早已形成一个共识。这在国内外很多的学术著作和大学校长、学者们的演讲中可以看到，诸如"为所有人提供开放灵活的学习途径"，"为一切愿意接受高等教育的人提供学习机会"，"让更多的人得到高质量教育"，"使人人享有优质教育"等，这些观点在开放和远程教育领域得到广泛的赞同和认可。作为中国的开放大学，广播电视大学也同样认同开放大学的使命是"提供更多的学习机会、使人人享有优质教育"。然而，进一步追问这个问题：创造人人受教育的机会是开放大学自身要解决的基本问题吗？是开放大学短期的目标还是永远的追求？扩大学习机会有没有递进的阶段性特征？与一个国家的经济社会发展是否相关？与开放大学的自身定位是否相关？

图3-2 2008年10月14日参加亚洲开放大学协会第22届年会并与协会主席阿特维苏帕曼等人合影

应该说，"提供更多的学习机会、使人人享有优质教育"的理念是崇高的，而且是开放大学永恒的主题。但是这个使命，似乎带有更多的政治色彩，即政府的责任应该占主导；换言之，开放大学似乎有把自己定位在政府的位置上的嫌疑。事实上，许多开放大学的校长是由政府官员或社会活动家兼任这一现象说明，开放大学与政府及社会之间的关系是非常密切的，密切的原因在于双方使命的一致性。现在开放大学校长越来越多地由学者担任，说明开放大学在实现使命的过程中是存在着阶段性的，要解决不同

[①] 葛道凯. 开放大学的使命：新时代的思考[J]. 天津电大学报，2008-12-4（46）.（本文为作者在2008年亚洲开放大学协会第22届年会上的发言。）

发展时期所遇到的不同矛盾。这些矛盾的出现也反映了开放大学发展的阶段性与一个国家的经济社会发展关系密切，与开放大学的自身定位关系密切。

进入21世纪，世界范围内的产业结构调整持续加剧，终身学习由理念逐渐转化为潮流，开放大学的使命是否应有新的内涵，分析中国开放大学，即电大的历史进程或许有一些启示和经验可以借鉴。

一、中国广播电视大学的开放实践

中国基于广播电视的远程教育的早期实践可以追溯到20世纪五六十年代，在新中国建国初期兴起的函授教育和成人业余教育的基础上，各地政府结合广播、电视传输网络，利用黑白电视即将广泛使用的条件，在天津、北京、上海等中心城市成立了区域性的广播电视大学，本次会议的承办方天津广播电视大学就是1958年创办的，是中国广播电视远程教育最早的开拓者之一。面向全国的广播电视大学是1978年由邓小平同志批示创办的，到今年恰逢30周年。明年是中央广播电视大学（以下简称电大）建校30周年，借此机会，我正式邀请亚洲开放大学的校长们出席2009年9月在北京举行的周年庆典。30年来，电大伴随着中国改革开放的伟大历史进程不断发展壮大，其发展历程如果按10年为一阶段划分大致可以分为三个阶段：

第一个阶段是从建校至20世纪80年代末。在这一时期，电大以开展学历补偿教育为主，教学对象主要是高中毕业的在职职工、学校教师和城市知识青年，目的是为"文革"中被耽误的青年人提供接受高等教育的机会，缓解改革开放初期国家经济建设人才的严重短缺，多快好省地培养人才。到1989年电大创建10周年之时，电大累计招收高等学历教育学生161万人，毕业104.5万人，非学历教育结业生200余万人，圆了百万学子上大学的梦想。同期年平均学历教育毕业生占全国毕业生总数的17.12%。

第二个阶段是从20世纪80年代末至20世纪末，随着学历补偿教育历史使命的基本完成，电大开始积极探索多形式多途径办学，除举办成人高等专科之外，还招收普通专科生、注册视听生，又举办中专教育、电视师范教育，还开展了以岗位培训为主的大学后继续教育、职业教育、农村实用技术教育等多项改革。同时，随着信息技术的发展和应用，教学手段现代化步伐明显加快。这一时期，除了传统的广播、电视授课外，还开发了录音、录像、光盘、多媒体课件，网络教学开始进入多功能教室，初步实现了学生学习的方便、灵活和快捷。

第三个阶段是从 1999 年至 2007 年，中国加快了高等教育大众化的进程，国家实施《面向 21 世纪教育振兴行动计划》，推进现代远程教育工程，广播电视大学抓住机遇，进行人才培养模式改革和开放教育试点，办学规模实现历史性跨越。广播电视大学的年招生量，大约相当于全国现代远程教育的 2/3，成人高等教育的 1/3，全国各类高等教育年招生量的 1/8。2007 年，全国各类高等教育有 2700 万在校生，电大学生就达到 222 万，占全国高等教育本专科在校生总数的 8%，对我国高等教育毛入学率 23% 的贡献超过了 2 个百分点。更为重要的是，在这一时期，电大在办学理念、教育思想观念、教学内容和课程体系、教学管理模式、教学手段和方法等方面发生了深刻变化。在此期间，电大还组织实施了教育部"一村一名大学生计划"，为广大农村培养"留得住、用得上"的技术和管理人才；面向少数民族、残疾人和军队士官开展学历教育，为特殊教育群体提供学习机会。

经过 30 年的发展，中国电大在国家教育发展中具有举足轻重的地位和作用，引用陈至立 2008 年 1 月 31 日在人民大会堂召开的"纪念小平同志批示创建电大 30 周年暨推进国家终身教育体系建设座谈会"上的讲话："今天，广播电视大学已经成为中国现代远程教育的骨干力量，成为中国推进全民学习、终身学习的重要支撑。"

二、中国广播电视大学履行使命的历史演进

从中国开放大学的实践历程可以清晰地看出，开放大学使命的内涵是在不断充实和完善的，履行使命的内容是随着经济社会的发展变化而变化的，是和教育发展状况密切相关的，开放大学的使命在不同历史时期的表现形式是不同的，主要表现方面也是在不断变化的。中国电大过去 30 年履行使命的过程归纳起来发生了三次递进，或者说，划分为三个阶段。

第一，发展教育网络，为错过适时接受高等教育的人提供学习机会。

电大创办初期，中国刚刚由"文化大革命"转向改革开放，各项事业百废待兴，高等教育资源极端匮乏，当时中国每万人口中仅有 11.6 名在校大学生，在世界排名中倒数第 9 位。一方面经济建设急需各类专门人才，另一方面传统大学正在恢复之中，不能较多地为广大青年提供上大学的机会。于是，中国政府投资改善广播电视设施，建立面向全国的广播电视大学，发展覆盖城乡的远程教育网络，利用广播、电视等当时最先进的大众传播媒介扩大校园，推动高等教育资源的充分利用，让"文革"中被耽误的青年人接受高等教育，培养经济建设急需的专门人才，这就是电大在创

办初期的阶段性使命。

第二，提供灵活的学习方式，实现高等教育的便利学习。

随着中国经济的高速发展，人民群众生活水平的提高，对于接受高等教育的需求越来越高。传统的在固定时间、固定地点集中收看电视的传统教学方式，尽管对全国的教学统一管理体制的形成起到了非常重要的作用，但是制约了教育对象的进一步扩大。为缓解远程教育中的工学矛盾，使得人们在任何时间、任何地点可以接受教育，改进学习方式和方法，为学习者提供方便灵活的高等教育，成了电大办学面临的突出矛盾。于是，借助电视技术的发展和新的应用，录音、录像等教学媒体的开发纳入到了电大教育技术和方法的革新之中，使学习方式有了方便灵活地选择；随着信息技术的发展和广泛应用，计算机课件、网络课程、在线平台等教学媒体的开发也进入了电大人才培养模式的改革之中，使学习方式有了更便捷的互动可能。在教学方式上，实现了从单一的广播电视授课到包括网络在内的基于多种媒体的多样化交互式教学方式的转变。在教学资源上，实现了从以文字教材为主到文字、音像、计算机课件及网络等多种媒体综合利用的教学资源的转变。方便灵活的学习方式，使人人享有优质教育在技术上成为可能。

第三，强化学习支持，使更多的人享有高质量的学习服务。

电大作为大学，在利用遍布城乡的教育网络、把高等教育资源送出校园、改进学习方式的基础上，强化学习支持，激励学习动力和提升学习质量成为开放大学践行使命的进一步深化。我们知道，教育活动是人与人的沟通，是老师和学生的沟通，这种沟通是知识的传递也是心灵的交流。学习者在学习过程中，必然会遇到这样或那样的困难和问题，其中大量是学业方面的，也包括非学业方面的，为学习者提供体贴周到的支持服务，使学习者在遇到困难时得到及时有效地得到帮助，可以有助于他们减少挫折，不断获取成就感，增加持续学习的动力。互联网络技术的日趋成熟和全国教学组织系统的完善，为电大开展有质量的学习支持服务提供了可能。经过十年的积累，中国电大探索建立了学导结合的教学模式，改进了面授辅导、强化了网上交互、在线答疑、学习论坛等多种支持服务手段，基本实现了远程教育有支持的学习。

通过以上的分析，可以得出这样的结论，中国电大践行开放大学使命的过程始终是与国家改革开放、政府的推动联系在一起的，是与大学的责任联系在一起的，是递进的有阶段性特征的，或者说每一个发展阶段所要解决的主要矛盾是不同的，这种矛盾也可以理解为出现某种危机，正是随着解决不同矛盾，不断尝试新的革新，在"提供更多的学习机会、使人人享有优质教育"的发展方向上形成了累加效应，电大成为中国推进全民学习、终身学习的重要支撑，同时也推动了电大自身不断地向前发展，其使命也得以一步步地实现。

三、新时期的新任务

新世纪以来，由于科学技术的快速发展和知识经济的兴起，终身学习的思想不仅成为当代国际社会和教育界普遍认同和接受的理念，而且发展成为教育的实践和现实的社会活动。构建终身学习体系、建设学习型社会正在成为当今世界各国教育改革与发展的重要目标。2007年，中国政府提出"发展远程教育和继续教育，建设全民学习、终身学习的学习型社会"，以此为标志，中国电大的发展进入了一个新的阶段。那么，推动电大新时期的发展，除了继续推进学习方式的方便灵活、提供更体贴周到的学习支持之外，有没有新的突出矛盾需要特别关注呢？

国家提出"全民学习、终身学习的学习型社会建设"的目标赋予了开放大学新的任务。这对电大的最大挑战，是学习者的广泛性、学习需求的多样性，以及带来的学习内容的针对性和适应性变革。电大作为开放性大学，为更多学习者提供有针对性的学习已上升为新时期教学改革必须解决的主要矛盾。

学习内容的针对性和适应性问题，在一些人看来，可能是一个老生常谈的问题。以往我们的研究重点更多地专注于怎么建立高效的教学网络，怎样便捷地传送课程资源，怎样让学习者方便灵活地学习，怎样提供学习支持，由此教学改革更多地集中在技术保障、教学方式、管理模式和质量监控诸方面的革新与进步上，无形中，教学内容被视为所有工作的自然基础，讲得相对多，做得相对少，亦即更多地照搬或者说移植普通大学已有的知识内容体系。当然，这当中有与普通大学看齐的学术一统思想在里面，但是缺失的却是对教学内容针对性和适应性的持续关注和不断深化。当全民学习、终身学习的任务被更多地赋予开放大学的时候，能够直接从普通大学照

图3-3　2009年5月7日与日本放送大学校长共同签署远程教育合作协议

搬的教学内容将十分有限，其他社会组织、企业或行业的教学资源也相对零散，不够系统，学术性偏弱。这样，适用的、个性化的、有针对性的学习内容将难以直接获取和整合，开发有针对性的学习资源必然上升为开放大学新时期教育教学改革的重点和难点。重点体现在教学内容的适应性关乎开放大学新时期的任务能否落实。难点体现在资源建设需要更大的投入，建设资金从何而来，队伍素质如何提高。这些问题如果解决好了，电大担当开放大学的使命就会在新时期实现又一个飞跃。

反思中国电大在践行"提供更多的学习机会、使人人享有优质教育"使命时所经历的巨大变化，还让我们思考这样一个问题：一流的开放大学应该具备的基本特点是什么？简单地说，就是"开放"和"学术"。"开放"意味着大学有多少是融入社会的。"学术"意味着社会对大学又有多少的认同，尤其是学习者的满意程度如何。最终，社会的认同又有多少固化到了大学本体上，形成学校自身独特的定位和比较优势，以及有生命力的大学文化。进而，一个有文化沉淀的开放大学就能为社会建设作更大的贡献。也许可以认为，这是建设一流开放大学的价值链，其内涵就是践行"提供更多的学习机会、使人人享有优质教育"的使命。

无论在发达国家，还是在发展中国家，开放大学的使命是共同的，面临的机遇和挑战是相近的，对未来前景的展望也是相似的。各国开放大学会依据本国经济社会发展水平和教育发展状况，在本国政府和大学的共同努力下，演进远程开放教育发展的各个阶段，中国电大愿意在教学网络建设、学习资源开发、教学管理与学习支持服务等方面以多种形式与各国开放大学分享经验和加强合作。通过合作，汇聚最优质的学习资源，在一个更大的国际层面，跨文化交流，共创新的学习机会，让更多的人能够接受不同文化背景下的教育，分享人类共同的优质的教育资源，共同履行人类社会赋予开放大学的崇高使命。

中国非传统高等教育与学习型社会建设[①]

应组委会的邀请，今天给大家汇报一下关于"非传统高等教育与学习

---

① 葛道凯. 中国非传统高等教育与学习型社会建设[J]. 开放教育研究，2008-14-6：25-28.（本文亦是作者在ICDE上海国际远程教育论坛上的主旨报告。）

型社会建设"的一些思考。从中国非传统高等教育的发展历史角度，看看能够给我们带来一些什么样的启示。

人们常说历史是一面镜子。今天很高兴看到出席本次会议的 ICDE 主席正是一位从事历史学研究的工作者（历史学家），我想他对历史的研究一定非常深刻。借今天这个机会，想和来自世界各地的同仁们一起，来审视中国非传统高等教育的历史这面镜子，看我们能够发现什么。我今天的报告分三个部分，先从未来开始，看现在和未来我们有什么样的要求，然后我们通过这些要求和需要来审视我们曾经走过的路，最后看看我们能够得出什么。

一、对学习型社会的认识

先来说说"学习型社会"的提出。赫钦斯先生于 1968 年在《学习社会》一书中，最早提出"学习社会"一词。到 1972 年，联合国教科文组织在《学会生存》一书中对"终身教育、终身学习和学习社会"三个基本概念做了描述；《富尔报告书》中把赫钦斯的"学习社会论"思想予以理论化，然后通过联合国教科文组织加以推进。从那以后的三十多年里，"终身教育"、"终身学习"逐步成为世界上主导性的教育思潮之一，世界各国相继开展了相关理论研究和实践探索。进入 20 世纪 90 年代，学习型社会理念在发达国家逐步转化为具体的行动方案和策略，也逐步转向政策化和法制化的探索和实施阶段。

接下来，我们来看看对学习型社会的描述。关于学习型社会这一概念，国内外的学者进行过许多不同的描述。在国际上，1968 年赫钦斯先生以及 1972 年联合国教科文组织、1973 年卡内基高等教育委员会、1983 年彼得森和 1998 年兰森等许多学者和组织都进行了描述。比如，1968 年赫钦斯对"学习型社会"的描述是能够为每个人在其成年以后的每个阶段提供部分时间制的成人教育外，还成功地实现了价值转换的社会。再比如，1973 年的时候，卡内基高等教育委员会对"学习型社会"的描述是指个人在家庭、学校、社会、工作场所或其他教育训练机构进行学习的活动，从而实现再学习的理想社会。在中国也有很多学者对"学习型社会"做过一些描述。例如胡梦鲸（1991）、黄富顺（1998）、厉以贤（2000）、孟繁华（2003）、周洪宇（2005）等。厉以贤（2000）的描述是这样的：所谓学习型社会，是指以学习者为中心，以终身学习、终身教育体系和学习型组织为基础来满足社会全体成员各种学习需求，进而获得社会自身可持续发展的社会。

分析世界各国对"学习型社会"的描述，我们可以发现，虽然每一种描述的出发点各不相同，但有四个要素是被共同关注的。第一个要素是"学习者"，在学习型社会里面，强调学习要成为知识社会中人们生存和发展的基本条件；第二个要素是"学习组织"，在学习型社会里面学校不再是唯一的学习组织，社会的各种机构和组织都具有学习的功能；第三个要素是"学习制度"，在学习型社会里面应该有开放互动的学习制度，包括学习的评价认证制度，以及不同学习型组织中学习成果的认可制度；第四个要素是"学习平台"，这个平台要实现信息和知识的传播，实现学习者和学习组织之间的沟通，为人们获取学习和知识提供相应的条件。

进一步分析国内外学者的表述，我们还可以发现，在人们的理想里面所谓的"学习型社会"是具有四个方面的特征的。第一个方面是"自主性"，就是强调个人自学（特别是有帮助的自学）的价值，这在学习型社会里面是应该得以充分实现的。第二个方面是"开放性"，就是要有丰富的学习资源、多样的学习内容，以及灵活的资源组织方式。第三个方面是"平等性"，作为社会成员的个体应该具有充分的学习机会实现学习要求。第四个方面是"便捷性"，就是人们获取信息和知识的方便、快捷、灵活，从而实现学习者和学习组织之间的有效联结。

基于对"学习型社会"的理解，世界各国选择了不同的路径来推进学习型社会的建设。比如美国更多的是从社区学院和多样化的成人教育开始，逐步步入终身学习社会；瑞典可能更多的是选择发达的成人教育和回归教育，从而逐步迈进终身学习社会；在座的有日本开放大学的校长，据我们所知日本大阪是通过充分发挥大阪的历史和文化作用来实现创建学习型城市这个目标的；再比如中国台湾，是通过在社区里面建立社区的终身学习体系来推进的。

那么中国大陆将选择哪一条路径呢？应该选择哪一条路径呢？让我们尝试从历史的角度来寻找一些答案。

二、中国非传统高等教育的发展

接下来我们一起来回顾一下中国非传统高等教育的发展。所谓非传统高等教育是相对于全日制普通高等教育而言的，其主要内容也是学历教育，当然也包括非学历教育。在新中国建立以来的近六十多年里，中国发展了多种非传统高等教育形式，到目前为止仍然存在的有十种，分别是夜大、函授教育、广播电视教育、成人脱产班、高等教育自学考试、第二学士学位、同等学力、专业学位制度、开放教育及网络教育等。

这十种非传统高等教育的发展，大体可以分为三个阶段。第一阶段是1950—1978年，为前期探索阶段，主要特点是以探索教育对象的开放为重点，从而实现传统高等教育从校园内初步走向校园外。第二阶段是从1979—1998年的多途径探索阶段。这一时期，中国先后产生了六种形式的非传统高等教育，因此它可以被称作以探索教育方式的开放为重点的阶段。第三阶段从1999年到现在，是远程开放教育阶段。这一阶段除继续探索教育对象的开放、教育方式的开放外，更多地进行了教育资源、教育方法、教育环境的开放探索。

为了让大家有个比较深入的了解，接下来让我们一起对这十种非传统高等教育形式分别进行一些深入的讨论。

第一种是夜大学，第二种是函授教育。这两种教育诞生于新中国建立初期。那时中国的传统教育是非常薄弱的，大规模经济建设迫切需要大量人才。于是1950年在中国人民大学产生了夜大学。第二种函授教育开始于1953年，同样是由中国人民大学先行试点的。图3-4反映的是1999—2007年，夜大、函授教育在校生的基本情况。灰色代表的是函授教育的在校生数，2007年，函授教育在校生数有258万人。黑色代表的是夜大的在校生数，2007年，夜大人数有136万人。

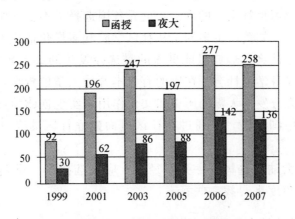

图3-4 夜大和函授教育在校生数（单位：万人）

第三种是广播电视教育。在中国广播电视大学发展历史的前20年时间里，这一形式是其主要任务，主要采用广播、电视、印刷和视听教材等进行远距离教学。图3-5是中国广播电视大学从建校到1998年20年间在校生的变化情况。灰色曲线表示的是电大招收成人教育的在校生数。黑色曲线表示的是电大普通教育的在校生数。因此，从1986—1998年间，甚至更晚到2006年，中国电大教育同时也在进行少量的传统教育。

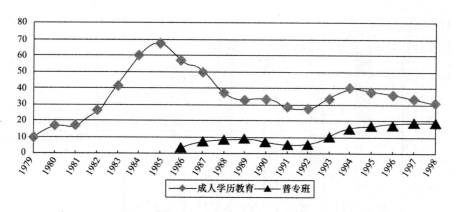

图 3-5　1979—1998 年全国电大在校生发展变化（单位：万人）

第四种是成人脱产班。成人脱产班开始于 1980 年，是基于"文化大革命"后中国经济建设急需大量人才而产生的，目的是为广大干部群众提供接受高等教育的机会。因此，它的前身叫干部专修科。从图 3-6 可以看出，到 2007 年，成人脱产班仍然有 67 万人。

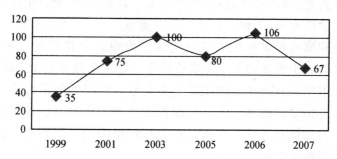

图 3-6　1999—2007 年成人脱产班在籍生情况（单位：万人）

第五种是高等教育自学考试。它是中国创新的一种教育形式，确切地说，是一种考试形式，开始于 1981—1982 年间，首先在京、津、沪、辽等省市试点，1983 年后开始在全国推广。这种形式的基本特点是鼓励社会的任何成员通过自学获得知识。如果自己学不会，也可以通过各类社会组织帮助学习。之后，如果达到了一定水平，通过国家组织的统一考试，学习成果可以获得国家承认。因此，这种形式有三个环节：个人自学＋社会助学＋国家考试。这种制度的产生是基于鼓励社会全体成员去学习，鼓励公民通过自己的努力成为有才干的人。到 2006 年，累计有 4870 万人参加自学考试，845 万人获得大专以上文凭。2000 年以来的发展情况如图 3-7 所示。

第六种是第二学士学位制度。在 20 世纪 80 年代初，一些大学毕业生

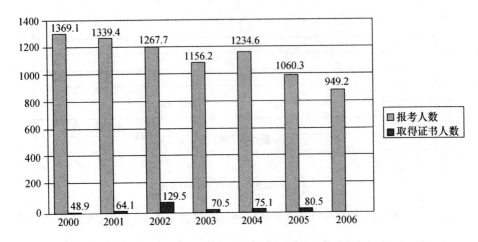

图 3-7　全国高等教育自学考试报考人次及取得证书人数（单位：万人）

所从事的工作和之前所学专业出现较大差异。为了让这些人能更好地服务于工作的需要，国家建立了这种制度。这种制度开始于1984年，目的是培养一些知识面宽、跨学科的高层次专门人才。到2007年，全国高等学校开设第二学士学位专业73种，共375个专业点。

第七种和第八种是在职人员以同等学力申请学位以及专业学位教育。在职人员以研究生毕业同等学力申请硕士、博士学位开始于1986年，这种学习制度要求学习者有丰富的工作实践背景，可以参加研究生班学习，也可以自学后参加学校的考试来获得课程的认可。在这之后如果通过国家组织的外语考试和综合考试，并通过相关高校组织的论文答辩，就可以取得相应的硕士或博士学位。

专业学位教育是区别于学科学位教育的另一种学位制度，开始于1990年。它的对象是有丰富职业经验和背景的人，主要目的是培养高层次应用型人才，而不是学科研究人才。中国专业学位制度有两个层次。一个是专业硕士，包括工商管理、教育、翻译、汉语国际教育、法律、会计、公共管理、工程、建筑学、风景园林、农业推广、公共卫生、兽医、临床医学、口腔医学、药学、体育、艺术、军事等。另一个是专业博士，包括临床医学、口腔医学、兽医等。到2007年，在职人员申请硕士或博士学位和专业学位教育的在校生人数是34.6万（其中，博士7357人，硕士338711人）。

第九种是开放教育。开放教育是1999年之后中国广播电视大学系统组织实施的一种教育形式。它通过覆盖全国城乡的办学网络进行一体化运作，实行注册入学、弹性学制和学分制的管理。重要特点是整合包括普通高校在内的社会优质教育资源，向学习者开放。如图3-8显示的是1999年至今的中国开放教育在校生数情况。它保持了持续增长的发展态势。

图 3-8　1999 年以来中国电大开放教育在校生数

第十种是网络教育。它也开始于 1999 年。它与开放教育的区别在于普通高校利用自身的教育资源向社会开放。截至 2007 年，共有 67 所普通高校开展了网络教育，在校生数约为 100 万人，2002 年以来中国网络教育在校生数的变化情况如图 3-9 所示。

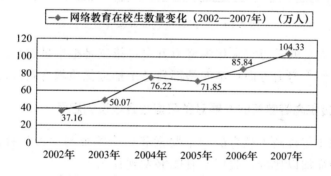

图 3-9　2002 年以来中国网络教育在校生数

将十种非传统高等教育的发展脉络综合表示在图 3-10 中，可以明显看出，中国非传统高等教育的发展具有鲜明的三个阶段。1950—1978 年是前期探索阶段；1979—1998 年是多途径探索阶段；1999—现在是远程开放教育阶段。

这十种非传统高等教育形式，尽管产生的历史背景不同，发展历程也各有自身的特点，对象也有这样那样的差别，但是它们都共同依托于四个基本的要素。第一是丰富多样的优质教育资源；第二是高效运行的办学网络；第三是优质的支持服务；第四是规范的管理和质量保障措施。

研究它们的发展历史我们还会发现，在发展的要求或方向上，它们同样有四个相同的特征。第一是面向教育弱势群体，提供教育服务；第二是

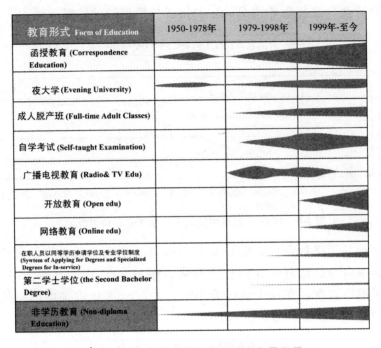

图 3-10 中国非传统高等教育发展历程

把满足在职人员的学习需求作为努力方向；第三是把推进教育活动的开放、方便和灵活作为努力方向；第四是都致力于推进优质教育资源的广泛使用。

三、非传统高等教育的发展对学习型社会建设的启示

把十种非传统高等教育的四个要素和四个特征与学习型社会的四个要素和四个特征加以比较，我们看看能够发现什么。

表 3-1　学习型社会与非传统高等教育的比较

	学习型社会	非传统高等教育
发展特征	1. 自主性 2. 开放性 3. 平等性 4. 便捷性	1. 面向教育弱势群体，提供教育服务 2. 满足在职人员的学习需求 3. 推进教育活动的开放、方便和灵活 4. 推进优质教育资源的广泛使用
发展要素	1. 学习者 2. 学习组织 3. 开放互动的学习制度 4. 发达的信息和知识传播平台	1. 多方整合，形成丰富多样的优质教育资源 2. 高效运行的办学网络 3. 优质的支持服务 4. 规范的管理和质量保障措施

分析表 3-1 我们不难发现，学习型社会的发展要求与非传统高等教育之间有许多共同之处，但是也有不同之处。共同之处主要表现在两个方面。第一个方面，学习型社会与非传统高等教育在构建终身教育体系的发展目标上是一致的。换句话说，在人们的理想里面，学习型社会的建设是需要终身教育体系作支撑的，而终身教育体系恰恰是非传统高等教育发展的重要目标追求。第二个方面，学习型社会的建设强调学习途径和方式的多样化，强调各种技术手段尤其是信息技术手段的广泛使用，这与非传统高等教育的多途径探索是一致的。换句话说，在人们的理想中，学习型社会要求的学习途径和方式是没有限制的，多种多样的。中国五十多年来的非传统高等教育发展历程，始终是在追求各种可能的教育形式的。因此，在这一点上它们也是一致的。

但它们也有不同之处，表现在两个方面。第一个方面，学习型社会要求满足全体社会成员的各种学习需求，而非传统高等教育更多强调社会成员的学历教育需求，前者是广泛的普适性的教育要求，后者是对学历教育的需求，这两者是有差别的。第二个方面，学习型社会要求各类社会组织广泛参与学习活动，而非传统高等教育强调教育机构自身的主体作用。所以，各类教育机构在进行学习型社会建设的讨论时，通常想得比较多的是"自身拥有的教育资源如何让别人去使用"，而站在学习型社会建设角度要求思考的问题是"如何使全社会的资源充分地整合起来"。我想这就是两者的差别。

如果这些异同之处的分析是对的，那么由此可以得出四个结论。第一，中国非传统高等教育的发展经过五十多年的积累已经成为学习型社会建设的宝贵资源和重要基础；第二，根据非传统高等教育五十多年的发展经验，学习型社会建设要十分重视信息技术手段的利用，大力推进学习资源的整合和共享，推动学习环境的构建和学习方法的探索。第三，在下一步的教育发展中，要把发展远程教育和继续教育作为学习型社会建设的重要途径来加以实施。第四，非传统高等教育的发展在面对学习型社会建设的要求上显然还存在不少的差距和挑战，面对这些差距和挑战，非传统高等教育要在学习型社会建设中发挥更大作用，必须加快推进自身的结构化调整，包括内容的变革、资源的整合和环境的构建等。

远程教育：全球终身教育、全民教育的重要路径选择[①]

尊敬的各位来宾，女士们，先生们，朋友们：

大家好！

十月的北京，秋高气爽，景色宜人。在这美好的时节，2009年国际远程开放教育论坛隆重开幕。首先，我代表中央广播电视大学，向各位来宾表示热烈的欢迎，向多年来热忱关心、支持中国远程教育发展的各位国际友人、各位朋友表示衷心的感谢！

2009年恰逢新中国60华诞，中央广播电视大学和全国大多数地方电大也迎来了30周年校庆。这是中国广播电视大学，也是中国远程教育发展史上的一大盛事。在这喜庆的日子里，国内外远程教育的学者们聚集一堂，共同探讨国际金融危机背景下远程开放教育的发展问题，意义深远。

图 3-11 出席2007中国国际远程教育大会并发表演讲

中国远程开放教育的发展，始终植根于大众教育的沃土之上，致力于解决成人的有效学习问题。中国人口众多，经济和教育发展极不平衡。为此，中国远程开放教育进行了多途径的探索，大致经历了三个阶段。

第一阶段以函授教育为代表。函授教学机构可以追溯到1914年商务印书馆成立的函授学社。1951年中国人民大学创办函授部，自此，高等函授教育作为中国高等教育开放办学的重要形式，纳入国民教育体系。目前开办高等函授教育的高等学校有1200多所。

第二阶段以广播电视教育为代表。主要是采用广播、电视、印刷和视听教材等媒体进行远距离教学。1958年，天津红专广播函授大学创

[①] 2009年10月16日葛道凯在"2009国际远程开放教育论坛"开幕式上的致辞。

办。1960年，北京、沈阳、上海等城市广播电视大学先后成立，开始远程开放教育的早期实践，使中国成为世界上最早将广播电视手段运用于高等教育的国家之一。1979年2月，世纪伟人邓小平亲自倡导并创办的覆盖全国城乡的广播电视大学正式开学，一个由中央电大、44所省级电大共同组成的，统筹规划、分级管理、分工协作的远程教育教学系统开始逐步形成。

第三阶段在中国统称"现代远程教育"阶段。这是从20世纪90年代起以计算机网络技术、卫星数字通信技术和多媒体技术为支撑产生发展的一种新型教育方式。中国从事现代远程教育的高等教育机构主要有两类，一类是普通高等学校，另一类是广播电视大学系统。目前，包括中央广播电视大学在内，中国开展现代远程教育的高等学校共计69所。

中国远程开放教育每一个阶段的发展，事实上，都是与当时国家的社会经济环境紧密相关的。尤其是自20世纪90年代以来，中国经济建设进入高速发展阶段，中国经济增长方式从粗放型逐步向集约型转变，网络技术迅猛发展，高等教育大众化呼声日渐高涨。中国政府顺应这一发展趋势，提出实施现代远程教育工程。自此，中国的远程教育走上了一条前所未有的跨越式发展的创新之路。从1999年起，广播电视大学抓住这一历史机遇，大力推进基于网络的远程教育，逐步探索出一套具有中国特色的开放式人才培养新模式，电大开放教育的办学理念、教学思想、教学内容和课程体系、教学手段和方法、教学管理模式和运行机制得以逐步完善。自1999年电大实施开放教育，十年来累计招生640万人，约占同期全国各类高等教育招生总数的1/8，广播电视大学为国家经济社会的持续发展，为加快中国高等教育大众化进程，作出了不可替代的重要贡献。广播电视大学已经成为中国现代远程教育的主力军。

各位来宾，朋友们，中国远程开放教育的发展历程昭示了这样一条规律：大学的命运是同国家的命运紧紧联系在一起的，国家发展是大学发展的重要前提，大学发展则是国家发展的重要保证。在当前这场波及世界的金融危机背景下，如何克服困难，变压力为动力，变挑战为机遇，以教育的发展带动经济的持续发展，是摆在我们面前的重要课题。本次论坛主题聚焦在金融危机背景下远程开放教育面临的挑战、机遇和对策，我认为非常具有实践意义，既立足当前，又着眼长远，对推进远程教育事业发展，提升远程教育质量和科研水平很有帮助。自去年金融危机全面爆发至今，从广播电视大学的发展实践看，我有以下三点深切的体会：

第一，金融危机在一定程度上进一步激发了人们的终身学习需求。在金融危机爆发之初，中国远程教育界曾有这样一种担心，受金融危机影响，经济衰退，失业率增加，人们的学习需求会不会明显下降？从广播电视大学2008年、2009年的招生状况来看，在严格控制生源质量的情况下，招生数量两年平均增长9％以上。可以看出，广大在职从业人员的学习需求，不但没有降低，反而在持续增加，终身学习、更新知识、提高能力越来越成为大家的共识，成为个人解决生存、发展问题的基础建设。

第二，金融危机对远程开放教育教学内容改革提出了新的更高要求。过去，远程教育的研究重点更多地专注于怎么建立高效的教学网络，怎样便捷地传送课程资源，怎样让学习者方便灵活地学习，怎样提供学习支持，远程教育教学改革更多地集中在技术保障、教学方式、管理模式和质量监控诸方面的革新与进步上，而在教学内容改革方面做得相对较少。金融危机爆发后，势必带来全球范围内的产业结构调整，远程教育必须主动适应这种变化，开发更贴近生产实际、工作实际的教学资源，大力推进教学内容的适应性和针对性变革。

第三，金融危机必将促进新一代互联网和3G通信技术在教育领域的应用，从而为远程教育发展注入新的活力和新的发展动力。不可否认的现实是，金融危机在影响经济发展的同时，也加速了新技术的变革。现在，网络无处不在，闭路电视网络、计算机互联网络、无线通信网络等应用广泛，其方便性、易用性、经济性、社会性特点，逐步渗透到社会、家庭的方方面面，已经成为人们生活、工作不可或缺的组成部分，基于网络的远程学习，日益成为人们不可或缺的生活方式，如何借助新技术，不断提升远程教育的教学能力、管理能力和社会服务能力，是大家必须认真研究的课题。

各位来宾，女士们，先生们，远程教育已经成为全球终身教育、全民教育的重要路径选择，对构建学习型社会，实现终身学习具有重要的意义。我相信，各位同仁为论坛带来的丰富经验和独到见解一定能使所有与会者受益，从而为当前和今后一个时期远程教育的发展提供有益借鉴。愿拥有悠久历史和灿烂文化的北京让您旅程愉快。

谢谢大家。

薪火传承　开拓创新
加快建设世界一流的远程开放大学[①]

尊敬的各位领导、各位嘉宾，
亲爱的校友、老师们、同学们：

大家上午好！

今天，我们怀着无比激动的心情欢聚在庄严的人民大会堂，共同庆祝中央广播电视大学建校30周年。在此我代表学校向出席大会的各位领导、来宾和朋友们表示热烈的欢迎！向为全国广播电视教育事业作出贡献的老领导、老教师、老同志致以崇高的敬意！向辛勤奉献在全国电大教学、科研、管理第一线的广大教职员工，向工作在祖国各条战线上的广大校友致以诚挚的问候！

一、广播电视大学是世纪伟人邓小平同志亲手缔造的

20世纪70年代末，刚刚从"文革"曲折中走出的中国，政治、经济、社会、教育、科技、文化等各条战线都急需大量的专门技术人才。复出后为改变中国的落后面貌、着力推动中国改革开放的邓小平同志高瞻远瞩，于1978年2月6日亲自批准教育部和中央广播事业局《关于筹备电视大学的请示报告》，创办面向全国的广播电视大学。在邓小平、王震、方毅、王任重等老一辈党和国家领导人的直接指导和支持下，经过紧张的筹备，1979年2月6日，中央电大和全国除台湾、西藏外的28个省、自治区、直辖市电大同时开学。著名数学家华罗庚教授为电大学员讲授了第一节课。从此，体现现代教育思想、运用

图3-12　在中央电大建校30周年庆祝大会上讲话

[①] 葛道凯在中央广播电视大学建校30周年庆祝大会上的讲话。

最新教育技术、实施新的人才培养模式的现代远程教育在华夏大地应运而生，并快速发展。

二、广播电视大学属于我们的国家和民族

电大从创立至今 30 年的发展，始终与整个国家、民族的利益息息相关，伴随着我国改革开放的伟大历史进程不断发展壮大。30 年来，电大高等学历教育累计毕业生 720 万人，开展的各种非学历培训超过 5000 万人次。在创办初期，以开展学历补偿教育为主，为"文革"中被耽误的一代青年提供接受高等教育的机会，圆了百万学子上大学的梦想，为缓解改革开放初期人才的严重短缺发挥了重要作用。尤其是在 1999 年实施开放教育十年来，累计招生 640 万人，约占同期全国各类高等教育招生总数的 1/8，成人高等教育招生总数的 1/3，现代远程教育试点招生总数的 3/4，为加快我国高等教育大众化程度作出了巨大贡献。目前，全国电大各种高等学历教育在校生 320 万人，电大已经发展成为由中央电大、44 所省级电大、近 1000 所地市级电大分校、近 2000 所县级电大工作站组成的遍及全国、覆盖城乡、运作有序的教育教学系统，成为国家构建终身教育体系、建设学习型社会可以依靠，而且能够依靠的重要公共教育资源。

图 3-13 中央电大建校 30 周年庆祝大会

三、广播电视大学属于我们的社会，属于百姓

广播电视大学建造在社会上，扎根在百姓中。对社会来讲，电大是平民进步的阶梯，电大要做全民终身学习的支柱，学习型社会的平台。30 年来，电大始终坚持"扎根基层、服务社会"的办学理念，始终坚持面向基层、面向行业、面向农村、面向边远和民族地区的办学方向，不遗余力地为基层服务，为百姓服务，在缩小教育差距、促进教育公平中发挥了重要作用。中央电大通过实施教育部"一村一名大学生计划"，为广大农村培养"留得住、用得上"的技术和管理人才。为维护边疆稳定，振兴民族地区教

育，中央电大面向新疆、西藏等少数民族地区培养急需的人才。为推进科技强军，提高部队士官整体素质，中央电大先后建立了八一学院、总参学院、空军学院，把优质教育资源输送到祖国雪域高原、边防海岛，实现了士官学员"不出军营上大学"的梦想。中央电大还成立了残疾人教育学院，为残疾人平等、充分地参与社会生活开辟了新途径。

四、广播电视大学属于快速发展的信息通信时代

广播电视大学因信息通信技术的发展而诞生，与信息通信技术一次又一次的革命相伴相随。从创立到发展，电大始终坚持追踪信息通信技术和现代教育技术的发展，不断推进教学内容、手段和方法的改革。在创办初期，电大利用广播、电视直接授课；20世纪80年代，借助电视技术的发展，录音、录像技术被广泛运用。20世纪90年代后，计算机课件、网络课程、在线平台、数字电视等教学媒体开始进入电大人才培养模式的改革之中。目前，在教学方式上，已经实现了从单一单向的广播电视授课发展到包括网络在内的基于多种媒体的多样化交互式教学方式的转变。在教学资源上，实现了从以文字教材为主到文字、音像、计算机课件及网络等多种媒体综合利用的教学资源的转变。

五、广播电视大学属于合作、开放、共赢的世界

让所有的人都有接受高等教育的机会，是世界远程开放大学永恒的主题和共同的理念，开放办学使这一理念得以贯彻落实。电大通过大力推进人才培养模式改革，创新性地开展远程开放教育实践，形成了"学导结合教学模式"、"系统运作教学管理模式"和"一体化运行机制"；建成了世界上规模最大的统筹规划、分级管理、分工协作的远程教学管理系统；完善了统一教学计划、统一课程标准、统一教材、统一考试、统一评分标准的教学管理"五统一"制度；提出了以多种媒体教学资源建设、教学过程控制、学

图 3-14 2009年10月18日在人民大会堂北京厅会见姜明少将、杨养申少将

习支持服务、教学系统管理、一体化运作"五要素"为重点的质量保证体系，形成了远程教育的中国经验，产生了一些具有中国特色的远程教育成果，为世界远程教育的发展贡献了中国智慧。

在信息技术时代，网络看不见国界，信息的传播找不到国界，各国大学间的合作，也正在超越国界。昨天，中央电大主办的"2009国际远程开放教育论坛"刚刚落幕，来自11个国家的远程开放大学、3个国际远程教育组织的校长、专家进行了合作研讨。世界潮流，就是如此浩浩荡荡，广播电视大学愿意与各国开放大学一起，为世界远程教育做出更多的贡献。

六、电大的历史是广大教职员工创造的

在30年的办学过程中，我们积淀了"开放进取、合作共享"的电大文化，形成了"勇于开拓、锲而不舍"的精神品格。电大30年的发展史，是一部与国家经济社会发展和教育事业改革共生共荣、交相辉映的创业史，是一部自强不息、埋头苦干、勇于创新的奋斗史。在不同发展时期，电大都曾面临各种困难和挑战，但广大教职员工始终把发展作为第一要务，化压力为动力，变挑战为机遇，迎难而上，开拓进取。在艰苦和困难条件下，广大教职员工凭着对电大教育的执著追求，立足本职，坚守岗位，兢兢业业，任劳任怨，把自己的聪明才智和青春年华献给了电大事业。电大的品牌和声誉还是广大校友日积月累铸就的，电大30年的光荣也是属于我们720万校友和300万在校学生的。

七、电大的历史也是党和政府、社会各界共同创造的

我们不会忘记，电大发展的每一步，离不开党中央、国务院的亲切关怀，离不开教育部和各级党委、政府的坚强领导，在学校改革发展进程中，党和国家领导人多次就电大教育做出重要指示和决策，为学校发展指明了方向。我们不会忘记，电大发展的每一步，离不开行业部委、合作高校的支持和帮助，离不开媒体的报道和鼓励，更离不开百姓的认可和厚爱。我们不会忘记，电大的发展更得益于有一大批代表国家水平的优秀主讲教师和教材主编，还有全国数以万计的兼职教师对电大的奉献和帮助。在这里，我代表全校师生员工向各级领导、各兄弟院校、社会各界和广大校友再次表示最衷心的感谢！

校庆是一个节日，校庆是一回展览，校庆是里程碑，校庆是誓师会，校庆是要郑重宣布，从今天开始，电大要创造第二个更加辉煌的30年。让我们对国家、对社会、对世界、对时代说，广播电视大学属于未来。

党的十七大明确提出要"实现全体人民学有所教"，"现代国民教育体

系更加完善，终身教育体系基本形成"的小康社会教育发展目标，首次提出"发展远程教育和继续教育，建设全民学习、终身学习的学习型社会"，这是新时期党和国家赋予远程教育的新使命新任务。以此为标志，全国电大已经进入了一个新的发展阶段，电大教育已经站在一个新的历史起点上。

面向未来，广播电视大学要在以下三个方面寻求新的突破。

第一，围绕学校内涵发展，努力探索具有中国特色的远程开放教育的办学规律。随着电大生存环境和发展条件的深刻变化，探索具有中国特色的远程教育办学规律，是必须面对的课题。我们将进一步深化教学模式、教学管理模式和运行机制改革，加快推进教学内容、课程体系的针对性和适应性变革。我们将继续狠抓内涵建设，处理好质量、规模、结构和效益之间的关系，实现电大教育又好又快的发展。

图 3-15 2009 年 10 月 18 日在人民大会堂会见总参军务部兵员局副局长张云鹏

第二，围绕终身教育体系、学习型社会建设，努力探索与国家、城市、农村建设互动的发展模式。为国家经济社会发展服务，为终身教育和学习型社会服务，既是电大的根本宗旨，也是新的历史使命。我们将充分发挥电大覆盖全国城乡的系统优势，整合各种优质教育资源，建设公共服务体系，建构数字化学习资源中心，努力为全体社会成员提供学习服务，为构建终身教育体系、建设学习型社会贡献我们的力量。

第三，围绕学校建设目标，努力开创具有中国特色的世界一流远程开放大学的办学道路。建设一流的远程开放大学一直是中国电大同仁的梦想和目标。全体电大人将以科学发展观为指导，主动适应社会需求，深化人才培养模式改革，积极推进教育创新，努力把电大建设成为具有一流的远程教育基础设施、一流的远程教学资源、一流的远程学习支持服务、一流的远程教育研究水平、一流的远程教育队伍的远程开放大学，使电大的综合办学实力居于世界远程开放大学前列。

同志们，现代远程教育是朝阳事业。即将出台的《国家中长期教育改革和发展规划纲要》必将对远程教育发展做出全面部署，电大的明天一定会更加美好。我们坚信，在科学发展观的统领下，在教育部和各级党委、政府的正确领导下，在全体电大人的共同努力下，在社会各界和广大校友的倾力支持下，我们的奋斗目标一定能够实现，广播电视大学一定能够再创辉煌，为国家现代化建设和中华民族的伟大复兴做出新的更大贡献！

最后，祝各位领导、各位来宾、各位同仁工作顺利、身体健康，祝同学们学习进步！

谢谢大家！

第四章　实践开放教育道路

——电大四年

齐心协力　开拓创新
为建设中国特色的远程开放大学而奋斗[①]

各位领导：

大家好！

一年一度的书记校长会议今天召开了。今年我们的开放教育人才培养模式已经试点八年，顺利通过了评估。借这个机会，我想给我们电大战线的各位老师、各位领导作一个相对比较全面的汇报，汇报分为以下三个方面。

一、开放教育试点工作

（一）发展阶段

第一个阶段是稳步推进阶段，从项目启动到中期评估结束，即1999—2002年。这一阶段一开始我们主要是抓思想观念的转变、专业和课程的建设、队伍的建设、资源的建设等。

第二个阶段是巩固深化阶段，从中期评估后到总结性评估前，即从2002—2004年。这个阶段主要是抓重点、难点问题。

第三个阶段是提升拓展阶段，是总结性评估阶段，即从2004—2007年。这个阶段主要是抓提高质量，抓品牌。

（二）发展规模

就发展规模来讲，第一个方面是专业。我们从1999年最早的7个专

[①] 本文系葛道凯在2007年全国电大党委书记校长会议上的讲话。

业，发展到2007年春季的61个专业（包括11个"一村一名大学生计划"专业），其中专科专业32个，加上"一村一名大学生计划"专业就是43个，本科专业18个。专业情况是评估时专家非常关注的一个的焦点。从整体上讲，在保证质量的情况下，我们的专业有了很大的发展。

图4-1 2007年5月28日在京出席全国电大党委书记校长会议

第二个方面是学生。2007年春季，开放教育在校生224万，本科72万，专科152万。其中78%来自地市、县级及以下基层，25.4%来自西部。在校生中在职从业人员占96.5%，比前两年增加了两个百分点。2005年电大在校生占同期现代远程教育的73.60%，成人高等教育的29.44%，全部高等教育的9.71%。到2007年春，开放教育毕业生累计191万，其中专科118万，本科73万。试点以来，开放教育毕业生逐年上升，2006年毕业生接近59万人，其中专科毕业生40万人，本科毕业生19万人。2005年开放教育毕业生占同期现代远程教育的64.9%，成人高等教育的21.9%，全部高等教育的9.1%。

第三个方面是教学点、考点。截至2007年春，全国共设开放教育教学点3196个，其中直辖市、省会城市的教学点占18.49%，地级市的占20%，县和县以下的教学点占61.51%。全国共有考点2370个，其中直辖市、省会城市的考点占6.5%，地级市的占32.6%，县级及以下的占60.9%。

（三）主要收获

1. 强化了电大系统

一是强化了地位和作用。经过八年试点，我们电大系统思想更加统一，发展方向更加明确，开放教育已成为电大教育的主流，成为国家远程教育的主体，许多电大成为当地远程教育中心。2006年，开放教育在电大各种学历教育类型中所占比例达82.22%。

二是强化了社会影响。一方面，电大的社会联系与合作更加广泛。从中央电大的层面来说，到目前为止与20所普通高校、14个行业部委有密切的实质性合作，建立了稳定的实践教学基地。另一方面，电大的教育质量得到社会的认可。2005年,中央电大开展了一个大规模的毕业生追踪调查,毕业生在三年之内获得奖励的占58%,获得职称、职务晋升的约有50%,继续参加学习的占64%。毕业生追踪调查显示,毕业生和用人单位对开放教育人才质量评价分别为80.5分和83.4分。用人单位对开放教育人才培养质量的评价超过了学生对其评价。这是一个非常有意思的现象,值得我们去研究,也许是我们电大的学生比较贴近实际的具体表现。

三是教学现代化基础设施建设得到了加强。2006年年底,全国电大系统固定资产总计238亿元(是1999年的3.9倍),其中教学设备57.89亿元(是1999年的4倍)。另外我们建立了天网地网结合、三级平台互动以及双向视频系统。基于天网地网可以进行资源的传输,资源可以直接传输到省校,同时到地市分校,地市分校又可以通过地网回传到中央电大,从而实现了信息的双向流动。

四是强化了教职工队伍。2006年电大系统共有教职工12.3万人,其中专职教师8.5万人,兼职教师接近3.8万人。教师队伍的结构,专职教师占63%,教学管理人员占22%,技术人员占13%,科研人员占2%。

2. 提升了综合办学实力

一是提升了专业建设能力。主要表现在以下三点:① 主动适应社会需求,灵活开设专业;② 通过机制创新,共建共享教学资源;③ 分工合作,整体实施。

二是提升了整合社会优质资源的能力。一方面是与普通高校合作,利用高校学科优势,加强我们的学科建设和课程建设,同时为我们提供学位授予服务。另一方面是通过与行业部委的合作,将行业部委的用人信息和实际需要的信息反映在我们的教学计划中。同时将部委拥有的证书教育资源引入开放教育,将部委拥有的比较好的实践条件作为我们的实践教学基地。另外,聘请兼职教师也是我们整合社会资源的重要方面。

三是提升了教育服务能力。根据调研,我们电大系统每年的非学历教育培训大概在100万人次。公共服务体系目前与30所高校合作,为其开设的180余个专业、近15万名学生提供支持服务;为网络教育统考200多万人次提供考试服务。另外,我们为证监会、保监会、央行提供了300万人次的考试服务。

3. 实现了教育教学方式变革和模式创新

一是实现了四个方面的转变,即基本实现了从以教师的教为中心的传统的教育思想到以学生的学习为中心的现代教育思想的转变;从广播、电视直接授课到广播、电视、基于网络的多媒体相结合的多样化教学活动的转变；以文字教材为主到文字、音像、课件、网络课程和教学包等多种媒体综合利用的转变；从封闭式校园管理到网络化、开放式管理方式的转变。

二是关注成人在职学习特点的教学方式方法改革取得明显进展。实现了由集中系统讲授转变为通过提供多种媒体的学习资源、方便灵活的学习环境支持学生自主学习；由过去单一的课堂互动转变为在课堂互动的同时，有双向视频、网上论坛、手机短信、QQ群等丰富的互动方式；由过去比较多的注重理论教学开始向比较多的注重结合学生的实践转变。

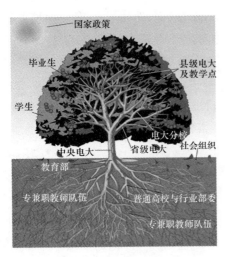

图 4-2　全国电大系统运行机制示意图

三是形成了开放教育人才培养模式基本框架以及相应的教学模式、管理模式和运行机制。开放式人才培养模式基本框架为：以适应经济和社会发展现实需要为目标；以适合从业人员学习需求的专业和课程为内容；以整合优化的学习资源为基础；以天网、地网、人网合一的学习环境为支撑；以学习者自主学习为主要方式；以严格而有弹性的过程管理为保障；培养留得住、用得上、信得过的应用型高等专门人才。这个模式与普通高校及网络教育学院人才培养模式不同，具有以下基本特征：理论实际融合；多方资源整合；多种媒体组合；天地人网结合。学导结合教学模式为：对学习者来说，就是利用多种媒体资源开展自主学习与协作学习；对于教师来说，就是基于教学设计进行多种方式的引导与辅导；对于学校来说，就是通过天地人网提供全程学习支持服务。该模式第一个特征是具有自主性，以学为主体，强调学习者利用多种媒体开展自主学习。第二个特征是有针对性，就是指教师的引导（包括学习辅导和学习支持服务）都要根据学生的特点和需要来进行。第三个特征是多样性，我们的课程不同，专业不同，地域不同，教学过程和模式也不同。系统运作教学管理模式，具体来说就是：统一规划规范，分工协调运行；统筹关键环节，全程质量监控；实行课程开放，分类指导服务；集成信息平台，动态反馈调整。这个模式具有统一、规范、灵活、有效四个特征。一体化运行机制就是：实现需求引导；开展项目合作；签订工作协议；适时评价调整。基本特征是协议行为、责任共担、利益分享。各地电大也形成了一批颇具特色的教学和管理模式。

四是形成了鲜明的办学特色和持续发展能力。其中办学特色有五点：

一是"四个面向"的办学方向;二是系统整体运作;三是办学的开放性和灵活性;四是教学手段的现代化;五是教育资源的整合利用。

二、总结性评估情况

1. 总结性评估进程

总结性评估进程大体上分为三个阶段、三个层次。第一步是对试点分校教学点的评估,由教育部委托省级教育行政部门组织评估,时间是2005年3月至9月。第二步是对省级电大的评估,由教育部委托中央电大组织实施,时间是从2005年6月至2006年9月。第三步是对中央电大的评估,由教育部直接组织实施。

2. 对省级及以下电大的评估

试点分校、教学点2248个,其中优秀354个,良好579个,合格的1174个,不合格的93个,暂缓通过的43个,撤销5个。

省级电大评估情况如下。2005年6月,首先对宁波电大和贵州电大进行了试评估,完善了评估指标。2005年10月至11月,对10所省级电大进行了评估,完善了评估的操作程序。2006年4月至6月,对29所省级电大进行了评估。2006年9月,最后对3所省级电大进行了评估。

通过对省级电大及分校、教学点的评估,反映了试点工作取得的主要成绩与进展,主要包括以下六点:一是各级电大高度重视试点工作,并作为学校工作重点和中心工作;二是通过几年的试点,现代化教学设施建设取得了较大进展;三是多种媒体教学资源建设取得长足进展;四是毕业生及社会对开放教育的质量普遍认可;五是重视研究,取得了丰硕成果;六是教学点的管理进一步规范。同时,通过评估,也反映了试点工作存在的薄弱环节,主要表现为:一是实践教学、素质教育仍然是电大试点工作的难点;二是教学资源及教学设施的利用率还需进一步提高;三是试点队伍建设,特别是教师队伍建设还需要加强;四是从全国来看,试点还存在发展不平衡的问题。

3. 对中央电大的评估

2007年3月1日—4月28日,中央电大经过了问卷调查、省级电大校长座谈会、直属点检查、专业检查、进校考察等五个阶段进行了总结性评估。

4. 评估专家反馈意见

评估专家的总体评价认为,项目实施八年,指导思想明确,思路清晰,措施有力,成效显著,是一次成功的教育改革。项目取得了丰硕成果,形成了一系列鲜明的特色,为国家现代远程教育的发展积累了宝贵的经验,

图 4-3 2007年4月7日开放教育专业评估时与教育部高等教育司副司长刘桔在中央电大复兴门大楼前

在我国构建终身教育体系和建设学习型社会中发挥着愈来愈重要的作用。评估专家建议教育部将试点项目转化为中央电大办学的一种常规形式，并从立法层面上，适时制定相关法规条例，把开放教育从体制之外纳入体制之内，以推进电大开放教育持续、健康和稳定发展。

试点工作取得的主要成绩与进展主要有以下四点。一是形成了以天网地网人网结合，覆盖全国，多种媒体教学资源综合应用为特色的网络教学环境。二是不断整合、优化教学资源，建成了一批水平较高、具有特色、能适应学生自主学习需要的多种媒体教学资源和精品课程。三是人才培养模式改革成效显著，基本形成了现代远程教育条件下应用型人才培养模式的基本框架，以及相应的教学模式、管理模式和运行机制。四是教学质量保证体系的建设得到进一步加强，人才培养质量得到社会认可，电大综合办学实力、教育教学质量、社会声誉得到较大提高。评估专家建议我们深化和完善人才培养模式改革，尤其是教学模式的改革；进一步加强教学基本建设，特别是教师队伍建设；加强学历教育与非学历教育结合，大力推进非学历教育。

5. 总结性评估结果

14所省级电大评估结果获得优秀，26所省级电大评估结果为良好，4所省级电大评估结果为合格。12所省级电大获专项成就奖。中央电大的评估结果为通过。

三、下一步工作设想

通过试点工作和总结性评估情况，可以说，电大开放教育已经走到新的起点，电大开放教育正站在新的起点上，电大开放教育要在新的起点上迈出坚实的第一步。

(一) 调研情况

通过调查问卷，多数同志对中央电大试点工作予以充分的肯定。一是中央电大实施开放教育试点的办学思路清晰，开放教育这种办学形式是电大今后的办学方向，开设的专业比较适应地方经济和社会发展需要，教学管理制度及措施有助于提高教学管理质量和水平。二是中央电大关于教学模式改革的意见和措施是有效的。三是教学实施方案对开展试点教学有指导作用，教学方案及实施细则基本符合试点教学实际。四是统设课程教学资源能基本保证试点教学需要，比较适应学生学习；课程中开展实践教学的措施比较有效果。五是电大在线教学平台基本能满足试点的教学需要，教务管理系统基本能满足管理工作需要，开放电子公务系统的使用对提高管理工作的质量和效益有帮助。六是对教学过程各环节的质量和要求基本明确，对试点教学点建设的规定明确，为严肃考风考纪所制定的制度和措施有力，教学支持服务能基本满足试点教学需要，教学支持服务信息能在网上直接获取，各种培训效果比较明显。

同时，期待中央电大对教学点相关人员的业务培训进行加强；统设必修课程的网上教学资源进一步丰富；统设必修课程为学生提供的网上教学答疑更加及时；中央电大提供服务的态度进一步改善。

目前，开放教育亟须解决的问题主要有以下三点。一是推动教育部尽快为远程教育立法。在短期不能立法的情况下，要推动教育部修订1988年颁布的《广播电视大学管理暂行规定》。二是加大新专业的开发力度，进一步完善教学资源建设，加快考试改革步伐。三是中央电大应牵头整合全国各地电大优秀的教育资源，实现全国优秀教育资源共享，提高教学资源建设质量和效果，降低各校办学成本。

对中央电大改进工作的意见和建议如下。一是尽快争取中央电大的独立办学资格，取得学位授予权。二是希望开放教育作为一种教育形式稳定下来。三是进一步加强电大系统建设，充分发挥系统办学的特色和优势。应在全国电大系统的范围内，抓学科建设、专业建设、资源建设、网络建设和师资建设等。四是电大发展应实行分类指导，不能简单地搞"一刀切"；充分发挥地方电大的潜能和优势，以及办学的自主性和积极性。应逐步向具备条件的省级电大下放权力，如专科发证、常年招生、教学点和考点审批、教学计划中统设课程的比例等，由中央电大监控、检查。五是在各种收费问题上要区别对待，加大对西部地区电大的支持力度。应保持教材的稳定，降低教材价格；充分发挥电大信息化基础设施的作用，整合教学及教学管理平台和系统软件，降低应用成本。六是理清中央电大与奥鹏教育的关系，建立开放理念下的中央电大公共服务体系。七是积极开发相对稳定的全国性继续教育（培训）项目，发展高职、中职教育。八是理顺中央电大内部各部门之间工作的协调关系，避免同一件事重复发文、标准不一现象的发生。九是中央电大应精简会议,充分利用远程教学平台及双向视频系统,加强对省级电大及教学点教师的培训和指导。十是尽快完善教学支持服务各项工作,建立教学支持服务规范,完善教学督导制度。

(二) 形势分析

下面我们通过一些数据来分析电大面临的机遇和挑战。首先看美国20世纪中叶以后岗位的有关情况。在美国,1950年高技能岗位占整个岗位的20%,低技能岗位占65%;到了2000年,高技能岗位占60%,低技能岗位所占比例下降至15%。2003年,我国学历人才占就业人才6.8%,而西方发达国家在1995年学历人才的比例就达到了11%。这说明中国的教育市场仍然是巨大的。

从2005年我国的人口年龄情况来看,30—45岁人口最多,其次是10—19岁人口,十年以后,我国20—55岁的人口将是最多的。从终身教育的角度来说,我们国家终身教育的市场呈扩大趋势,但同时,普通教育的市场在减小。

今年,也就是2007年,全国18岁以上人口有2514万人,2008年将达到一个最高峰,达2621万人。从2009年至2015年,18岁以上人口将逐年减少100万左右,2015年18岁人口只有2008年的55%。2007年,高等教育全口径招生人数有850万人左右,第一次超过普通高中毕业生人数。但同时,我们必须看到,成人教育的竞争将真正的拉开态势是在2～3年以后,成人教育的竞争将更加激烈。

从2007年春全国电大开放教育专本科新生年龄结构分布情况来看,专科学生中19—21岁的学生最多。在低龄阶段,女学员的人数多于男学员人数;在高龄阶段,男学员的人数多于女学员的人数。本科学生中22—25岁的学生最多,男女学员比例与专科男女学员比例情况类似。从以上数据看,电大的挑战异常严峻。因为目前我们的生源是低龄化的,处在与普通高校竞争同一批生源的状况,我们艰巨的任务包括改革和管理要努力吸引年龄大一点的人到电大学习。

从北京电大2007年春部分新生获知招生信息渠道情况来看,经过熟人和学生介绍到电大学习的占48%,通过宣传材料了解电大到电大学习的占24%,通过网络信息到电大学习的占21%,通过报纸招生广告到电大学习的占6%。北京电大石景山分校经过电大学生推荐到电大学习的占74.6%。从宁波电大来看,经亲朋介绍到电大学习的占37.3%,电大网站占27%,宁波晚报占9.7%,宁波日报只占1.7%,社会网站占4.7%。由此可以得出三个结论:一是电大是有社会声誉的,电大的学生很多是通过亲朋好友介绍来的,说明电大的毕业生是有地位、有影响的;二是电大要发展,必须将服务和质量搞上去;三是我们的宣传确实需要加强,特别是公众的、生活化媒体的宣传需要加强。

从某电大分校毕业生对考试严格程度评价情况来看,40%的学生认为电大的考试太严格,认为适中的有33%,认为不严格的有27%。所以我们必须掌握一个度,如果认为考试不严格的学生比例太高的话,那我们的声誉就会丧失,经过学生介绍到电大学习的效果就会减弱。我们要全面客观地分析我们的问题。

从以上分析中我们可以知道,电大教育面临的机遇有以下三点。一是构建终身学习体系,建设学习型社会的要求提供了新的机遇;老龄化社会到来以及老年教育、社区教育给电大提供了广阔的发展空间。二是工业化进程和城镇化进程,和谐社会的建设,使城乡居民和社会机构对教育提出了更高的需求。三是八年的开放教育试点,推动了电大教育深层次改革,得到了社会认可,电大教育进入一个新的发展阶段。

同时,电大教育面临着不容忽视的挑战。一是来自学历教育市场的挑战。教育消费者对教育资源品质的要求日益提高,高等教育已进入全面提高质量的重要阶段;普通高等学校教学改革深入进行,面向岗位的应用型人才的培养力度加大;高等职业教育布局调整,不断向下延伸;高校网络教育正在形成良性的规模发展。二是来自非学历教育机构的挑战。在政策的引导下,培训机构特别是民营机构对市场的定位能力、竞争能力与日俱增,其在对市场的准确把握、社会需求的快速响应、项目开发与品牌建设等方面拥有一定的竞争潜力和优势,成为电大拓展非学历教育市场的一支强有力的竞争力量。三是来自电大自身的挑战。在国家整个教育体制改革进程中,电大系统的一些深层次矛盾和问题逐渐显露出来;电大系统的有机联系出现了弱化的趋势,影响了电大系统功能的正常发挥;个别地方电大在办学指导思想上出现偏差,对规范管理和教学质量重视不够。

我们可以这么说,开放教育是电大发展的必然选择。开放教育是一项有潜力、有希望的事业。走内涵发展的道路是开放教育发展的时代要求。

(三)"十一五"规划

从以上情况看,今后几年我们还是要坚持"扩大开放、保证质量、强化特色、打造品牌"的发展方针。

我们的发展思路是理念引导,定位先行,固本培元,度势发展。

所谓理念引导,就是对社会倡导学习是稳定工作的保障;学习是把握自身命运的基石;学习是现代公民的生活方式。在电大,我们倡导声誉和质量是电大的生命线；优质服务是电大的立校根基；强化开放与系统建设是电大的未来；系统高效运行是电大的保障。

所谓定位先行，包括机构定位，即电大是政府的高等学校，国家的远程教育机构；社会定位，即要做全民终身学习的支柱，学习型社会的平台；办学定位，即学历与非学历并重，办学与服务并举；人才培养定位，即是职业人的教育，应用型人才的培养。

所谓固本培元，就是要集全国电大之力，建设国家终身教育体系的支撑架构，结合建设和谐社会和学习型社会的需要，深入开展现代远程教育条件下职业人教育与培养的模式探索，全面推进电大教育改革与发展，建设国家现代远程教育开放大学；就是要做好学历和非学历教育，搞好远程教育公共支持服务；培育电大教育和服务市场；做强做大电大开放教育。

所谓度势发展，就是要认真研究我国经济社会与高等教育发展的形势，分析电大教育面临的发展机遇与挑战，与时俱进，锐意进取；积极争取各级党委、政府和教育行政部门以及社会各界对电大教育的关心、理解和支持，为电大教育创造更加广阔的发展空间。

我们的发展目标，就是要努力争取五个"一流"：一流的远程教育基础设施；一流的远程教学资源；一流的远程学习支持服务；一流的远程教育研究水平；一流的远程教育队伍的现代远程教育教学系统。综合办学实力居于世界远程开放大学前列。

如何实现这个目标，应实施"六项工程"、推展"六项计划"。"六项工程"，即电大系统建设推进工程、课程平台搭建工程、教学质量保证和学习支持服务强化工程、社会化公共服务体系推进工程、队伍素质提升工程、信息化校园建设工程。"六项计划"，即证书教育推进计划、特定人群教育发展计划、中等职业教育发展改革计划、对外合作与交流计划、社区教育推展计划、电大文化建设计划。

电大教育的持续健康发展，需要我们齐心协力、开拓创新，共同致力于汇聚最优质的学习资源、提供最体贴的支持服务、运行最高效的办学网络、开展最鲜活的科学研究，建设具有中国特色的现代远程开放大学，搭建服务全民终身学习的大平台，进一步突显电大的社会价值，为学习型社会与和谐社会的构建作出更大贡献。

谢谢大家！

抢抓机遇　加强内涵　开创电大教育新局面[①]

同志们：

一年一度的全国电大党委书记校长会议就要开始了。根据会议预定安排是由吴启迪副部长在今天上午讲话，由于部里安排有变化，吴启迪副部长的讲话改在下午进行。今天上午就由我给大家作报告，算是提供一个背景。下面，我分三个部分向大家汇报。

一、2007年主要工作回顾

（一）主要工作进展

1. 开放教育由试点转入常规

2007年12月，教育部公布了开放教育试点总结性评估结论（教高厅函〔2007〕58号），主要内容有几句话。第一句话是决定"中央广播电视大学人才培养模式改革和开放教育试点"项目总结性评估予以通过。第二句话是"试点项目实现了预期目标，形成了开放教育人才培养模式的基本框架，以及相应的教学模式、管理模式和运行机制，为广播电视大学的发展奠定了

图4-4　2007年10月17日在中央电大接见电大优秀学员宗道辉

基础，为国家现代远程教育的发展积累了经验"。第三句话是"开放教育已经成为推进远程教育和继续教育发展的一种重要形式"。文件同时对各级电大和教育行政部门提出了要求：希望中央广播电视大学要统筹规划，科学管理，发挥系统优势，办好开放教育。同时也希望地方各级教育行政部门加强对当地广播电视大学的领导，明确开放教育在其发展中的主体地位，

---

① 葛道凯在2008年全国电大党委书记校长会议上的讲话。

促进开放教育持续健康发展。由此，开放教育作为一种独立的教育形式正式进入现代国民教育体系和终身教育体系。

2. 开放教育招生规模再创历史新高

从开放教育试点开始到现在，开放教育的规模一年一个台阶，到2007年秋季单季招生41.96万人，规模首次突破40万人，2007年度招生突破75万人，达到77.88万人，单季和年度招生均创历史最高。2007年，开放教育毕业56.85万人，开放教育以来的毕业生累计222万人。

3. 教育教学改革工作全面推进

（1）专业建设及课程平台搭建

2007年开设专业总数67个，新开专科专业7个，包括"一村一名大学生计划"专业4个。2007年重点落实2006—2010年教学改革要点，改造完成专、本科专业6个，启动20个专业计划改造。课程平台工程也于2007年启动，启动信息技术、小学教育、一村一和通识课程4个子平台建设。2007年开展专业及课程专项评估，对15个本科专业及35门课程进行了网上问卷调查，专业总满意率87%，课程总满意率79%。

（2）教学模式改革

一是反思固化。通过流程、规程把试点八年期间形成的模式及经验固化下来，在以后的工作中继续发挥作用，出台了一系列的意见、流程、规程。二是调适细化。进一步增强人才培养模式和教学对象的适应性。例如对于工科类专业，如何进一步增强职业性；对于文科类的专业引进案例教学；等等。三是课程考核改革。首先是基于网络课程考核改革范围进一步扩大，试点课程达83门。同时探索和实验半开卷、开卷、口试、笔试等多种形式的考试改革，2007年基于网络进行课程考核的试点课程达83门；还推行了90分钟的考试改革，半开卷考试改革试点课程达到24门，组织全国电大开放教育课程考核方案优秀设计奖评选，38项设计获奖。

（3）教学资源建设

全国电大8门课程被评为2007年度国家级精品课，在全国网络教育试点高校中名列第一，包括广州电大物业管理实务课程。全国电大40门课程入围，涉及四川、内蒙古、广州、辽宁、陕西、安徽、重庆、青岛8所省级电大。新建文字教材73种、录像教材42门492学时、CAI课件17个。2007年共建共享专业12个、课程34门，涉及北京、天津、上海、广州、深圳、浙江、江苏、湖南8所省级电大。

（4）教学过程管理

2007年教学过程管理实现了两个转变：一是由原来的比较多的精力接

受外部评估转化为内部评估,探索建立电大内部教学评估机制;二是由综合评估转入专项评估,重在学生及基层电大的意见。2007年探索建立课程、专业评价标准,与欧洲远程教育联盟(EDEN)专家合作,形成了课程评价标准初稿。2007年网上教学检查采取多元评价,重点关注学生评价。教学督导的作用重在发现问题和解决问题。

(5)学习支持服务

一是开展远程接待系统建设项目试点。到目前为止,除中央电大外,有浙江电大、广州电大、沈阳电大、贵州电大、天津电大基本建设完成省级电大的远程呼叫中心,上海电大的呼叫中心也在建设之中。初步建设完成学生常见问题数据库,共1450条问题。当数据库积累非常大的时候,我们可以实现非专业人员来回答学生的专业问题,成为一个流程性的工作。省级电大远程接待系统实现互联互通,IP电话互转,建立了"网络化、分布式"的广播电视大学远程接待系统雏形。二是利用网上教学平台为学生提供支持服务。2007年发布文本信息5260篇,制作IP课件1088讲;网上教学活动1515场,午间直播课堂154场;召开网上会议114场。

(6)内部管理改革

一是强化系统建设,中央电大新增发展规划办、新闻宣传办、信息管理处。二是强化学科建设及资源建设,组建学科学院,包括文法学院、经济管理学院、工学院、教育学院、外语学院、农林医药学院。同时新设资源管理处,挂牌成立了学习资源研究中心和视听媒体实验室。三是强化学历与非学历结合,继续教育学院与培训中心机构合并,实体运行;教务处与继续教育处合并,实现学历与非学历教育的统筹规划和管理。四是更加关注学生,新设学生工作处。

(7)合作办学与非学历教育进一步拓展

与16个行业部委开展了证书教育、课程建设、教学点建设等方面的合作办学。其中,共有11个专业引入共16种证书;开放教育行业教学点92个,新增34个。正在与全国妇联、中国煤炭工业协会、北大青鸟等开展洽谈。举办"2007社区教育国际论坛","首都职工素质教育工程"项目在北京的影响越来越大。

4. 科研与对外交流工作深入开展

为了准备2008—2012年教育行动振兴计划,教育部内部设立了13个教育改革和发展战略与政策研究重大项目,电大系统参与第十三子课题《继续教育改革和发展战略与政策研究》有关项目研究。此外,电大系统承担了教育部、财政部"网络教育数字化学习资源中心建设"项目,依托中

图 4-5 2007年10月25日在京出席国际远程教育高端论坛

央电大建立全国网络数字化学习资源中心。项目体现了远程教育发展的一个重要的思路，要有足够丰富的资源来支撑。同时，电大系统还承担了教育部"数字化学习港与终身学习社会的建设与示范"教改项目。2007年中央电大承担的有关科研项目总经费达2000万。

对外交流方面的工作主要有以下四项。一是在第21届AAOU年会上，张尧学获得亚洲开放大学协会杰出成就奖。会议颁发的3项优秀论文奖中，电大系统占2.5个，其中"毕业生追踪调查"论文获金奖。二是中央电大与密西根州立大学合作建立的孔子学院被中国国家汉语国际推广领导小组办公室评为2007年先进孔子学院。三是主办2007年国际远程教育大会，与北京大学等联合举办国际远程教育高端论坛。四是组织地方电大出国交流访问29人次，选派3个地方电大教师赴英做访问学者。

5. 公共服务体系建设稳步推进

科技部国家"十一五"重大科技支撑项目"数字教育公共服务示范工程"课题取得重大进展。目前，公共服务体系已为36所合作高校的190个专业的20万学生提供学习支持服务，并承担全国网络教育统考129万人次的考务工作。通过实施教育部"数字化学习港"教改项目，建立了乡镇型、社区型、企业和行业型等7个典型应用示范学习中心。

（二）对若干问题的反馈

1. 开放教育毕业证书颁发的问题

为了解决毕业证书颁发慢、贵、险等问题，中央电大于2008年春启动了毕业证书颁发工作改革试点，主要思路是中央电大集中打印毕业证书、洗印并粘贴照片、加盖钢印后下发省级电大。此次改革实现了随时审核、随时颁证，为逐步实现随时进行电子注册的目标奠定基础。如果按照2007年秋的情况进行测算的话，预计86%的学生可于10月底前获得毕业证书，34%的学生可于9月底前获得毕业证书。目前，我们在北京、浙江、广东进行了该项试点，如果试点成功，我们将尽快在全国电大系统推行。

2. 关于新闻宣传的问题

新闻宣传工作是大家反映比较多的，认为宣传工作不到位，主要是不统一、声音少、反应慢。

针对不统一的问题，中央电大成立新闻宣传办公室，统筹电大新闻宣传工作；2007年10月召开首届全国电大新闻宣传工作研讨会，36所省级电大参会；开展中央电大及电大系统形象设计，目前已形成初步方案。

针对声音少的问题，我们开展了五个方面的工作。一是宣传报道电大系统学习贯彻党的十七大精神情况，对来自电大系统的十七大代表、十一届人大代表进行专题宣传报道。二是策划"纪念邓小平同志批示创办广播电视大学30周年暨推进国家终身教育体系建设座谈会"，由教育部主办。这个会议的成功举办表明电大系统在国家终身教育体系和继续教育领域中已经占有重要位置，并将会占有更重要的位置。召开会议一方面是我们电大系统成长三十年的回顾，同时也是国家终身教育体系建设很好的切入点。电大三十年也是我国改革开放三十年在教育领域的非常好的一个说明。三是全国电大开展"关于纪念邓小平同志批示创办电大30周年暨深入学习贯彻陈至立同志重要讲话"活动。四是与中国教育电视台合作。在CETV-1开辟电大专题电视栏目《求学人生》，展示学子风采。2月14日试播，已播出8集。省级电大推荐72人，拍摄完成21集。五是在中国网开通电大频道，面向社会公众宣传电大教育，并提供教学咨询服务。已经制作新疆电大、中央电大西藏学院宣传专题。

针对反应慢的问题，最主要的就是要努力改进对突发事件应急处理的被动局面，主动面对问题，解决问题。另外，我们完成中央电大门户网站改版，建立了简报制度，定期将重点工作报送教育部领导及合作单位；建立中央电大新闻发布制度，及时、权威对外发布信息。

3. 关于中央电大收取管理费用高的问题

我们做了一个测算，以文科收费最高的为例，中央电大最高从一个学生学费当中收取650元，专科收取435元。从比例上讲，本科收费占学生总学费的11%左右，专科占9%左右。东西部电大之间收费在比例上有一些差别，但总体中央电大收取费用占学费的10%左右。中央电大本科专业收费的30%～50%给合作高校和部委，专科专业中与地方电大合作共享的是五五分成。在与行业合作专业当中，注册建档费的20%～30%是给合作方，向大家作一说明。

4. 关于会议多和会务费高的问题

2006年中央电大校长办公会专门研究了一个会议管理的办法。第一是实行分类管理。面对面会议分为三类：一类会议费用全部由中央电大承担；二类会议提供部分补助；三类会议自收自支。第二是压缩会议数量。对二、三类会议进行严格审批。要求每个处室面向系统的面对面会议不能超过2个。第三是鼓励召开远程会议。能采用远程手段的就不要召开面对面会议。中央电大对每个远程会议提供不低于3000元的经费保障。第四是严格执行会议计划。我想任何事物都是两方面的。一方面会开得太多影响我们各级电大的正常工作，也带来很大的负担。但另一方面如果不开会也不行，必要的会议（特别是面对面的会议）还很重要，比如我们一年一度的书记校长会还很重要的，大家需要坐下来面对面的沟通、交流。关键是要平衡地处理两个方面的问题。

5. 关于教材费及形考册的问题

在面向电大系统销售的各出版社图书中，我们抽取了30种教材进行分析。与外版教材比较，中央电大版教材的定价标准（每印张定价）处于中等水平。2006年以来，纸张价格上涨了33％，但学校要求图书价格不能上涨；更重要的是要压缩减少教材厚度，提高运营效率，降低成本。今年我们将要启动学生文字教材满意度调查，推动教学内容、教学方法的改革。此外，对"一村一名大学生计划"、部队士官等特定人群的教材，一贯实行低定价。另外，针对形考册问题，学校拟通过逐步增加网上形考比例、网上公开发布等方式予以解决。

6. 正在解决的问题

系统建设、资源建设、队伍建设、学习支持服务、专业与课程建设等问题通过"十一五"规划中相应的工程、计划有步骤、针对性地加以解决。

二、电大教育面临的形势

（一）形势与机遇

1. 党和国家的战略决策

"十七大"把"优先发展教育，建设人力资源强国"作为以改善民生为重点的社会建设六项任务之首进行部署。"十七大"有两个很重要的新提法：第一，"努力使全体人民学有所教"；第二，"发展远程教育和继续教育，建设全民学习、终身学习的学习型社会"，远程教育即将迎来新的发展机遇。

我国教育事业的发展正站在一个新的历史起点上，我国已经成为人力资源大国，正在向人力资源强国迈进。具体表现为六个方面：义务教育进入历史新阶段；职业教育的发展和改革取得历史性突破；高等教育规模实现历史性跨越，质量不断提高；实施素质教育取得重要进展；教育公平迈出重大步伐；现代化教育体制更加充满活力。

在这个新的历史起点上，教育发展具有以下几个阶段性特征。一是有学上的问题已经基本解决，上好学的问题成为突出矛盾。二是数量和规模的问题已经基本解决，质量和结构的问题成为突出矛盾。三是国民教育体系已经基本形成，中国特色社会主义现代化教育体系还有待进一步发展和完善。四是各级各类教育都已进入全面提高教育质量的发展新阶段。

关于今后的发展任务。在今年1月31日"纪念邓小平同志批示创办广播电视大学30周年暨推进国家终身教育体系建设座谈会"上，陈至立国务委员代表国务院出席大会。陈至立指出，电大教育为我国高等教育发展做出了巨大历史性贡献，"今天，广播电视大学已经成为我国现代远程教育的骨干力量，成为我国推进全民学习、终身学习的重要支撑"。陈至立用三个成功实践来称赞电大教育："发展广播电视教育，是邓小平同志优先发展教育、多出人才快出人才教育思想的成功实践，是邓小平同志'两条腿走路'发展教育思想的成功实践，是邓小平同志教育现代化思想的成功实践。"她用四个新来概括电大发展的成绩。一是探索了适应不同学习需求、提供多样化教育服务的新模式。二是探索了综合运用现代技术手段开展远程教育的新路子。三是探索了合作办学、整合与共享教育资源的新途径。四是探索了有效保障远程教育质量的新机制。陈至立同志对包括我们电大在内的远程教育的发展提出了三个要求：一是要充分发挥现代远程教育在构建全民学习、终身学习的社会中的重要作用；二是要充分发挥现代远程教育在发展继续教育中的重要作用；三是要充分发挥现代远程教育在缩小教育差距，促进教育公平中的重要作用。

2. 教育部门的工作部署

一是在教育部2008年工作会议上，周济部长提出要大力发展远程教育、继续教育。第一个方面，以应用为先导推进现代远程教育。第二个方面，大力发展继续教育。特别提出要以国民教育体系为依托，充分发挥电大等系统的平台作用，建立更加开放和多样化的继续教育体系框架。

二是在教育部2008年工作要点中专门提出，充分发挥广播电视大学、自学考试和中国教育卫星宽带网平台等重要作用，积极开展多种形式的成人继续教育和社区教育。

三是2008年3月24日，刘延东同志到教育部调研工作时，周济同志汇报中提到，由邓小平同志亲自倡导和创建的广播电视大学已经发展成为世界上规模最大的远程开放教育体系。3月28日在教育部学习十七大总结会上，周济同志再次强调，要把积极发展成人继续教育放在重要位置，全面部署和推进学习型社会的建设工作。

四是2008年2月，教育部转发《中央广播电视大学"十一五"发展规划纲要》（教高厅〔2008〕1号）。通知指出：广播电视大学是我国发展远程教育和继续教育的重要力量。各级教育行政部门要切实加强对本地区广播电视大学的领导和管理，进一步深化改革，加大投入，强化管理，采取有效措施，推动广播电视大学科学发展，在我国构建终身教育体系和建设学习型社会中发挥更大作用。

五是规范成人教育市场。2007年11月，教育部下发《关于加强成人高等教育招生和办学秩序管理的通知》（教发〔2007〕23号），从2008年起，普通高等学校停止招收成人脱产班，成人高等学校招收成人脱产班的规模要根据具体行业需求从严、合理确定。12月，《教育部办公厅关于对现代远程教育试点普通高等学校和中央广播电视大学开展现代远程教育试点工作进行专项检查的通知》（教高厅函〔2007〕57号）印发，决定对现代远程教育试点普通高等学校和中央广播电视大学开展现代远程教育试点工作进行专项检查。

3. 社会发展的旺盛需求

一是现代远程教育市场潜力巨大。最近中国互联网络信息中心发布数据，截至2008年3月，我国网民数已达到2.285亿，超越美国（2.171亿）跃居世界第一。而网民上网目的为接受网络教育的比例占16.6%，用户规模达到3486万人。

二是现代远程教育认可度不断提高。根据调查，在未来一年内高中（中专）以下人群中，有意愿参加网络教育的人数占到30.3%；高中（中专）和大学专科学历人群中分别占28.7%和28.1%；本科学历人群中也有21%。专科以下的学历今后将成为网络教育的顶梁柱。调查显示，用户选择现代远程教育的原因主要为学习时间灵活，选择此原因的网民比例占所有被调查者的66.9%；而选择补充知识的比例为65.8%。其他主要原因分别有学习地点灵活占52.1%，是自己掌握学习进度占51.1%。这四个原因也恰恰是我们电大应该发展的优势。第五个原因是个性化教学针对性强，占39.6%。国家承认文凭排在第六位，只有26%。所以，把我们的远程教育做好是第一位的。

三是开放教育社会影响不断扩大。《江西日报》盘点2007年江西省教育关键词，"开放教育"入选。谷歌发布2007年上海搜索热榜，"电大"名列十大热门话题榜首。中国政法大学校长徐显明谈到，目前中央电大与中国政法大学已经共同培养了 16 万法学专业学生，在学的有 16 万余人，探索了一种职业型法学人才培养的重要模式。

通过上述的说明，我们可以对电大教育基本形势做出判断：电大教育已经取得了巨大的成就，党和国家、教育部及社会对电大教育提出了新的更高的要求，也赋予了更加艰巨的任务。电大教育已经站在一个新的历史起点上，进入了一个新的发展时期。电大面临着新的发展机遇：一是党和国家的战略部署为电大指明了努力方向；二是教育部门的工作部署对电大提出了具体任务；三是社会的旺盛需求为电大提供了更大发展空间。

(二) 挑战

1. 建立长效机制方面

开放教育实施九年以来，我们千辛万苦总结、概括的开放教育的模式非常可贵。但是非常遗憾的是总结性评估结束以后，进一步完善这个模式的劲头有所松懈。有些制度不能很好地执行。投入，特别是精力的投入、师资的投入，出现了漂移的倾向。何以见得？2006 年新生登录中央电大教学平台的比例是 22.9%，2007 年只有 13%。2006 年学生登录省级电大及分校的全国平均次数是 37.75 次，2007 年只有 9.1 次。2006 年全国省级电大自开课程教学资源建设平均 42.6 篇（个），2007 年只有 6.9 篇（个）。2006 年省级电大和分校教学平台每门课程论坛平均发帖 123.6 个，2007 年只有 21.1 个。所以长效机制问题需要我们认真研究。

2. 质量、结构和声誉方面

一是教学品质，包括队伍素质和资源质量；二是教学改革，特别是教学内容与课程体系的改革；三是质量保证，特别是过程管理与支持服务到位情况。比如，由于开放教育学历在澳门地区官方的认可度问题，目前在已毕业的学生中仅有 1 名学生的学历得到了澳门地区有关部门的认可。如果这个例子是在内地，毕业生不被社会所承认，长此以往，学历教育还可能进行下去吗？

通过对 1999—2002 年开放教育本专科在籍 6 年以上未毕业及占招生比例数据分析，我们要深入思考：一是我们的管理是不是真的坚持了标准；二是我们的服务是不是真的为学生提供了他所必需的教学支持服务。全国电大在籍 6 年以上没有毕业的学生 23 万人，这些学生是我们电大做品牌、做声誉的很好的机会。总体上，我们的学生是上进的，他们希望有严格的要求，希望所学的东西对工作有指导意义，希望网上教学资源不仅形式要好，内容也要好。从 1999 年以来本科招生数来看，从 2003 年开始，本科招生呈逐渐下降趋势。在专科招生快速上涨的同时，本科占招生总数的比例从 43% 下降至 32%。这些问题必须引起重视。

3. 持续稳定发展方面

一是电大发展方向。我们不能再犹豫了，再犹豫就会错失时机。二是系统建设亟待加强。三是内部政策保障。四是教育市场竞争。2003—2007 年本科新生 21—24 岁学生所占比例逐年增高，从 2003 年的 21.6% 上升至 2007 年的 29%，专科则是从 2003 年的 19% 上升至 2007 年的 32%。这说明我们学生里年轻人越来越多。而同时高中阶段毕业生人数总体上逐年下降，2007 年初中毕业生减少 500 万人，在此背景下，我们要探索如何使我们的学生高龄化。在普通高校网院本科招生持续上升的同时，我们电大的招生持续走低，在本科的竞争上，我们电大处于弱势。

通过以上的分析，我们可以得出目前电大发展阶段的三个基本特征。一是试点转入常规的问题已经解决，建立长效机制的问题日益突出。二是招生规模的问题已经基本解决，质量、结构和声誉问题日益突出。三是电大生存的问题已经基本解决，持续稳定发展的问题日益突出。经过过去九年的努力，电大已经进入了新的阶段，如何做强电大应是新时期电大改革发展的时代命题，是推进学习型社会建设的历史使命，也是参与人力资源强国建设的基本要求。

三、今后工作思路与措施

1. 工作思路

一是抓常规，就是实现日常工作的精细化，抓基本教学秩序、教学模式固化及长效机制建设。二是抓重点，抓住内涵建设的重要内容，落实"十一五"规划中"六项工程"、"六项计划"实施方案。三是抓保障，包括教学投入，抓流程规程建设，抓质量监控。

2. 重点工作

第一，大力实施"六项工程"：电大系统建设推进工程；课程平台搭建工程；教学质量保证和学习支持服务强化工程；社会化公共服务体系推进工程；队伍素质提升工程；信息化校园建设工程。大力实施两个专项工作：一是从今年开始，先从西部省区试点，启动中央电大奖学金试点，争取三年内在全国实施；二是建立全国呼叫中心，逐步扩大试点和实现全国联网。

第二，积极推进"六项计划"：证书教育推进计划；特定人群教育发展计划；中等职业教育发展改革计划；对外合作与交流计划；社区教育推展计划；电大文化建设计划。

3. 校庆工作

全面启动电大 30 周年校庆工作，全面总结电大开基创业、发展壮大的办学经验，宣传主要成就，凝聚各方共识，营造电大在新形势下又好又快发展的良好舆论环境、政策环境和制度环境。在具体活动安排上，一是今年 1—12 月，为纪念小平批示创办电大 30 周年系列活动；二是明年 1—12 月，为校庆 30 周年系列活动。期间举办两个重大活动：第一是召开纪念小平同志批示创办广播电视大学 30 周年座谈会，这个已成功举办；第二是举行广播电视大学建校 30 周年庆典大会。

如果对我们的工作，我们的形势、机遇和挑战做一个总结的话，可以概括为以下三句话：成绩巨大，机遇难得，站在了新的起点上；挑战深刻，形势逼人，必须坚定地开拓创新；抓住根本，加强内涵，齐心协力破解发展难题。我坚信，电大的明天会更加美好！

谢谢大家！

内强能力　外树形象　夯实基础
在构建终身教育体系中发挥更大作用①

同志们：

陈希副部长非常重视这次党委书记校长会，为开好这次会议，今年 3 月 12 日还专门召开了广播电视大学改革与发展座谈会，部分省级电大、省教育厅、普通高校及合作部委有关领导参加了座谈会。陈希副部长讲话中提出的"重视质量"是在思考整个高教改革发展中的一个核心问题。我们广播电视大学在今后的发展中也必须要把提高教育质量摆到重要议事日程上来，把发展电大教育事业的重心转移到注重质量的内涵式发展上来，实现规模、质量、结构、效益的协调发展。下面，我汇报四个方面内容。

一、2008 年主要工作回顾

在去年的党委书记校长会上，我们形成了两个方面的共识，对电大改革发展形势有一个基本的判断。第一个共识是：电大发展中的三个阶段性特征。一是试点转入常规的问题已经解决，建立长效机制的问题日渐突出；

---

① 葛道凯在 2009 年全国电大党委书记校长会议上的讲话。

图 4-6　2009 年全国电大党委书记校长会议

二是招生规模的问题已经基本解决，质量、结构和声誉问题日渐突出；三是电大生存的问题已经基本解决，持续稳定发展的问题日渐突出。第二个共识是：成绩巨大，机遇难得，站在了新的起点上；挑战深刻，形势逼人，必须坚定地开拓创新；抓住根本，加强内涵，齐心协力破解发展难题。我们对电大发展的形势分析与陈希副部长对整个高等教育发展的形势分析是一致的。

下面我分两个方面对 2008 年的工作进行总结。

（一）主要工作进展

1. 开放教育招生规模再创历史新高

2008 年秋季单季招生 47.55 万人，年度招生总规模达到 91.26 万人，单季和年度招生均创历史最高。2008 年，开放教育毕业 45.82 万人，开放教育毕业生累计 268 万人，电大建校以来的毕业生累计达到近 700 万人。

从开放教育十年来招生情况来看，1999—2003 年是开放教育招生第一次快速增长阶段；2003—2005 年是一个稳定发展的阶段；2006—2008 年是第二次的快速发展阶段。从以上情况看，我们自然就要进入第二次的稳定发展阶段。经过一段时期的快速发展，就要有一段时间的调整，这样才能保持可持续发展。

2. 教育教学改革继续深化

（1）学科专业建设

一是 2008 年新开设美术教育、音乐教育、农村信息管理 3 个专业，开放教育专业达到 74 个，其中专科专业 38 个，本科专业 20 个，"一村一名大学生计划"专业 16 个。二是编制 2009 年专业设置规划，纳入规划的专业有 20 个。其中本科专业 8 个（市场营销、软件工程、园艺、护理学、社会工作、教育技术等），专科专业 12 个（药品经营与管理、煤炭安全管理等）。三是启动"高职类专业双证改造计划"。与人力资源和社会保障部、中国高等职业技术教育研究会等单位开展全口径合作，探讨以证书方式推进电大高职类专业改革。

(2)教学资源建设

2007年教育部第一次启动了国家精品课程网络教育精品课程的评选,全国电大有8门课程入选国家精品课程。2008年全国又有9门课程入选。继2007年广州电大有一门课程被评为国家精品课程后,2008年深圳电大物流管理定量分析课程也入选了国家精品课程。2008年我们第一次启动电大系统的精品课程评选,评选出首

图4-7 2009年3月11日陪同教育部党组成员、中纪委驻教育部纪检组组长王立英视察中央电大复兴门大楼

批52门电大精品课程,其中地方电大23门。2008年,中央电大新建文字主教材54门,辅助教材11门;新建录像教材20门224学时;新建网络课程7门。

(3)教学模式改革

一是基于Web2.0的数字化教学环境和资源建设课题研究,探索学生参与式交互的教学、支持服务、课程团队及技术模式。参加课题研究的货币银行学、离散数学两门课程均获国家级精品课程。应该说我们电大有基础做出最好的东西。二是启动"基于网络的个性化教学指导与服务"项目,在广告学、工商管理专业开展试点,涉及19个省级电大,3个直属学习中心。电大的教学组织是学生达到一定数量才能开设某个专业,这样就有一些零散的学生无法得到学习支持服务。我们希望通过这个试点项目来探索一种新的教学组织模式,使得那些不是整班组织的学生、零散的学生同样能够得到高质量的学习过程服务。无论有多么艰难,我们一定要把这个项目进行下去。三是开展远程接待系统建设项目试点,有12所省级电大参与试点。2008年,新推出25门课程参加基于网络的考核改革,累计试点课程达111门。开卷、半开卷考试课程占总的考试课程的20%。开展奖学金试点:13个单位参加;投入100万元奖励千名优秀学生。

(4)教学教务管理

一是修订完善教学管理规章制度。出台《招生工作规程》、《专业设置工作规程》、《非学历教育项目管理暂行规定》、《教学资源技术标准(2008)》等,编印《开放教育教学教务管理文件汇编(一)》。二是实施教学点、考点清理整顿。建立并落实教学点红黄牌制度,完善教学点准入退

出机制，2008年撤销327个教学点、131个考点。三是毕业证书颁发改革试点工作进一步推进。2008年按新程序颁发毕业证书6.75万本，并首次统一印发开放教育入学通知书。2009年改革工作在全国电大全面铺开。四是加强教学评估督导检查。出台开放教育教学评估督导工作规范（试行），研制课程教学实施及效果评价标准。开展大规模文字教材学生满意度调查，涉及497门课程文字教材、33万多人次，被调查学生对开放教育各专业统设必修课程文字教材整体满意度较高，90.34%的课程平均分集中在80~87分。

3. 教学科研水平明显提升

一是参与国家重大战略专题的研究工作。参与《国家中长期教育改革和发展规划纲要》继续教育专题。参与教育部《教育改革和发展战略与政策研究》继续教育课题。二是承担教育部、财政部"网络教育数字化学习资源中心建设"项目。完成教育部数字化学习港与终身学习社会的建设与示范项目。三是中央电大参加北京市教学成果奖评选：获两个一等奖，一个二等奖。据不完全统计，北京、山西、贵州、云南四所省级电大各获一个教学成果一等奖，参加国家级教学成果奖的评选。四是中央电大面向全国电大系统开展科研课题立项工作，130项课题获得立项，其中重点课题16项。中央电大面向系统组织开展第三届优秀科研成果评选工作，160项获奖，其中一等奖20个、二等奖30个。五是上海电大荣获联合国教科文组织2008年度哈马德国王奖。变数字鸿沟为数字机遇——中国上海电视大学市民数字化终身学习系统建设。六是中央电大在AAOU第22届年会上蝉联最佳论文奖。

4. 行业合作与公共服务体系建设稳步推进

一是合作办学。新增合作高校1所（中国农大——园艺学本科），合作部委2个（民政部——应急救援；文化部——网络文化管理），合作高校拓展到21所，合作部委拓展到17个。二是与空军合作成立中央电大空军学院，2009年3月26日正式成立。三是中央电大公共服务体系正在为31所普通高校网络学院的125个专业的24万学生提供学习支持服务。

5. 系统建设推进工作取得新的进展

一是启动系统建设推进工程。实施"全国基层电大（教学点）发展援助项目"，规划投入2000万。今年4月份将全部完成第一批受援电大48所480名基层电大专职教师和管理干部的培训和资源配送工作。第二批受援电大申报工作正在进行。第一批50个"创建示范性基层电大（教学点）项目"申请工作已启动。二是2008年我们很多省级电大在系统建设方面有好的做法。湖南电大、重庆电大组织分校主要负责人集中到省校述职测评，取得了非常好的效果。贵州电大实施订单式标准化系统管理。尤其是经甘肃电大努力，省政府出台"关于保持甘肃电大办学体制的通知"，要求地方政府保证电大系统办学体制和办学的独立性。

6. 灾难面前再现全国电大一家亲

汶川地震灾害爆发后，全国电大师生积极捐款捐物2000万元支援地震灾区。全国电大募集资金120万元，设立"特别助学金"，4所省级电大1364名受灾学生获得资助。中央电大向受灾严重电大实施专项援助630万元。值得自豪的是我们制作的《与爱同行——危机与灾难心理援助特别节目》，开展了突发性灾难事件的心理援助与教育，填补了国内空白，荣获第二届中华优秀出版物奖"抗震救灾特别奖"。这反映了我们电大的实力、反应速度和高度的民族责任感。

（二）对省级电大反映问题的反馈

1. 关于《广播电视大学暂行规定》修订事宜

2008年5月启动，成立专门的起草班子和专家小组。11月完成初稿，就总体定位、框架和主要条目征求有关法律专家、研究人员的意见。在征求各方意见的基础上，力争2009年年内上报教育部。同时，争取教育部出台《开放教育教学工作规范》。

2. 关于专项支持西部电大发展问题

开展西部地区特色课程教学资源建设，面向西部地区15所省级电大重点建设20门特色课程。2008年暑期到云南电大进行了专项调研，探索分类指导的思路。初步形成了四个方面的想法：一是课题立项，专项研究；二是在实施基层电大发展援助项目过程中给予倾斜；三是在教学点、考点设置与管理上予以分类指导；四是在课程平台搭建、资源建设共建上予以支持。我们在下一步工作中要不断完善，做好分类指导工作。

3. 关于发挥全国电大系统教师队伍整体功能问题

一是启动课程教学团队建设工作，推动"大教研室"建设，把其作为电大教师队伍建设的重要抓手。二是抓紧建立电大系统学科专家数据库。三是面向地方电大开展课程建设高级研修班，提高各级电大教师课程建设水平。

4. 关于课程资源共建共享问题

一是启动全国电大共建非统设课程项目。首批规划70门课程，计划投入280万元。经评审确定湖南电大等23所省级电大分别承担50门课程，其中本科28门，专科22门。在这个基础上，2009年规划再建设100门非统设课程。希望通过这项工作，提高各级电大资源建设水平。二是继续推进共享专业和共享课程的建设。目前，开设共享专业10个，6所省级电大已经或将要面向全国提供75门课程的教学资源和学习支持服务；开设共享课程41门，8所省级电大、1所地市分校已经或将要面向全国提供课程资源和学习支持服务。

5. 关于开放教育费用提取问题

对于这个问题，中央电大委托财务处专门对开放教育以来费用提取的情况作了系统的梳理和研究。从2004年开始，中央电大已多次降低专科注册建档费、统招生学费、学位申请费、学位英语考试费等费用提取标准。学费分成情况大致为：中央电大：省级电大：市区县电大＝10：20：70。与网院收费情况相比，目前电大系统收费情况比较合理，不宜进行大的调整，以避免引起大的震荡。中央电大2008年以各种形式，包括毕业证书颁发、系统建设、灾害专项援助、资源建设、奖学金等，支持和帮助地方电大超过2000万。

二、对电大历史和未来的新认识

电大30年始终肩负着"扩大高等教育机会，努力使人人享有优质教育"的使命。在履行使命的过程中，电大实现了三次历史性的飞跃，或者说我们做了三件事。

（一）电大三次历史性飞跃

第一次飞跃是将传统课堂送向社会。当时的历史背景是"文革"刚刚结束，经济建设急需大量人才。高等教育资源严重匮乏，1980年，全国普通本专科在校生规模仅有114万人，我国高等教育毛入学率从1975—1985年长期停留在1‰左右。于是政府投资发展广播电视教育来提高高等教育机会。我们采用固定地点、固定方式集中组织收看教学组织方式，选择全国最优秀的师资（如杨振宁、华罗庚、费孝通等）给电大上课。这个阶段很艰难，但是我们圆满完成了第一个阶段的使命，就是把优质教育资源送出校园，而且对继续教育有一个非常大的贡献，改变了校园外教育是低质量教育的社会印象。

第二次飞跃是提供灵活的学习方式。1983年开始，中国开始进行经济体制改革，实行计件工资，这样对电大教学组织模式提出了挑战，工学矛盾加剧。1986年电大举办的普专班就是在这种背景下产生的，对电大的生存和发展产生了重大影响，但是从电大的使命角度上讲，是走了回头路了。在举办普专班教育的同时，我们没有忘记自己的使命——将优质教育送向社会。随着录音带、录像带技术走入家庭,到后来计算机走入家庭,再往后网络进入家庭,我们实现了灵活的学习方式。经过13年非常艰苦的时期,我们完成了使命,这段历史值得我们自豪。

第三次飞跃是初步实现有支持的学习。经济持续高速发展,老百姓的生活得到了很大的提高。老百姓对教育的需求由原来的有没有机会上学转化为我的学习是不是有一个比较好的过程服务。因此,随着社会经济需求的变化,我们电大正好开始实施开放教育。随着开放教育的发展,利用覆盖城乡的学习网络、多年积累的全国电大教学组织系统以及互联网技术,我们发展了开放教育独有的教育教学模式——面授辅导+网上交互+在线答疑+学习论坛,初步实现了有支持的学习。

在我们国家所有高等教育类型当中,普通高等教育实现了快速发展,增长了6倍,而唯一能和普通高等教育媲美的就是电大开放教育,增长了7倍。电大开放教育之所以与普通高等教育实现了同步发展,是因为开放教育顺应了时代的发展需要,包括技术发展的需要和人们观念发展的需要。

(二)电大新时期的新使命

一是实现教学内容的针对性和适应性变革。将传统课堂送向社会、实现灵活的学习方式、实现有支持的学习,这三次历史性飞跃主要是和技术性进步联系在一起的,这无疑是开放大学的使命。开放大学就是要把技术应用于教育过程中,使更多的人接受高等教育。但是作为大学,最重要的使命就是内容。因此,开放大学既要做开放的东西,又要做大学的东西。在未来的十年左右,我们要实现内容的针对性和适应性变革。以前我们也注意到了这一点,但当时我们的主要矛盾是技术应用问题。现在我们的技术在一定程

图4-8 2009年3月30日在北京南粤苑宾馆出席全国电大党委书记校长会议

度上赶上了时代发展的特点了,技术问题已经初步解决、基本解决。所以我们的主要矛盾转化为内容的变革问题。

二是搭建全民学习终身学习大平台。按照教育部批转的《中央广播电视大学"十一五"发展规划纲要》,中央电大要建成远程教育开放大学,建

成国家远程教育中心,省级电大要建成当地的远程教育中心,地、县级电大要建成当地的远程教育基地和社区教育中心。

三是建设世界一流的远程开放大学。经过若干年努力,我们要站在引领世界远程开放教育发展的行列之中。要做到这一点,我们就要汇聚最优质的学习资源,提供最体贴的支持服务,运行最高效的办学网络,开展最鲜活的科学研究。与社会的融合度应该得到显著的扩展,社会的满意度应该得到显著的提升,开放大学的文化应该得到明显的彰显。

三、电大教育面临的新形势

(一)发展的新机遇

1. 党和国家的战略规划

一是今年国家要出台《国家中长期教育改革和发展规划纲要》(2010—2020年),继续教育是规划纲要中非常重要的内容,而电大是继续教育中当然的重要组成部分。

二是给大家提供一些学者研究的数据,这些数据可能成为规划纲要的内容,也可能会有变化,供大家参考。到2020年,我国高中阶段的毛入学率将从2007年的66%提高到90%。开放教育的起点就是高中学生,如果大量的人没有受到高中教育,我们开放教育的生源自然要受到影响。高等教育的毛入学率将从23%提高到40%,高等教育的稳定持续发展是我们国家高等教育发展的长久方向。从2000—2007年,初中招生人数逐年下滑,反映了我们国家人口逐年减少的基本情况。从2005年开始,高中阶段的招生数开始下降,所以普通高等教育的竞争将越来越激烈。中等职业教育的招生数从2000—2007年持续增长,部分学生毕业后要接受以电大为代表的高等教育。从这个角度讲,我们的前景、我们的生源是非常丰富的。从2002—2007年,初中阶段的毛入学率从90%增加到98%,说明现在我们初中教育已经普及;高中阶段是从42%增加到66%,说明高中阶段教育提升的余地还是很大的。

三是继续教育的发展趋势。总的来说,在校园内教育持续发展的同时,在未来相当长的时间内,提高从业人员的教育参与率是整个社会发展的必然趋势。按照学者的预计,到2020年,15岁以上人口的受教育年限达到15年。信息技术的利用在继续教育的发展中占有非常重要的作用。2008年12月31日,中共中央政治局委员、国务委员刘延东同志视察电大,向全国电大师生员工祝贺新年,并充分肯定了广播电视大学30年改革发展所取得的巨大成就,强调指出"远程教育是朝阳事业"。

2. 教育部门的工作部署

一是教育部2009年工作要点提出,"积极推进终身教育体系建设,构建全民学习、终身学习服务支撑平台,推动形成学习型社会。办好广播电视大学"。二是教育部学习实践科学发展观活动整改落实方案提出,"搭建全民学习、终身学习服务支撑平台,充分发挥广播电视大学等的重要作用"。2008年11月19日,教育部党组副书记、副部长陈希同志上任后第一个调研单位就是中央电大。2009年3月12日,为开好全国电大书记校长会,陈希专门召开座谈会听取意见。三是教育部高教司2009年工作要点提出,积极推进终身教育体系建设工作;进一步推进继续教育资源整合,推进优质数字化学习资源共享;推进"一村一名大学生计划"和专业技术人才的继续教育工作。四是对普通高校办学条件的新规定。《教育部关于2008年普通高等学校和独立学院基本办学条件和招生资格审核情况的通报》(教发〔2008〕17号)决定:"从2009年起将自考助学班和网络教育在校生数纳入学校在校生总规模,测算基本办学条件。"这对我们来说也不是一个轻松的命题,值得我们思考。如果要求我们开放教育有一定的办学条件支撑,我们够不够条件?部分省级电大挂的另外一块牌子,开放教育的学生算不算你的分母?这些问题应引起我们深思。

3. 继续教育的发展现状

到目前为止,我们国家从事高等学历继续教育的共有六个系统:一是普通高校函授、夜大学、成人脱产班教育;二是高等教育自学考试;三是普通高等学校网络教育;四是独立设置的成人高等教育;五是第二学士学位、同等学力、专业学位等制度;六是广播电视大学教育。2006年函授教育到了最高峰,2007年开始下滑;夜大学也是2006年达到最高峰,然后开始走下坡路。函授、夜大学、成人脱产班的招生规模从2006年开始大体上以每年十万人的速度下降。高等教育自学考试,学历教育考试人数2000年是最高峰,此后呈逐年下降趋势;非学历教育从1995年开始持续增长,到2007年,自考的学历教育和非学历教育基本上达到1∶1比例。这说明社会上非学历教育市场也是非常可贵的。网络教育学院招生也是逐年增长。独立设置的成人高校无论是高校数还是在校生数都在逐年下降。我们电大1985年之前招生快速增长,之后经历了13年的动荡。我们发展了普专班,但没有在根本上改变电大生存状况。所以我们一定要办好自己的主业,不做主业很难从根本上有改观。

(二)面临的新挑战

首先,潜在危机不容忽视。一是思想准备不够充分,二是能力建设相对滞后,三是品牌意识亟待强化。

其次，质量保证压力空前。一是办学规模和教学条件发展不协调，二是教学过程的落实程度存在相当差距，三是不规范办学行为有所抬头。

最后，教学改革任务艰巨。一是学科专业结构亟须进一步优化，二是教学内容与课程体系改革任重道远。

四、2009年工作思路与举措

（一）工作思路

2009年的工作思路是：深入贯彻落实科学发展观，着眼于国家构建终身教育体系和建设学习型社会全局，在总结30年办学经验的基础上，谋划未来，内强能力，外树形象，夯实基础，争创亮点，以深化教学改革和加强内涵建设为主线，以深入实施"十一五"发展规划为重点，进一步推动各项常规工作精细化、保障工作科学有力、改革工作持续深化。

（二）主要举措

一是积极参与《国家中长期教育和发展规划纲要》（2010—2020年）研究制定，科学谋划电大教育发展。二是深入实施"六项工程、六项计划"，做强做大电大开放教育。三是加大教学投入，全力促进办学规模和教学条件的协调发展。四是深化教学改革，加强学科专业建设，推进优质资源共享。五是狠抓规范管理，加强评估检查，推动常规工作精细化。六是办好30年校庆，争创亮点，营造电大教育良好发展环境。

回顾过去，平凡中建伟业，让我们无比自豪。正视现实，成就中思危机，让我们更加冷静。面向未来，挑战中谋发展，让我们充满自信。

谢谢大家！

把握机遇 聚焦内涵 改革创新
为办好开放大学努力奋斗[①]

同志们：

这次书记校长会是在一个非常重要的时期，也是一个非常敏感的时期召开的。如何判断全国电大当前的基本情况，是非常重要的，也是非常关

---

① 葛道凯在2010年全国广播电视大学党委书记校长会上的讲话。

键的问题。在此，我想给大家介绍陈希同志关于教育工作中的三个矛盾的思想，和大家分享。第一对矛盾是不积极与不积极的矛盾，第二对矛盾是积极与不积极的矛盾，第三对矛盾是积极与积极的矛盾。对整条教育战线来说，个别地存在着不积极与不积极的矛盾，但从总体来看，是少数。也存在着积极与不积极的矛盾，也是

图 4-9　2010 年 5 月 10 日在京出席全国电大党委书记校长会议

少数。大量存在着的，是积极与积极的矛盾。那么对于积极与积极的矛盾应该怎么办？一个是要鼓励，一个是要引导。关于这三对矛盾的思想，对思考教育改革与发展是非常重要的。我想，从整体上把握、解决好这三对矛盾，对我们电大系统做好工作也是非常有启发意义的。下面我分三个部分进行介绍。

一、过去一年主要工作回顾

（一）开展 30 年校庆活动，总结经验展示成就

2009 年除了中央电大举办了 30 年的校庆以外，还有 34 所省级电大也举办了 30 周年校庆活动。在 2008 年，天津电大举办了 50 周年的校庆；今年 4 月 18 日，北京电大举办了 50 周年的校庆；5 月，上海电大要举办 50 周年校庆。可以说，2009 年是全国电大校庆之年，也是总结办学经验，展

图 4-10　2010 年 3 月 30 日陪同教育部高等教育司司长张大良在中央电大调研

示办学成就，凝聚新阶段前进动力的一个非常重要的平台。据不完全统计，超过 100 位省部级的领导发贺信、题词，或者是参加校庆并且发表讲话。应该说，2009 年电大成为一个很强势的宣传年。在中共中央政治局委员、国务委员刘延东同志的贺信中有 4 个关键词。第一是重要贡献，充分肯定了这些年来

广播电视大学为我国高等教育大众化,为终身教育体系做出的重要贡献。第二是骨干力量,指电大在我国教育体系中的重要地位。第三是重要支撑,讲的是下一步要继续作为推进全面学习、终身学习的重要支撑。第四是更大贡献,希望电大在中国特色社会主义的教育体系中做出新的更大贡献。教育部的贺信肯定了电大人才培养的新模式,在今后发展中强调要深入改革,加强内涵,优化资源,提高质量,增加实力。在举办校庆的活动同时,全国电大参加了现代远程教育十周年成果展,各地也都举办了30年的广播电视大学的成就展,还有举办各种各样的研讨和表彰活动。我体会,通过这30年的发展,电大在困境中转型,在博弈中崛起。通过校庆,电大的校友、老师、学生都非常自豪,对社会来说也是耳目一新,起到了展风采、聚人心的目的。

经教育部批准,中央电大在继续沿用中文校名的同时起用了英文新校名。使用英文新校名主要是布阵,但是我们千万不要把布阵就看做是练兵。我们的国家和教育到了一个关键的时期,作为电大,我们如何恰到好处地在关键的时候站到关键的位置上,为以后的发展打下一个基础,我想这是非常重要的,所以使用英文新校名主要是基于布阵的考虑。

(二)深入实施"十一五"规划,工程计划取得新进展

1. 系统建设推进工程

首先是《广播电视大学暂行规定》修订工作,2009年多次和高教司、规划司、政策法规司进行沟通,并上报教育部。陈希副部长表示,《广播电视大学暂行规定》下一步可能要和开放大学建设一并考虑。其次是投入1500万,实施两项计划。第一是示范性基层电大,2009年评选示范性基层电大50所,一批省级电大启动了省级示范校的建设,通过示范性活动开展争取了各方面的资源,有效拉动了基层电大的建设。第二是基层电大发展援助项目,中央电大已分三批援助了180所基层电大。另外,也有力带动了各地方电大加强系统建设。例如湖南省委省政府专门发文,明确以湖南广播电视大学及其办学的网络为基础,建立湖南省终身教育公共的服务体系。内蒙古自治区人民政府批转自治区教育厅《关于加快发展现代远程高等教育意见》,明确提出:充分发挥内蒙古电大的主体作用;充分发挥全区电大系统的办学优势;大力开展现代远程高等教育。四川电大荣获第五届全国民族团结进步模范集体称号。

2. 课程平台搭建工程取得进展

一是平台运行基本的规则基本建立,二是丰富了课程群,三是完善了支撑环境。课程平台的搭建,应该说使灵活选课这个理想可以成为现实。

3. 信息化校园建设工程

我们与微软合作，做规划的论证。请微软公司对广播电视大学信息化建设需求总结进行论证，在论证基础上，逐步推进，实现"一站式"教学平台。

4. 教学质量保证和学习支持服务强化工程

一是推进基于网络个性化教学指导与服务项目。目前两个专业14门课程参加了试点，2010年春在东北三省开展省际合作网上师资共享试点。我体会，这个试点是解决两个层面的问题。一个层面是对基层的县级电大来讲，可通过试点共享教师资源，解决辅导教师短缺的问题，所以这个项目就是解决书记校长关心的成本问题和基层电大关心的教师问题。在更高一层面上，这个试点是带动电大运行方式的一个重大变化，这个项目在一定程度上，可能是明天电大的运行发展模式。二是22所省级电大参与远程接待系统试点。三是建立中国高等教育学历认证中心中央电大受理点。有了这个受理点，电大学历在中央电大就可以认证，因而大大加快了认证效率。

5. 社会化公共服务体系推进工程

承担教育部"数字化示范学习中心建设"教改项目、科技部"数字教育公共服务示范工程"项目，建设80多个中央电大公共服务体系示范学习中心。

6. 队伍素质提升工程

启动了"电大课程教学团队"建设试点。在首批启动的7门课程中设立首席主持，在44所省级电大及部分地市级电大选聘近300人为团队核心和骨干成员，下一步主持教师也将在全国电大系统内遴选。电大的教师队伍建设思路之一就是发挥全国电大系统优势，发挥教师团队优势，使我们每一位老师的聪明才智都有一个舞台。举办了8期基层电大教师、管理干部培训班，123所基层电大1200多名教师和管理人员参加培训。中央电大引进应届毕业生24人，其中9名博士，专任教师中博士比例已达到11%，研究生占54.2%，改善了教师队伍的学历结构。2009年，全国电大引进研究生以上学

图4-11　2010年5月10日教育部党组副书记、副部长陈希出席全国电大党委书记校长会议

历的专任教师808人，教师的学历结构、年龄结构进一步优化。

7. 证书教育推进计划

开发远程教育从业人员培训证书项目，获人力资源和社会保障部批准和独家授权；探索国际合作模式，实施中英网络教育从业者培训项目；引进北京大学职业经理人通用能力课程培训项目。

8. 特定人群教育发展计划

在部队创建4个示范性教学点，中央军委将开放教育作为部队士官教育的主体教育类型；在残疾人教育学院创建3个示范性教学点，并争得中残联配套经费支持，残疾人教育学院列入教育部、中残联联合开展的交通银行"特教园丁奖"评选表彰活动中；教育部、全国妇联将"一村一名大学生计划"作为农村妇女职业教育和技能培训工作主要内容，面向农村妇女开展开放教育专科学历教育。

在其他方面，中央电大各项工程、计划也在有序推进，如制定"搭建中高职教育立交桥"试点项目实施方案；开通中央电大英文网站，加强对外交流；开展"全国社区音乐活动展播"，在全国设立中央电大社区教育实验中心；出台推进广播电视大学文化建设意见，启用电大形象标识系统等。

（三）扩大合作办学，开放教育规模继续增长

2009年秋季，中央电大开放教育单季招生48.55万人，年度招生总规模达到93.69万人，比2008年增长2.66%，单季和年度招生均创历史最高。开放教育历年招生总规模达643.80万人。2009年开放教育毕业生58.40万人，其中专科38.69万人，本科（专科起点）19.71万人，7021人获得学位证书。开放教育毕业生累计325.83万人。2009年，开放教育新增13个专业，开设83个专业。其中专科专业60个，本科专业23个，"一村一名大学生计划"专业17个。新增合作办学单位5个，与23所普通高校、16个行业（部委）开展合作办学工作。回顾电大发展历史和开放教育历年招生数据，我们一定要把握好发展节奏，加强教学基本建设，实现规模、质量、效益协调发展，推动事业稳步发展。

（四）不断深化教学改革，加强教学管理和资源建设

教学改革方面，一是全力推进高职类专业双证书改造。与人力资源和社会保障部开展全口径合作，引入国家职业资格标准和证书资源，实施"学历教育证书＋职业资格证书"教育，推进教学内容和课程体系改革。新开专业和开设已满3年的专业均将开展合作。目前已在7个专科专业（11个方向）中共引进11种证书，另外还与北大青鸟和国家统计局合作，引入IT企业品牌证书和统计执业资格证书，开展双证教育。二是启动4个特色

专业建设试点。三是加大考试改革力度,整专业形式推进基于网络的课程考核改革,推广课程考核改革的成功经验,参加试点学生已达 24 万人次,课程门数达 121 门。实行半开卷考试课程达 91 门。四是共享专业、共享课程范围不断扩大,2009 年新增 2 个共享专业(城市轨道交通与运营管理、应用化工技术)。目前共有共享专业 12 个,7 个单位参与,共享课程 89 门。除共享专业的课程外,9 所电大参与了 47 门共享课程建设。

在教学资源建设方面,一是中央电大投入 235 万,支持 47 门非统设课程教学资源建设和共享;二是投入 280 万,支持 28 门西部地区特色课程资源建设试点;三是中央电大 3 门课程获 2009 年度国家精品课程(网络教育);四是开展 6 期课程建设系列研修班,开展非统设课程、西部地区特色课程、共建共享课程和普通课程四种类型研修活动,全国电大系统教师、管理人员、技术人员累计 800 余人次参加。

在教学管理方面,一是推进管理规范化、科学化。编印《招生管理工作手册》、《学籍管理工作手册》、《开放教育教务管理系统(CPS1.0)使用手册》,2010 年启动全国电大教务管理人员培训及业务大赛;开展教学管理创新奖、第四届教学创新奖等评选活动。二是全面实施毕业证书颁发工作改革试点。2009 年中央电大投入 1400 万元,颁发毕业证书 58.4 万本,初步实现随时审核、随时颁证、随时进行电子注册的目标,大大提高了毕业证书颁发效率,减轻了省级电大的负担。三是严格教学点准入和退出机制,撤销了连续四季未招生的 312 个教学点,对连续三季未招生的 47 个教学点亮"黄"牌,加强了对教学点的动态分类管理,有效教学点的比例逐年提升,由 2007 秋的 59.56% 提高到 2009 秋的 84.49%。四是推进开放教育课程评价,完成开放教育 10 门统设必修课程试评价工作。成立课程评价试点工作小组,启动 40 门统设必修课程试点工作。五是加强考试管理。开展电大系统考点清理工作,撤销 223 个考点,暂停 6 个,促进全国电大考点建设的规范化、科学化。出台防范利用通信技术手段进行考试作弊的若干意见。

(五)教学科研工作成效逐步显现

一是积极主动参与《国家中长期教育改革和发展规划纲要》专题研究工作。二是上海电大《开放远程教育在上海学习型城市建设中的创新与发展——上海电视大学的实践与探索》获国家高等教育教学成果一等奖,中央电大《中国特色远程开放教育创新与实践》、创建《普通高等学校高职高专教育指导性专业目录》促进高职高专教育健康持续发展,两项研究成果获国家高等教育教学成果二等奖。据不完全统计,北京、天津、内蒙古、河南、贵州等省级电大各获一个教学成果一等奖,参加国家教学成果奖的评选。三是完成国家现代远程教育资源库节点库资源共享机制与技术实现课题。四是承担教育部、财政部"网络教育数字化学习资源中心建设"项目,取得实质性进展。五是中央电大获国家自然科学基金、全国教育科学"十一五"规划课题、北京市教育科学"十一五"规划课题等5个校外课题立项。六是组织中国成人教育协会第七届优秀科研成果评选,全系统61项成果获奖。

在此,我想特别强调一下数字化学习资源中心建设工作。我认为这是一项对电大未来发展具有战略性意义的工作。各级政府对我们电大系统都很重视,希望电大在终身教育体系构建工作中发挥更大作用。在这种情况下,电大首先面临的就是资源从哪儿来,是靠我们各级电大自己去建吗?我想,终身教育学习型社会对教育资源的需求非常庞大,目前还没有任何一个教育机构可以独立承担。各级政府把任务交给电大以后,如何通过建立机制,使各方面的资源都能够汇集到一起,这是核心所在。目前,中央电大资源中心已初步建立了一个网上平台,这是一个基础,下一步就是要探索模式。中央电大要和省级电大一起来进行试点,形成机制,并推广这个机制,扩展到整个社会。只有这样,电大作为学习型社会的支撑才能真正实现,这需要我们打破束缚,坚持创新。

可以说,过去一年,通过校庆展风采、聚人心,遵循规律迈步子,有勇齐力抓内涵,埋头实干打基础。

二、电大教育面临的形势分析

(一) 从宏观数据看形势

一是就业人口和就业压力持续加大。未来十几年16岁及以上人口的规模始终较大,总量在9亿以上,2013—2020年将超过11亿,并呈增长趋势。劳动年龄人口基数大,高峰持续时间长,给人口就业和城市化发展带来巨大压力。当然,从另外一个角度来讲,这对我们来说也是机遇,要就业就要学习。二是从业人员学力、非学历教育需求旺盛。就业人口大专以上学历的比例大约占31%,只有高中学历的有31%,另外还有初中及以下学历的38%。其中高中学历的就业人口在一定程度上就是我们的潜在生源;而有大学专科及本科以上学历的,他们的再次学习也是我们的潜在生源。另外,教育培训业是21世纪朝阳产业之一,培训以每年递增30%的速度在增长。2007年中国培训业收入达到1000多亿元。三是网民规模持续扩大,互联网普及率平稳上升。至2009年年底,中国网民规模达到3.84亿人,较2008年增长28.9%,在总人口中比重从22.6%提升到28.9%,

互联网普及率稳步上升。农村的网民 2008 年 12 月有 8000 万，到 2009 年 12 月达到 1 亿多人，现在网络已经有 3.8 亿网民。可见，电大教育从基于广播电视到基于网络所实现的很重要的技术变革，是被广大老百姓所接受的，是顺应民众需求的。下一步我们要进一步发展、保持先进，满足社会成员的学习需求。四是信息技术发展迅猛，远程学习更加开放便捷。2009 年全世界有 26 亿手机上网，手机已经成为大家生活工作的一个基本方式。固定电视从开始到普及用了 100 年，手机从开始到普及只用了 16 年，发展速度是很快的。现在进一步发展，手机加互联网，iPhone 就是典型的手机加互联网。如果进一步发展，四网融合的时代就来了，由原来的固定电信网、广电网，发展到 Internet，这对我们把握学习方式的变革具有重要意义。五是教育事业发展目标宏大。中等职业教育在校生 2009 年为 2179 万，到 2015 年要达到 2250 万，2020 年要达到 2350 万。高中阶段的毛入学率，2009 年是 79.2%，到 2015 年要达到 87%，2020 年要达到 90%。因此，必然有相当一部分人还要继续学习。六是人力资源开发前景光明。高等教育文化程度的人口数，2009 年是 9800 万，到 2015 年将达到 1 亿 4 千万，到 2020 年将近 2 个亿。新生劳动力的平均受教育年限从 12.4 增加到 13.5。七是 2008—2020 年高等教育适龄人口变化。高等教育适龄人口将从 2008 年的 1.24 亿下降到 2018 年的 0.68 亿，10 年减少 0.56 亿。八是 2007 年部分国家 25—64 岁人口接受高等教育的比例及毛入学率给人启发。第一种是以日本为代表，日本毛入学率 58%，在 25—34 岁年龄段接受高等教育的人口比例 54%，这两个比例非常接近，意味着日本高等教育主要是适龄人口。第二种类型以韩国为代表，韩国毛入学率达到了 95%，但是在 25 岁到 34 岁中间的只有 56%，说明了韩国年龄越高，受教育的人口数越少。这说明韩国的重心已经在向高龄化发展，但是发展得还不够。第三种类型以美国为代表，美国高等教育毛入学率 82%，各个年龄段的平均都在 40% 左右，这意味着在美国有相当一部分的高等教育提供给了高龄的人。

从宏观数据看，我们能得出这么几个结论：一是信息技术的发展，要求我们必须把重视学习方式革新放在重要位置上；二是适应经济社会的转型，调整优化教育结构，成为大势所趋；三是各类教育的竞争更激烈，要求我们必须特色办学，要办出自己的特点；四是继续教育市场非常大，但没有质量是难以生存的。

（二）从纲要布局看机遇

1. 当前中央关于教育工作的总方针

第一，在地位作用上，强调要把教育摆在优先发展的战略地位；第二，在服务方向上，强调要建设人力资源强国，办好让人民满意的教育；第三，在根本任务上，强调要培养德智体美全面发展的社会主义建设者和接班人；第四，在结构布局上，强调要继续完善现代国民教育体系，基本形成终身教育体系；第五，在发展动力上，强调要进一步解放思想，改革创新；第六，在政策取向上，强调要大力促进教育公平；第七，在教师队伍建设上，强调要建设一支献身教育的高素质教师队伍。

2. 《国家中长期教育改革和发展规划纲要》（2010—2020年）有关内容

《国家中长期教育改革和发展规划纲要》中的战略总目标为"到2020年，基本实现教育现代化，基本形成学习型社会，进入人力资源强国行列"。我体会，基本形成学习型社会，电大义不容辞。《国家中长期教育改革和发展规划纲要》继续教育发展分目标为"构建体系完备的终身教育。学历教育和非学历教育协调发展，职业教育和普通教育相互沟通，职前教育和职后教育有效衔接"。继续教育参与率大幅提升，从业人员继续教育年参与率达到50%以上。现代国民教育体系更加完善，终身教育体系基本形成，促进全体人民学有所教、学有所成、学有所用。尤其是《国家中长期教育改革和发展规划纲要》中明确提出："大力发展现代远程教育，建设以卫星、电视和互联网等为载体的远程开放继续教育及公共服务平台，为学习者提供方便、灵活、个性化的学习条件。""健全宽进严出的学习制度，办好开放大学，改革和完善高等教育自学考试制度。建立继续教育学分积累与转换制度，实现不同类型学习成果的互认和衔接。"根据这一战略部署，电大在终身教育体系构建中一定可以大有可为。

另外，《国家中长期教育改革和发展规划纲要》有关内容在对电大教育改革和发展提供难得机遇的同时，也提出了严峻挑战。如在高等教育部分，提出提高质量是高等教育发展的核心任务；要促进高校办出特色，实行分类管理，克服同质化倾向，在不同层次、不同领域办出特色，争创一流。在考试招生制度改革部分，提出要逐步实施高等学校分类入学考试；成人高等教育招生办法由各省（自治区、直辖市）确定。在管理体制改革部分，提出加强省级政府教育统筹；完善以省级政府为主管理高等教育的体制；依法审批设立实施专科学历教育的高等学校。在加快教育信息化进程部分，提出要加强网络教学资源库建设；建立开放灵活的教育资源公共服务平台，促进优质教育资源普及共享；创新网络教学模式，开展高质量高水平远程学历教育。在重大项目和改革试点部分，提出要建立区域内普通教育、职业教育、继续教育之间的沟通机制；建立终身学习网络和服务平台；统筹开发社会教育资源，积极发展社区教育；建立学习成果认证体系，建立"学分银行"制度等。

纵观《国家中长期教育改革和发展规划纲要》，与电大有关的继续教育和远程教育部分，包括在纲要的其他部分反复出现和强调的，我觉得有6个关键词。第一组词是"资源＋网络"。第二组词是"选择＋转换"："选择"，就是要给所有的老百姓多次选择的机会；"转换"，即不同阶段的学习成果，在不同教育机构的学习成果，应该有一个机制使它们实现转换，这就是所谓的学分银行的概念。第三组关键词是"服务＋共享"。

（三）从自身问题看挑战

1. 教学改革任务艰巨

一是学科专业结构亟须进一步优化。专业的适应性、针对性不够强，学生在各专业分布不合理，过多集中在少数几个专业。二是教学内容和课程体系改革任务繁重。优质教学资源短缺，近两年推荐的国家精品课程质量下降，教学内容的针对性、适用性不强，内容更新慢。三是教学模式、运作机制上存在不适应。不能适应职业人教育定位的需要，不适应电大远程教育规律的需要，不适应整合资源系统运作的需要。

2. 能力建设相对滞后

一是教学保障压力日益突出。投入增长比例远低于规模增长比例。软件建设低于硬件建设增长比例，重配置、轻使用。2009年与2006年总结性评估相比，全国电大开放教育招生规模增长26.98%；专任教师仅增长5.59%，兼职教师减少9.33%。二是对学生学习过程各环节的支持服务水平亟待提高。服务意识尚未真正确立，服务措施欠缺、方式传统，部门和层级间存在推诿扯皮现象。三是规范管理措施有待落实。在贯彻规章制度的过程中，一些地方办学指导思想偏差，规范管理意识淡薄，教学管理力不从心。

3. 对开放教育办学规律研究亟待深入

一是认识不深。对开放教育资源共享、支持服务个性化、网络建设和系统建设、规范管理和质量保障等基本规律缺乏深入认识。二是落实很难。虽然认识到开放教育规律中强调资源共享，但由于现实中利益的原因，系统内推进资源共享困难重重，无法形成合力。三是研究不够。贯彻"办好开放大学"等一系列战略部署，仅凭感觉风险极大，必须加强对开放教育基本规律的研究，既借鉴先进经验，又体现中国特色，积极稳妥地推进。

4. 思想观念转变亟待加强

一是思想方法和行动上，习惯于以普通高等教育为参照，没有学会从终身教育、学习型社会的角度思考问题。二是关于"聚焦内涵、提高质量"，口头上讲得多，行动上落实难；热衷规模扩张多，关注内涵发展少。三是仍然习惯于从传统的政府需求和教育需求的角度思考问题，没有真正学会从学生、社会需要的角度思考问题。

面向未来,内外形势有机遇、多挑战,任重道艰,更需团结一致,保持清醒头脑,科学谋划发展。

三、工作思路和新一年重点工作

(一)工作思路

2010年,是贯彻《国家中长期教育改革和发展规划纲要》的第一年。2010年,是实施"十一五"的最后一年,编制"十二五"的关键一年。2010年,是开放教育总结性评估第五年,新一轮评估研究筹备之年。

今年的主要工作要"抓住一条主线",即聚焦内涵,提高质量;"做好两方面工作",即夯实发展基础,推进改革创新;"突出三个重点",即抓常规、抓重点、抓保障;总的目的就是为办好开放大学打下坚实基础。

(二)新一年重点工作

第一,研制《中央广播电视大学"十二五"发展规划纲要》。第二,协助教育部进行国家开放大学专题研究。第三,研究筹备第三轮开放教育评估,持续加强系统建设。第四,稳定招生规模,年度招生总规模控制在80万人左右,规范办学行为。第五,深化教学改革,推动管理创新。第六,加大多种媒体教学资源建设。第七,继续实施信息化校园建设工程。第八,加强学习支持服务,推进开放教育学生工作。

我相信,有我们在座的各位书记、校长和不在座的全国12万电大人,特别是86 000名专职电大队伍,再加上如此好的一个机会,电大一定会迈上一个新台阶,我相信一定能够实现。谢谢大家。

关于加强电大新闻宣传
和文化建设工作的五点意见①

各位领导、同志们:

今天会议的召开具有很重要的意义!这个会议的意义在于我们经过一年多时间的努力,电大系统的新闻宣传工作和文化建设工作已经迈出了第一步,所以我们有条件在江西这个美丽富饶的地方召开我们新闻宣传第一次工作会议。我相信通过这次会议,一定能够使电大的新闻宣传工作和文化建设

---

① 葛道凯在2008年全国电大新闻宣传工作会议暨电大文化建设研讨会上的讲话。

图 4-12 2008年全国电大新闻宣传工作会议暨电大文化建设研讨会

工作迈出更坚实的一步。我想借这个会议讲五点认识。

一、加强电大新闻宣传和文化建设工作是国家经济社会发展到新阶段的需要

改革开放以来,我国的政治、经济、文化等多方面发生了翻天覆地的变化。随着经济、社会的发展,教育领域或许存在三个不同的发展阶段:一是传统教育备受重视的阶段;二是传统教育和非传统教育并重的阶段;三是政府和社会更多关注于非传统教育的阶段。以"十七大"为标志,我国教育发展已进入第二个阶段。"十七大"对社会建设的重视,标志着要把与民生相关的各方面建设工作提到议程上来,而社会建设中教育无疑是重点。因此,作为非传统教育重要组成部分的电大,将迎来一个重要的发展机会。

二、加强电大新闻宣传和文化建设工作是我国教育发展的需要

图 4-13 与中央电大副校长孙绿怡、中国网总裁李家明、中国教育电视台副台长陈力共同出席在北京中苑宾馆召开的中央电大首次新闻发布会

胡锦涛在去年接见全国优秀教师代表时谈到,要大力推进教育优先发展。所谓教育优先发展,就是经济社会发展规划要优先安排教育发展,财政资金要优先保障教育投入,公共资源要优先满足教育和人力资源开发需要。优先发展教育包括发展非传统教育。新中国成立以来,我国先后发展了十种非传统教育形式,经历了三个阶段:第一个阶段是从1950—1978年,主要特点是探索教育对象的开发;第二个阶段是从1979—1998年,主要探索教育方式的变革;第三个阶段是从1999年至今,是探索教育资源、教育方法和教育环境的开放,这也是远程开放教育的探索。十种非传统教

图 4-14　2008 年葛道凯与中国教育电视台签署合作意向书后接受媒体采访

育形式虽然形式各不相同，但都有共同追求：第一，都是面向基层、面向行业、面向农村、面向边远和民族地区；第二，都是面向在职人员的学习需求；第三，都是强调推进教育、教学方法的方便、灵活和便捷；第四，都是强调推进优质教育资源的广泛使用。这个共同追求不是一个时代的追求，而是教育本质的追求，广大教育工作者为之进行了不懈的探索。而要实现这些追求，需要四个要素：第一，要有足够丰富的多样化的优质教育资源；第二，要有办学网络；第三，要有支持服务；第四，要有管理。电大要想在未来的教育发展领域特别是非传统教育领域占据重要位置，就必须要把电大现在能做的、将来要做的，通过各种途径告诉公众，让大家理解和支持电大，并参与进电大的学习中来。

三、加强电大新闻宣传和文化建设工作是电大事业发展的必然要求

电大在风风雨雨中走过了近 30 年艰辛历程，从不同角度来总结电大的精神，我们想到了不屈不挠、艰苦奋斗、勇于创新等等。如果从时间段上看，电大发展经历了三个阶段：第一个阶段是从建校到八十年代末，电大将传统课堂带向社会；第二个阶段是从八十年代末到 1998 年，电大探索了多种教育形式；第三个阶段是从 1999 年至今，电大实施了远程开放教育。电大教育在本质上也实现了三次递进：第一个递进是从无到有的过程，通过建立电视大学网络，通过电视手段和在校园外固定时间、固定地点集中组织收看，让更多人接受教育，960 万平方公里都是我们的校园，有电视机的地方就有我们的老师；第二个递进是由固定时间、固定地点集中组织收看变成了方便灵活的教学方式，从而进一步扩大了电大的教育对象；第三次递进是由原来的关注学生能不能方便学习，变成不仅要方便而且要提供学习支持服务。这些成就都是非常值得骄傲的，但这么多的成绩社会却不知道。这就需要我们进一步提炼电大文化，然后在这个基础上，加强新闻宣传工作，服务于老百姓的需要。

四、电大新闻宣传工作要以电大文化建设为基础,电大文化建设要把新闻宣传作为一个重要表征

无论是新闻、宣传还是舆论,都有价值取向。这个价值取向来源于哪里?来源于学校的文化。电大30年来在文化方面已经有了非常丰厚的积累,已经到了一个必须要认真挖掘和提升的阶段,要通过文化的挖掘和宣传来为社会服务。电大的文化对社会发展是正向的,是有益的,要通过文化的挖掘使新闻宣传更有内涵。同时,也要通过新闻宣传,引导推动电大文化建设一步步深入下去,使广大教职工、广大学生甚至整个社会成员都能够参与进来。

五、电大新闻宣传和文化建设工作要树立正确的价值取向,围绕学校中心工作,服务社会和电大发展,不断开拓新局面

价值取向就是价值观,这是做文化建设和新闻宣传工作最基础的要求。从宏观角度讲,树立正确的价值取向就是要学习实践科学发展观,就是学习贯彻社会主义核心价值体系。从电大的角度看,树立正确的价值取向就是要提炼、发扬并光大电大的核心价值。电大系统有十几万的教职工,几百万的学生,如果没有一个大家认同的价值取向是很难想象的。文化建设和新闻宣传工作固然有自身的规律需要我们遵循,但一定要围绕人的培养、学校中心工作来展开,这样才有价值。而要加强人才培养工作,就要加强教学改革。如果文化建设和新闻宣传工作做好了,则又可以推动教学改革的落实和深化。2007年在中央电大"十一五"发展规划纲要中提出了"六个工程"、"六个计划",其中

图4-15　2006年8月19日出席全国电大系统首次学校文化建设工作研讨会

就包括"电大文化建设计划"。电大加强文化建设和新闻宣传工作,一方面是为了让社会对电大有更多的认识、理解和支持;另一方面是电大的价值取向要服务于社会文化的进步和发展。电大的学生来自社会的不同行业和领域,电大文化建设和新闻宣传,在面向学生的时候,其实就是面向全社会,因此,我们一定不能背离服务社会这个中心点。所谓开拓新局面,我体会,一方面要研究新闻宣传和文化建设工作自身的规律;另一方面要推

进这些规律与电大特点相结合。

利用此次机会给大家汇报这么几点认识。希望大家通过这次会议，在深入交流和研讨的基础上，达成共识并且付诸行动，使电大新闻宣传和文化建设工作扎实推进，从而使电大在新的形势下有一个更坚实、更有力的发展。

谢谢大家！

中央广播电视大学"十一五"发展规划纲要

一、"十五"期间电大教育的主要成就

"十五"期间，广播电视大学贯彻我国教育事业"巩固、深化、提高、发展"的八字方针，落实《2003—2007 教育振兴行动计划》的要求，以开展教育部部署实施的"中央广播电视大学人才培养模式改革和开放教育试点"项目为重点，大力推进现代远程教育条件下的人才培养模式改革，取得了积极进展，电大综合办学实力得到明显提高，改革和发展取得了显著成就。

1. 中央电大人才培养模式改革和开放教育试点成效显著，开放教育成为电大教育的主流和发展方向

（1）为推进高等教育大众化和实现教育公平做出了积极贡献，教育质量赢得社会好评

① 开放教育开设专业和招生规模逐年扩大。开设开放教育专科专业 42 种，本科（专科起点）专业 18 种。2001—2005 年，开放教育招生规模年平均增长率 24.5%，2005 年中央电大开放教育在校生 200.9 万人，占全国现代远程教育试点学生总数的 2/3 以上，占全国电大高等学历教育在校生总数的 80%。开放教育累计注册学生 327.1 万人，其中 94.5% 为在职人员，78% 来自地市级以下的基层单位，25.4% 来自西部 12 个省区。至 2005 年年底开放教育累计毕业学生 106.9 万人。开放教育惠及中小学教师、部队士官、农村青年、残疾人以及包括西藏在内的少数民族等群体，3000 多个教学点遍及全国城乡，尤其是在农村和西部地区，电大成为当地开展高等教育的主体，促进了高等教育机会的均衡，推进了高等教育大众化，为实现教育公平作出了积极贡献。

② 电大毕业生的质量获得社会好评。2001 年，教育部对中央电大开放

教育试点项目进行中期评估，结果表明，电大所进行的教学改革和正在探索的新型教学模式越来越得到社会认可，试点专业的学生，尤其是接受"专升本"教育的学生普遍持欢迎和肯定的态度，显现了试点项目改革的良好势头和广泛的社会基础。2005年，中央电大在全国电大进行了毕业生追踪调查。调查的1万多个用人单位对毕业生质量、思想品德、知识、能力、业绩等多方面均给予了较高评价，对电大毕业生质量的总体满意度达到85%。在调查的1.6万名毕业生中，26.5%有了技术革新成果，35.8%发表研究成果，58.1%获得奖励，49.2%晋升职称职务，64.0%继续深造学习。电大毕业生在地方经济建设和社会发展中发挥了重要作用，电大教育质量赢得社会尤其是社会基层的好评。

（2）信息化基础设施建设取得突破性进展，实现了教育手段的新跨越

① 基于现代信息技术的远程开放教育大大推进了电大信息化基础设施建设和教学现代化的进程。"十五"期间，全国电大用于信息化基础设施、设备的投入近60亿元。与2000年相比，2005年设施设备总值增长2.2倍，当年拥有数字卫星接收机1600台，卫星IP接收设备1400台，教学用计算机近30万台。中央电大和省级电大建成互联互通的双向视频系统、直播课堂等，各级电大都建有多媒体教室和视听阅览室。图书馆基本实现了由传统图书馆向现代图书馆的变革，初步建成了具有电大远程教育特色的数字图书馆和文献保障系统。

② 中央电大开发的远程教学平台、教务管理系统、开放电子公务系统，成为构建开放教育网络教学环境的重要技术支撑。全国44所省级电大和1000多个教学点安装使用了电大在线远程教学平台（分校版）。考试系统、远程接待系统等一系列应用软件系统，也在教学与教学管理中得到了广泛应用。

（3）教学媒体种类和数量日益丰富，资源保障能力明显增强

中央电大开设800余门课程，每门统设必修课程均建3种以上的媒体教材。建有文字教材805种，视听教材4088学时，IP课件2600讲，网络课程60门。一大批多种媒体教材获奖。基于网络的教学资源开发能力和水平得到显著提高。为全国农村党员干部现代远程教育试点提供音像教材800余小时。

（4）加强了队伍建设，形成了高水平的专兼职教师队伍

2005年年底，全国电大专任教师4.5万人（高级职称1.6万人，占35.6%；中级职称1.9万人，占42.2%）。在学历层次上，中央电大和省级电大中研究生以上学历的专任教师分别占46.9%和31.8%。

2005年，全国电大聘请校外教师3.66万人，其中高级职称1.31万人，中级职称1.85万人，分别占总数的35.7%和50.6%。其中，1300多位知名学者、教授担任中央电大课程主讲教师和教材主编。

（5）探索了面向在职成人的培养方式、方法和途径，初步形成了现代远程开放教育条件下的人才培养模式的基本框架

图4-16 2007年12月29日在北京五棵松出版大楼参加出版社25周年社庆活动

开放教育推动电大在办学理念、教育思想和观念、教学内容和课程体系、教学管理模式、教学手段和方法等方面发生了深刻变化。

① 进一步明确了四个面向的办学方针和服务于学习型社会建设的办学理念。

② 实现了从阶段性学校教育向终身教育观念的转变，从传统校园式教育向现代远程开放教育观念的转变，从以教师和课堂为中心向以学生和学习为中心的教育观念的转变。

③ 建设了适应成人在职学习的教学内容和课程体系。

④ 构建了学导结合教学模式和系统运作教学管理模式。

⑤ 建立了"天地网结合，三级平台互动"的传输系统和应用环境。

⑥ 建立和完善了贯穿教学全过程的学习支持服务系统和适应远程开放教育的质量保证体系，形成了以适应经济和社会发展现实需要为目标，以适合从业人员学习需求的专业和课程为内容，以整合优化的学习资源为基础，以天网、地网、人网合一的学习环境为支撑，以学习者自主学习为主要方式，以严格而有弹性的过程管理为保障，培养留得住、用得上的应用性高级专门人才的中央电大开放式人才培养模式的基本框架。

（6）初步形成了以"五统一"为核心、"五要素"为重点的开放教育教学质量保证体系

试点以来，始终把教学质量视为电大教育的"生命线"，按照国家规定的高等应用型人才培养目标，坚持教学管理"五统一"制度，提出了以多种媒体教学资源建设、教学过程控制、学习支持服务、教学管理、系统运作五要素为重点的质量保证体系，并在实践中不断完善。

① 建立健全教学管理制度，在教学资源建设、教学过程监控、招生及

学籍管理、考核评价等方面，初步形成了适应开放教育需要的教学、教务管理制度体系。

② 规范教学点和考点的设置，实行动态管理，加强教学过程监控，尤其是关键环节的落实，建立完善检查结果的反馈、通报制度和教学督导制度，并成立了教学督导机构。

(7) 搭建了教育教学研究平台，远程教育研究取得实质性进展

① 至 2005 年年底有 450 个科研课题结题并通过验收。中央电大及 44 所省级电大获省部级各类教学和科研成果奖 129 项，直接参与获奖成果研究工作的人员有 1600 余人。在第五届国家级高等教育教学成果奖的评选中，电大获二等奖 3 项，中央电大 7 个项目分获 2005 年北京市高等教育教学成果一、二等奖。

② 中央电大、省级电大及大多数地（市）级电大均设有远程教育专门研究机构，全国电大专职研究人员逾千人，其中高级职称约占 35％。一个国内规模最大、应用研究最为活跃的现代远程教育研究团队正在形成，在推进远程教育的理论研究和实践探索等方面发挥了重要作用。

③ 电大通过各类学会、协会、研究会、大教研室、研究中心组等协作组织和团体开展多种类型的学术交流活动。全国电大两年召开一次科研工作会。全国高校远程教育协会的秘书处设在中央电大，许多省的成人教育协会秘书处设在省级电大。中央电大还举办了多次中国远程教育学术会议。这些学术活动都引起了国内外远程教育专家、学者的关注和积极参与。

④ 中央电大和地方电大通过创办各类远程教育学术期刊，共同搭建了学术研究平台。全国电大主办远程教育专业期刊 5 种，学报 32 种。中央电大主办的《中国远程教育》杂志，连续被评为中国教育类核心期刊，成为新闻出版总署中国期刊方阵双效期刊，入选中文社会科学引文索引（CSSCI）。中央电大出版远程教育研究专著及译著 90 余部。

2. 非学历教育培训发展迅速，教育服务功能不断拓展

(1) 非学历教育培训稳步推进，服务面向和方式更加多样

① 与部委、行业、企业组织开展资格证书及岗位证书培训、新法律法规培训、创业设计培训、职工素质培训等非学历培训。2003—2005 年，全国电大继续教育培训总量 582 万人次，超过同期全国普通高校非学历培训量的总和。

② 为社会提供了大规模、规范化的考试服务。与中国保险监督管理委员会合作，组织保险代理人考试，参考人数 339.9 万人次。与中国证券监督管理委员会合作，组织证券从业人员资格考试，参考人数 53.5 万人次。

与用友公司开展了"ERP I 级证"项目考试。与中国劳动和社会保障部合作，组织了通用管理能力认证考试。

③2004年启动国家现代远程教育资源库建设。已汇集全国电大、普通高校、行业部委以及国外高校优质教学资源4.3万件。分布式资源库系统已在26个省、16个地市电大试用。

(2) 公共服务体系建设初见成效，服务能力和水平稳步提高

①中央电大现代远程教育公共服务体系建立奥鹏学习中心888个，与21所试点高校建立合作关系，为90个专业的7万余名学生提供学习支持服务。

②承担了湖南大学网络学院100余万人次的课程考试服务。

③承担了全国试点高校网络教育8门公共基础课74.9万人次的统一考试考务工作。

3. 综合办学能力显著提升，为深化改革和进一步发展奠定了基础

(1) 广播电视大学整体办学实力明显增强

"十五"期间，全国电大高等教育毕业生累计227.7万人，占全国高等教育毕业生总数（1000万人）的22.8%。2005年全国电大高等学历教育在校生266.0万人，比2000年增加171.0万人，占全国高等教育在校生总数（2300万人）的11.6%，为我国高等教育毛入学率（21%）贡献了2.4个百分点。

中央电大共开设75种统设专业，其中统设成招专业15种，地方电大在中央电大统设专业基础上共派生500多种专业（方向）。全国电大教职工总数由2000年的6.0万人增加到2005年年底的8.1万人，其中专任教师4.5万人、专职教学管理人员1.6万人、各类专业技术人员0.9万人、专职科研人员0.1万人。

2005年全国电大学校固定资产209.4亿元，是2000年年底75.9亿元的2.7倍。整合和利用优质社会资源的能力和途径得到进一步拓展，推动了与国内外的合作与交流，提升了办学能力。与北京大学、清华大学、天津大学等18所普通高校和人事部、劳动部、建设部、中国人民银行等11个部委（行业）合作，开设专业和课程以及开展非学历培训。与TCL企业集团合作成立电大在线公司，开发远程教学平台，为电大开放教育提供技术支持。

同时还积极参与远程教育国际组织活动，并在国际远程教育组织中担任重要角色，国际地位和形象不断提升。中央电大是国际远程教育协会（ICDE）常务理事单位，2004年当选为亚洲开放大学协会（AAOU）主席

单位。与美、英等国家的高校和远程教育机构合作，广泛开展人员交流和培训活动。与英国文化委员会合作，开通"英语通"网站，面向社会公众免费提供英语学习多媒体平台。对外汉语教学工作取得积极进展。

（2）电大教育的办学特色和优势得到进一步强化

① 电大作为国家最重要的教育资源之一，在大众化教育中发挥了不可替代的作用。电大教育作为国家教育改革的重要实验，为中国教育改革与发展创造了许多成功经验。

② 电大完整的、遍及全国城乡的教学和教学管理网络系统，采用统筹规划、分级管理、分工协作的运作机制，始终强调声誉和质量是电大的生命线，成为多快好省培养人才的重要途径。

③ 进一步强化了面向职业人的教育定位。强化了面向基层、面向行业、面向农村、面向边远和民族地区培养人才的办学方针，将优质教育资源送到教育欠发达地区和教育不利人群，为基层从业人员、农民、少数民族以及部队士官和残疾人等群体提供便捷的教育服务。

④ 坚持办学的开放性和灵活性。增强服务的针对性，秉持开放教育的办学理念，多层次、多规格、多功能、多种形式办学，学历教育和非学历培训相结合，为各类社会成员提供终身学习的机会和条件。

⑤ 坚持教学和管理手段现代化。跟踪信息技术的发展，不断推进电大教育信息化进程，注重提高信息技术和教育技术应用能力和水平。

二、"十一五"期间的发展思路和主要目标

1. 机遇和挑战

进入"十一五"，在国家教育改革与发展进程中，电大教育面临难得的发展机遇。

一是构建终身学习体系，建设学习型社会的要求为电大提供了新的机遇。老龄化社会的到来以及老年教育、社区教育给电大提供了广阔的发展空间。二是工业化进程和城镇化进程，和谐社会的建设，使城乡居民和社会机构对教育提出了更高的需求。三是八年开放教育推动了电大教育深层次改革，得到社会认可，电大教育进入一个新的发展阶段。

在面临发展机遇的同时，电大教育也面临严峻的挑战。

一是来自学历教育市场的挑战。随着教育体制改革的深入和高等教育大众化进程的加快，普通高等学校教学改革深入进行，面向岗位的应用型人才的培养力度加大；高等职业教育布局调整，不断向下延伸；随着国家对远程教育试点规范管理力度的加大，高校网络教育利用高校教学资源和

改革成果，正在形成良性的规模发展。普通高校和普通高校网络教育以强劲的态势，参与到教育市场的竞争中来。

二是来自非学历教育机构的挑战。继续教育得到了国家的大力扶持，非学历教育培训已成为日益活跃的教育竞争市场。在政策的引导下，培训机构特别是民营机构对市场的定位能力、竞争能力与日俱增，在对市场的准确把握、社会需求的快速响应、项目开发与品牌建设等方面拥有一定的竞争潜力和优势，成为电大拓展非学历教育市场的一支强有力的竞争力量。

三是来自电大自身的挑战。在国家整个教育体制改革进程中，电大系统的一些深层次矛盾和问题逐渐显露出来，特别是电大系统的有机联系出现了弱化的趋势，影响了电大系统功能的正常发挥。个别地方电大在办学指导思想上出现偏差，对规范管理和教学质量重视不够。

2. 指导思想

以科学发展观为指导，着眼于国家构建社会主义和谐社会和建设学习型社会的全局，主动适应社会教育需求和社会成员终身学习需求，按照建设现代远程教育开放大学的总目标，坚持面向基层、面向行业、面向农村、面向边远和民族地区办学的方向，充分利用信息技术和教育技术手段，推进教育创新，深化教学改革，发挥系统整体办学优势，有效整合社会教育资源，坚持"扩大开放、保证质量、强化特色、打造品牌"的发展方针，为促进教育公平、构建国家终身教育体系作出应有的贡献。

3. 发展思路

发展总体思路是：理念引导、定位先行、固本培元、度势发展。

一是对社会倡导"学习是稳定工作的保障、学习是把握自身命运的基石、学习是现代公民的生活方式"的理念。在电大内部，倡导"声誉和质量是电大的生命线；优质服务是电大的立校根基；强化开放与系统建设是电大的未来；系统高效运行是电大的保障"的理念。

二是电大的机构定位是政府举办的新型高等学校。电大的社会定位是全民终身学习的支柱，学习型社会的平台。电大的办学定位是学历与非学历并重、办学与服务并举。电大的人才培养定位是职业人的教育、应用型人才的培养。

三是做好学历和非学历教育，搞好远程教育公共支持服务。做强做大电大开放教育，培育电大教育和服务市场。结合建设和谐社会和学习型社会的需要，深入开展现代远程教育条件下职业人教育与培养的模式探索，全面推进电大教育改革与发展，建设国家现代远程教育开放大学，成为国家终身教育体系的主体。

四是认真研究我国高等教育发展的形势和电大教育面临的发展机遇与挑战，与时俱进，锐意进取，积极争取各级党委、政府和教育行政部门以及社会各界对电大教育的关心、理解和支持，为电大教育创造更加广阔的发展空间。

4．主要目标

(1) 发展总体目标

一是将电大系统建设成为具有国内一流的远程教育基础设施、一流的远程教学资源、一流的远程学习支持服务、一流的远程教育研究水平、一流的远程教育队伍的现代远程教育教学系统，综合办学实力居于世界远程教育开放大学前列。

二是中央电大作为教育部直属的高等学校，将其建设成为现代远程教育开放大学和国家远程教育中心；省级电大作为省（自治区、直辖市）属高等学校，按照当地教育发展规划，将其建设成为当地的远程教育中心；将地、县级电大建设成为当地的远程教育基地和社区教育中心。

(2) 具体目标

① 开放教育年均注册学生50万人左右，其中本科（专科起点）20万人、专科30万人。中等职业教育年招生规模20万人。建设40个本科专业（其中30个专科起点本科专业，10个高中起点本科专业），100个高专高职类专业，10个中专专业。其中确定10个本、专科重点专业，形成5个特色专业，探索联合学位制度。

② 非学历培训年均350万人次以上。

③ 建成开放教育1000门课程的多种媒体教学资源。建成非学历培训项目（课程）教学资源1000种。

④ 中央电大专任教师达到240人，其中具有高级专业技术职务的占70%（正高级20%），45岁以下具有硕士以上学位的占85%以上。培养20名左右专业学科建设带头人，20名左右国内有影响的远程教育教学专家，50名左右在电大系统有较大影响的中青年骨干教师。

⑤ 远程教育公共服务体系在各地设立2000个学习中心（其中示范性学习中心50个）。国家现代远程教育资源库收录国内外优质教育资源100万件以上。

⑥ 建设覆盖全国的、具有国内先进水平的信息化校园。建成中央电大联通省级电大的虚拟专网和远程接待系统。构建面向学生和家庭的卫星电视课程播出系统。整合教学和教学管理的各种应用系统，实现各系统间的数据互联互通。为学生提供基于移动代理的个性化学习服务。

三、主要措施

1. 实施六项工程

（1）电大系统建设推进工程

① 由教育部制定有关广播电视大学的规章，明确各级电大的定位、职责分工和主要任务，各级电大的管理体制、职能和设置标准以及人员编制、经费投入等，强化中央电大对省、地、县电大引领和支持服务的功能。

② 改革系统管理模式，进一步增强电大系统的凝聚力和核心竞争力。由教育部制定关于推进开放教育的若干意见，增强中央电大对电大系统开放教育的调控力度。通过评选、表彰等措施，推广地方电大教育、教学工作的先进经验和做法。对县级电大的建设进行统筹规划，提高县级电大开展现代远程教育的综合能力。继续实施县级电大援助计划。加大对西部地区电大的支持力度，逐步增强西部地区电大及基层电大综合办学实力。组织和协调东部、中部地区和西部地区电大开展多种形式的对口援助、交流与合作。

③ 以系统完整性为前提，加强系统互动。建立联络通畅、反应快捷、办事高效的应急处理体系。成立中央电大校务委员会。成立电大改革发展咨询委员会，对电大系统办学过程中的热点问题进行咨询和研究。

④ 以开放理念为先导，扩大合作办学范围。整合各级电大优质师资和教学资源并实现共享。扩大与行业、部委的合作办学，充分利用其教育培训机构及实践教学基地，建立若干行业、系统学院，为建设学习型行业、系统服务。中央电大和省级电大共建示范性、实验性学习中心及中央电大学院。与国内外企业合作，引进资金、技术和产业运作机制。

⑤ 以政府支持为保障，促进电大持续稳定发展。加强与各级党委、政府和教育行政部门的联系，积极争取政策、资金和项目。对于地方电大在教育管理体制改革中出现的问题，认真进行立项调研并及时向相关部门提出建议。

⑥ 以增强活力为核心，推进内部管理改革。调整机构设置，优化工作流程，提高工作效果。建立健全全员岗位聘任制，建立教师工作量制度，完善绩效考核制度，进一步推进分配制度改革，建立有效的激励机制。将内设的教学部组建为学院，推进学科及专业建设。进一步理顺部门职责，建立和完善教学运行机制。

（2）课程平台搭建工程

① 以课程开放和完全学分制改革为切入点，搭建适应社会经济发展，

满足学习者自我设计和终身学习需要的模块化、多层次、多通道的立体化课程平台。

② 课程平台提供中专、大专、本科及研究生等多层次的学历教育课程和岗位培训、职业资格证书教育等多种类型的非学历教育课程（项目），供学习者自主选择，实现不同学习层次间有机衔接和学历教育与非学历教育沟通，不断满足学习者多样化的学习需求和潜在的学习需要。

③ 改变传统的刚性专业教学计划模式，建立体现开放教育完全学分制和自主选课特点的专业规则，以使学习者有更多的课程选择空间和学习途径达到自我设定的学习目标。

④ 通过课程平台建设，构建主动适应社会经济和电大发展需要，多学科并举、本科与专科并重、专业教育与证书教育互补，结构优化、协调发展的学科专业和证书体系。打造具有远程教育特点和较强市场竞争力的优势学科和特色专业。

⑤ 制定课程建设规范，完善课程建设规程与流程，强化课程评价标准。坚持名师名课原则，充分利用社会优质教育资源，建设精品课程，同时按照学科专业、课程特点、办学类型及媒体种类，形成优质课程及多种媒体教学资源。

⑥ 新建200门课程，改造、整合200门课程，引进100门课程。建设100门网络课程、200个多媒体课件。开发、完善一系列与各专业配套的实践教学软件及多种媒体教学资源。到2010年，中央电大课程资源库中的课程门数达1500门，其中通识课程100门，优质课程500门，国家和省部级精品课程50门。

⑦ 通过严格的认证、评价，引入竞争机制和贡献机制，共同建设中央电大课程平台，推进电大系统专业、课程、师资的共建共享和分类指导与管理。

⑧ 完善课程注册和学分管理制度，建立适应学生自主学习的双向互动机制。推进学制改革与学期改革，加快"随时接受学生注册入学和进行课程注册学习"专项试点研究与实践。同时，通过开展"一村一名大学生计划"、教师教育、信息技术、通识课程等试点，为全面建设和完善课程平台积累经验。

⑨ 立足于巩固评估成果，着眼于开放教育发展需要，进行针对性实验和重点攻关，培植典型，形成示范，推广应用。加强中央电大学习中心和教学实验基地建设，强化其实验性和示范性作用。

（3）教学质量保证和学习支持服务强化工程

① 围绕质量保证"五要素",突出教学管理的严格、规范以及教与学双向作用的及时、有效,完善具有电大开放教育特点的教学质量保证体系。

② 按照全面质量管理的理念,制定并完善教学资源建设、教学过程管理、学习支持服务、技术支持保障等方面的质量评价标准和规范。

③ 加强教学全过程的管理与监控。研究落实开放教育扩大开放、向下延伸的质量保证措施。强化诚信教育,实行考风、考纪责任承诺制。

④ 完善教学检查、督导和评估制度。常规检查与专项检查、网上检查与网下检查、全面检查和个别抽查相结合,形成教学质量保证闭环系统。完善教学检查评价指标,规范教学检查的工作流程,切实保证巡教、巡考、抽查、抽考质量。强化教学督导的作用,严格执行年报年检制度。定期或不定期进行各类教学评估,每三年开展一轮课程评估、每五年开展一轮专业评估。

⑤ 建立和健全学生及教师广泛参与的教学评价反馈与教学过程管理机制。拓宽和疏通信息反馈渠道,重视评价反馈数据的分析、利用,并将评价结果作为对干部、教师考核的基本依据之一。开展毕业生追踪调查,及时评价和反馈人才培养质量。

⑥ 以提高形成性考核和终结性考试一体化设计水平及命题质量为重点,推进考核内容、考核方式和考核手段的改革。深化基于网络的课程考核改革,形成符合成人在职学习和远程开放教育特点的学习测评体系。

⑦ 加强系统协作,共同做好学习支持服务工作。制定学习支持服务标准和质量评价体系,规范学习支持服务行为,提高服务水平。

⑧ 加强教学过程中学习支持的针对性设计,强化教学过程设计方案的落实与反馈,加强学习过程的管理与跟踪,突出对学生的导学与助学服务,拓展学生心理咨询、毕业后继续教育等外延服务。

⑨ 建立主动服务和高效服务的制度和机制,提高主动服务意识、高效服务能力和教学支持服务水平。重视学生权益保护,建立学生申诉、投诉处置制度,通过互联互通的广播电视大学远程接待系统等多种方式和渠道,及时、有效地解决学生在学习过程中反映的相关问题。

(4) 社会化公共服务体系推进工程

① 根据国家教育体制改革和建设学习型社会的发展方向,开展电大系统社会化公共服务的发展战略研究。

② 推进学习中心标准化和规范化建设。建立符合 ISO 9000 质量管理标准的服务模式、管理体系和学习中心连锁运营的市场机制,达到运作和服务的高质量、高效率、规范化、标准化和低成本。

③ 坚持"统筹规划、合理布局、分类指导、稳步推进"的原则,积

极、稳妥地推进学习中心建设。根据社会需求和生源市场状况，将合作高校数量增加到 50 个左右，为学历教育服务规模达到 50 万人，非学历教育服务规模达到 150 万人次。

④ 组织实施教育部"数字化学习港与终身学习社会的建设与示范"教学改革项目的研究和实施。建设 20 个左右示范性数字化学习中心。通过典型应用示范，研究并提出数字化学习港的总体框架；探索数字化学习港公共服务与管理模式、运行机制、质量保障和监控机制的典型实践模型。

⑤ 组织实施科技部"数字教育公共服务示范工程"项目。引入企业管理理念和市场运行机制，采用创新的商业运营模式，形成广泛的第三方服务，探索新型电子商务模式、数字内容交互模式、数字教育与学习方式、社区服务等多种服务与管理模式。

⑥ 组织和推动项目参与单位研制数字教育资源集成与共享、知识处理与服务、公共服务平台接入与运营和质量监管四项关键技术，集成新一代数字教育公共服务平台。实现 20TB 数字教育资源的整合、管理、存储、传输、使用，面向众多资源提供方和 200 万规模的学习者，实施各种基于网络的教学、管理和服务活动，并承载 100 万以上用户的同时访问。

⑦ 继续做好为全国网络教育部分基础课统一考试考务工作，拓展社会考试等多种类型的教育服务。

(5) 队伍素质提升工程

① 制定全国电大专业教师队伍建设规划，加强教师培养和交流。以整合全国电大系统的优秀教师为主体，并适当引进知名专家作为学科带头人，建设高水平的电大系统专任教师队伍。

② 制定并落实中央电大教学、管理、研究、技术队伍建设规划和相应的管理办法。通过公开招聘、竞争上岗等方式积极引进和选拔人才，采用特殊政策聘用优秀人才。

③ 提高学历层次，鼓励在职攻读研究生学位或进修研究生课程。到 2010 年，45 岁以下专任教师具有硕士以上学位的占 85％以上。开展教学和学术交流活动，提高教师的教学水平和科研能力。鼓励和支持教师向"双师型"发展。

④ 优化教师队伍的职称及年龄结构，形成合理的学科及专业建设梯队。逐步建立重实绩、重贡献、向骨干教师和重点岗位倾斜的分配制度和激励机制。

⑤ 建立和完善兼职教师聘用、管理和考核制度，有效管理和使用好兼职教师。充分发挥客座教授和讲座教授的学科指导作用。

图 4-17 领导班子合影（拍摄于 2009 年 10 月 18 日 人民大会堂）

⑥ 加大培养、培训力度。实施中青年骨干教师、学科专业建设带头人和远程教育教学及管理专家的培养计划。实施中央电大学者奖励计划。完善与地方电大和其他远程教育院校定期互派访问学者制度。建立定期交流挂职和轮岗制度。重视继续教育及岗位培训，实行全员持证上岗制度。

⑦ 制定学科研究规划，创新科研团队组织方式，建立开放的学科研究平台。建立健全学科指导委员会，组织制定学科建设规划。鼓励和支持教职工承担国家、部委和学校相关重大科研项目研究。办好学术刊物，搭建远程教育学术交流平台。

⑧ 依托中国高等教育学会、中国成人教育协会和中国教育技术协会等学术平台，发挥高校远程教育专业委员会的学术组织功能，积极开展远程教育学术交流。

（6）信息化校园建设工程

① 制定并实施广播电视大学信息化建设规划，推进广播电视大学信息化建设进程，形成覆盖全国的信息化大校园。完善"天网地网结合，三级平台互动"的网络教学环境，进一步加强与远程教学模式、管理模式相适应的信息化设施建设，构建适合学生开展个别化自主学习的学习环境。

② 与全国信息技术标准化技术委员会教育技术分技术委员会（CELT-SC）合作，推动现代远程教育技术国家标准的制定和推广应用工作。

③ 推进网络升级改造和虚拟专网建设。进一步升级、改造和优化各级电大的计算机校园网、扩展网络出口带宽。中央电大与中国教育和科研计

算机网及公网的出口连接均达到千兆。建设电大虚拟专网。

④ 建立一站式服务系统。整合三级教学平台和教务管理系统、开放电子公务系统及其他应用系统，构建面向学生、教师和教学管理人员的一站式服务系统和统一的门户访问网站。

⑤ 加快远程接待中心、点播中心、教研中心、实验中心的建设。在省级电大建立区域性远程接待中心，并通过虚拟专网与中央电大远程接待中心系统互联互通，形成面向学生统一服务的远程接待中心系统。

⑥ 建设数字电视资源数据库。结合国家实施数字电视改造计划，建设适应电大教学播出需要的数字电视资源数据库，并满足电视资源的存储、检索等需要。

⑦ 建设国家现代远程教育资源库，收录国内外优质教育资源100万件以上。完善相应的功能，强化资源库对教学平台的支撑功能。在电大系统、普通高校及其他远程教育机构推广应用分布式资源库系统1000家以上。

⑧ 充分利用各级电大图书馆资源和远程教育资源库资源，建设全国统一的分布式数字图书馆和资源共享服务系统。

2．推进六项计划

（1）证书教育推进计划

① 通过引进、共建、自建等多种方式，建设系列化的证书教育资源，形成与学历教育互补的证书教育体系。

② 通过学分当量替换、双证书教育、在岗可测性成果认证等多种途径，进一步加强学历与证书教育的结合，探索学历教育和非学历教育沟通的模式。

③ 配合职业资格证书制度和劳动准入制度的实施，积极开展多种岗位培训项目，为在岗人员知识和技术更新、劳动力岗位转移、再就业等提供教育培训服务，年培训规模达到200万人次。

④ 加强与行业、企业的合作，参与学习型行业和学习型企业的建设，共同开发适应从业人员岗位职业需求的证书教育项目。重点抓好首都职工素质教育工程等一批重点项目的开发和全国推广工作。

⑤ 开发利用电大优质课程资源，建立相应的认证标准和体系，培育中央电大证书教育品牌。

⑥ 建成"职业教育培训网"，为电大系统的双证教育提供资源支撑服务。整合劳动部职业资格培训与认证服务，建设基于远程教育模式的职业教育培训平台。建成"中央电大教师教育网"，为教师职后培训提供资源支撑服务。

(2) 特定人群教育发展计划

① 稳步扩大教育部"一村一名大学生计划"试点范围。适时推出新课程、新专业，进一步完善"一村一名大学生计划"课程平台。设立"一村一名大学生计划"奖励基金，奖励品学兼优的农村贫困学生。

② 坚持办好中国燎原广播电视学校。加强以现代农业技术和职业技能培训为主要内容的教学资源建设工作，在保证电视台节目播出的同时，整合利用资源，为"农村党员干部现代远程教育工程"提供服务。

③ 积极开展农村中小学教师远程教育。面向农村边远地区中小学教师实施本、专科学历教育和非学历培训。中央电大开放教育专业每年接受20万名以上中小学教师注册学习。根据农村中小学教师的实际需求和学习特点，建设一批远程教师教育特色专业和课程。非学历培训根据基础教育改革的需要和国家教师教育培训规划要求，主要开展面向农村中小学教师及校长的全员培训项目，重点是新课程培训和配合教育部农村中小学现代远程教育工程实施的教育技术应用培训。

④ 积极参与全国教师教育网络联盟的工作，与师范大学及其他教师教育机构合作，共建共享优质教育资源。要为"教师网联"提供远程教师教育优质公共课程资源，重点建设适宜于农村中小学教师远程学习的课程资源，尤其是卫星电视课程。发挥电大系统的优势，为全国教师教育网络联盟的远程教师教育和参加学习的中小学教师提供教学支持服务。

⑤ 积极开展部队士官远程教育。配合《全军2006—2010年在职科学文化教育规划》的实施，按照部队人才的需求及士官自身发展的需要，加强与部队院校的合作，加快建设一批适应部队实际需要、具有部队特色的专业及课程，逐步形成适应部队需要的专业结构、课程体系和教学资源，并将学历教育和岗位培训、职业资格证书教育等非学历教育结合起来。依托部队的信息化设施，搭建天网、地网和军网有机结合的"绿色通道"，把优质教学资源送到军营。

⑥ 积极开展残疾人远程教育。针对残疾人学习、就业的实际需要，与中国残联合作，充分利用现代信息技术和教育技术手段，面向全国残疾人开展高等专科、本科学历教育，以及岗位培训、实用技术培训等非学历教育，为残疾人提供更多的接受高等教育及职业培训的机会，满足残疾人日益增长的学习需求，为提高残疾人平等、充分参与社会的能力，开辟一个新的途径。积极探索残疾人远程教育人才培养模式及教学模式、管理模式，在专业和课程设置、资源建设、学习支持服务等方面逐步形成残疾人远程教育特色。

⑦ 利用电大开放教育资源，支持少数民族教育，促进民族团结、民族进步。通过与普通高校及地方电大合作共建，为少数民族双语教学提供专业及课程资源，探索适应少数民族教育特点的人才培养模式。搞好维汉双语教学专业建设。发动电大系统力量，并积极争取系统外的支持，办好中央电大西藏学院。

⑧ 实施特定人群教育发展专项援助计划。

（3）中等职业教育发展改革计划

① 进一步贯彻落实教育部关于大力发展中等职业教育和《教育部办公厅关于进一步做好广播电视大学系统中等职业教育工作的通知》精神，加大投入，加强广播电视大学系统中等职业教育机构的基础能力建设。进一步健全各级广播电视大学中等职业教育机构的设置，充分发挥系统办学优势，强化远程职业教育特色。

② 结合"中央电大人才培养模式改革和开放教育试点"的实践，继续深化中等职业教育教学改革，积极开展半工半读试点工作，努力探索并初步构建具有远程职业教育特色的工学结合、校企合作的人才培养模式。

③ 坚持以服务为宗旨，以就业为导向，积极面向广大初中毕业生、城镇失业人员、农村转移劳动力和城乡在职职工开展各种形式的职业技能培训和职业培训，努力促进职业教育向广大农村、西部和边远地区延伸，多种形式满足人民群众多样化的学习需求。

（4）对外合作与交流计划

① 以联合办学、资源共享为重点，与国（境）外品牌教育机构开展多方面合作，引进电大当前和今后发展亟须的优质课程资源和教材。按照国际惯例与标准，向国（境）外教育机构输出具有电大特色的教学资源与课程。

② 积极开展远程教育学科研究等方面的对外学术交流和人员互访。

③ 建立相对完整的对外汉语教学体系，以多种媒体教学资源建设、推广与应用为主，同时开展师资培训、短期汉语培训等业务。积极进行汉语国际推广工作，做好密西根州立大学孔子学院资源建设工作，完成20门初中、高中和成人网络课程建设；将合作模式、教学资源向全球推广，申请设立网上孔子学院。继续做好美国SCOLA卫星电视网全中文教学频道工作。

④ 积极参与国际开放与远程教育协会（ICDE）、亚洲开放大学协会（AAOU）等国际远程教育组织的学术活动并在其中发挥重要作用，扩大电大在国际远程教育界的影响，提升电大在国际远程教育领域的地位。

(5) 社区教育推展计划

① 从电大定位和发展战略角度，设计和规划电大社区教育，明确广播电视大学在社区教育中所应承担的任务。

② 争取教育部和有关部委的政策支持和业务指导，积极参与教育部社区教育实验示范区的试点工作及社区教育标准和规范的制定工作。积极参与基层社区教育中心的能力建设工作。

③ 建立相应组织机构，确保电大社区教育有序推进。成立中央电大社区教育咨询委员会等机构，为开展社区教育提供决策支持和业务指导。

④ 发挥电大系统办学的优势，积极推动电大系统全面进入社区教育，依托电大建立各级社区培训学院（或教育中心），探索电大社区教育的教学模式、管理模式及运行机制。

(6) 电大文化建设计划

① 开展全系统教职员工专题讨论，深入研究远程开放大学的文化特征和构成要素，共同制定并实施电大文化建设方案。

② 贴近社会平民，通过多种途径，加大宣传工作力度。对电大系统形象进行整体设计，形成统一的包装品牌，树立电大的统一社会形象。运用好网络、广播电视、刊物等有效载体弘扬电大文化，宣传电大精神。

③ 系统总结电大教育改革与发展实践，概括凝炼电大文化精髓，丰富电大文化内涵。

④ 以社会主义和谐社会建设为指导，倡导开放、自主、勤奋、诚信精神，建立优良的校风、教风、学风，建设和谐电大。

⑤ 改革完善规章制度，形成以人为本、严格规范的制度体系，创建有电大远程开放教育特色的制度文化。

⑥ 充分发挥工会、妇联、团委、学生会等组织的作用，在全国电大系统内开展具有电大特色的系列文化活动，增强系统的凝聚力。

⑦ 规划建设网上虚拟校园，构建网上电大文化社区和交流平台。在各省级电大校友会的基础上，建立全国电大校友会。

在第四届西部地区电大校长论坛会上的讲话

刚才听了十几位校长的发言，非常感动。在座的各位领导都非常热爱这个事业，对电大事业尽心尽力，是我学习的榜样。我们电大总体属于成人教育系列，对成人教育的规律怎么认识？如何从这个角度来看待我们电大教育的规律、来发展我们电大的事业？我是一个新兵，带着这些问题来参加会议，来寻找答案。可惜今天大家在这方面谈的比较少。目前我仍在熟悉工作的过程中，今天大家提到的许多问题，我自己还不具备参与讨论的基础。借这个机会谈一点感想，供大家参考。

第一，包括电大教育在内的继续教育是我国国民教育体系的重要组成部分，各级政府和社会各界一定会给予越来越多的重视和关心，对此我充满信心。

近些年来，我们国家的教育发展迈出了几个很重要的步伐。第一步：抓了"普九"。现在九年制义务教育普及任务已基本完成，下一阶段主要是巩固和提高。第二步：抓了高等教育。通过"985工程"和"211工程"等的实施，我们国家有一批高等学校的办学水平明显提高，国际影响增大，整个高等教育在国际上的地位也显著提高。当然，这其中的一个重要基础是我们国家的综合国力有了很大的增强。第三步：抓了职业教育。国务院和中央各部委在四年的时间内连续召开了3次职业教育工作会议。2002年第一次会议，当时的朱镕基总理、李岚清副总理和吴邦国副总理三位国务院领导同志参加。2004年7个部委又联合召开了职业教育工作会议。这个会议以后，2005年在温总理的亲自倡导下再次召开了一次职业教育工作会议。温家宝总理、黄菊副总理和国务委员华建敏、陈至立等国务院领导同志都参加了。

这三个重要的步骤之后，我体会将会把继续教育提到重要的工作议程上来。整个教育发展的重心应该是四个：九年义务教育、高等教育、职业教育和继续教育。那么下一步教育发展的重心为什么会是继续教育呢？这与我们国家经济社会以及教育的发展密切相关，我理解是

图4-18　2007年12月4日到新疆喀叶电大视察工作

不以人的意志为转移的。随着经济社会的发展和老百姓生活水平的提高，社会对教育的需求将显著增强，不是简单的线性同步增长，很可能会呈现出指数增长。那么教育需求的增长是不是就是对普通教育需求的增长呢？

普通教育是其中的一个重要部分，但老百姓对教育的需求，可能更多的体现在改善生活质量、精神文化和社会就业等方面，也就是继续教育方面。党中央国务院提出构建终身教育体系、建设学习型社会与和谐社会都是对教育，尤其是继续教育，提出的任务要求。所以无论从哪个角度讲，大力发展继续教育都将会成为我们国家整个教育发展、包括高等教育发展非常重要的任务。

第二，正视问题并且理性地分析问题产生的原因和条件，是筹划发展的基础。

刚才各位领导发言时提到了很多问题，我想把这些问题归类的话，实际上就两个问题：一个是定位问题，另一个是管理问题。无论是普专班的问题，投入问题，立法问题，还是大家提到的办学问题，归结到一起，还是定位问题。而和谐发展问题，内部沟通问题等，归结到一起，就是管理问题。管理问题又涉及外部管理和内部管理两个方面。外部管理主要涉及电大教育和其他各种形式教育之间的协调问题；内部管理主要是系统内部各级电大，不同类型的教育和不同部门之间相互协调的问题。这些问题对我来说都是很好的学习案例，其中的个别问题在我来到中央电大工作之前有过粗浅的思考，在这里同大家沟通一下，算是个探讨。

包括中央电大在内的各级电大，是一个从事开放教育工作的教育组织系统，在这个系统中各级电大之间是一个什么样的关系呢？我体会是一个有着有机联系的利益共同体，是相互依存的关系。如果没有各级地方电大的存在，中央电大存在的必要性就会大大降低。如果没有中央电大，即使各级地方电大存在，其生存和发展也是非常困难的。因此，我们是一个利益共同体。如果这个前提是对的，这里面必然会有一些不断变化但又长期存在的矛盾，这是一般性规律，大家对此不必过于看重。比如，职能（权力）划分问题就会长期存在，但这个问题在不同时期会有相应的调整。从规律上讲，调整也是利益共同体的共同命运所决定的。如果职能过于集中，造成地方电大的生存遇到了困难，自然就会危及中央电大的生存，职能一定会调整。反之，如果职能过于分散，影响了整个系统的运作，职能也会调整。在这个过程中职能划分的适当与非适当是相对的，不会有一成不变的绝对正确的方案，是随形势变化而变化的。再比如利益分配问题，就像中央税收和地方税收比例一样，是一个长期存在的问题。这个问题不论到什么时候，不论国家怎么发达，怎么贫穷，都会存在。但这个问题也会随形势的发展做相应的调整。如果中央层面过于集中财力，以致影响到地方的发展，中央层面自然会让利。反之，如果财力过于分散，影响了国家的整体运作，也一定会做出调整。我想这是一个必然的过程，但没有一个绝对的解决方案。从这个角度看，既然是一个会长期存在的问题，现有方案又没有出现显著的不适应，对于一个还不十分熟悉情况的新兵来说，不会把此作为近期要解决的主要问题，我想大家是可以理解的，当然我会把这个问题记在心上。但从另外一些角度我们应该做些事情，比如加强对地方基层电大的支持，无论中央电大还是省级电大，基层都是我们电大生存的基础。加强对基层电大的支持，自然包括经费，但不能局限于经费，还要包括资源的配送、教师以及管理人员的培训、激励措施或倾斜政策等。我体会非资金的支持在一定程度上比资金支持更重要，应该是软硬结合的。

从更本质一点来看，大家谈及职能（权力）划分问题的角度，我体会我们的视野还不够开阔，似乎过多地从电大自身考虑问题了。大家说，现在我们的教育是不公平的，既然是高校，为什么普通高校能办成人教育，而成人高校不能办普通教育？为什么我们的开放教育只能以中央电大的名义来办，而省级电大就不可以自己举办开放教育？我们还要回到最初为什么要发展成人教育，为什么要发展开放教育这个角度来思考问题。为什么要发展成人教育？因为最早我国的高等教育资源非常有限，大多数人没有机会接受高等教育，因此应该倡导一种形式，让更多的人有机会接受高等教育。应该是那些掌握优质资源的教育机构把它的资源贡献出来，使基层的老百姓有机会学习。因此成人教育、网络教育、开放教育的发展，都是从优质资源共享的角度出发的。谁拥有优质资源？在教育系统内部，最初当然是优秀的普通高校拥有优质资源。总的来说，他们有比较长的办学历史，拥有雄厚的师资，有严密的教学管理，所以应该把他们的资源拿出来共享。那么，成人高校要去举办普通高等教育，理论的起点是什么呢？我们还没有找到理论起点。为什么开放教育的举办在有限的将来不太可能放到省级电大呢？如果举办开放教育的职能放到省级电大，所有的普通高校都会说这个职能也应该给他们，那么全国1792所普通高校都会获得举办网络教育的职能，优质资源共享的初衷势必大打折扣，整个办学格局会不会出现与当前函授教育类似的情形，其结果与影响大家可想而知。那么，为什么允许中央电大举办开放教育？不知大家还是否记得，在批准中央电大开展开放教育的同时，对中央电大是有要求的，就是要中央电大整合利用全国普通高校的优质资源进行合作办学。我来到中央电大以后才知道，中央电大开放教育的课程设置实行中央电大与省级电大6∶4分割。当时听到这一情况的最初反应是，怎么会是这样呢？这跟初衷是不一致的。说这么多感想是想说明，我们在思考问题的时候，既要想清楚我们的优势，也要想明白我们的弱点,做到了扬长避短,就会为发展打下一个好的基础。

另外,来自我们电大教育内部的最大威胁是什么?我认为是各自独立办学。当各自独立办学的时候,44所省级电大就成为44个校园,校园外你只能作一点类似函授教育这样的工作,不可以对基层分校进行约束。现在省级电大在教学组织上管理着大量的分校和教学点,是因为电大是一个系统,理所当然地履行着作为一个系统管理者应有的职责。大家提到的其他问题,我觉得都是应该认真研究的。比如,学生负担过重问题、建设和谐电大的问题等。当然,建设和谐电大是一个很高的社会目标,我们一起研究,一起往这个方向去努力、去奋斗。

第三,理清思路,锐意进取。

最近两天我在思考这么两个问题。第一,电大的核心价值是什么?我想会是见仁见智,但终归应该有一个共识。第二,我们电大的核心竞争力是什么?当我们与别人竞争的时候,我们的哪一个方面应该是别人不可比的。为什么会想起这两个问题,因为另外一个问题困扰我很长时间了。什么问题?我们电大走过了27年历程,却始终面临一个命题没有解决——生存危机。走过了27年,没有解决生存危机,问题在哪里?当然,有危机意识也是件好事,可以有效地调动积极性,使电大人的潜能得到更好地发挥。我想这就是为什么尽管始终面临生存危机,但电大仍然不断取得进步和发展的原因。话虽这么说,我想我们在座的各位校长会有一个共同的愿望,这就是:当前这个时期是电大发展最好的时期,我们应该用好这个时期,在这个最好的时期尽快地腾出精力思考和寻找我们电大自身的强势,走出一条能够展现电大强劲生命力的道路来。现在对我们电大来说,可能是个难得的机遇。我听到过两个三句话,就是两种说法。第一个三句话,是稍微悲观一点的说法:困难大,可以维持,前途亟待研究。第二个是乐观一点的三句话:困难大,空间大,希望大。我体会,这两个三句话实际上都得出一个结论:电大是很有发展空间的事业,应该是能人的事业,又是一个锤炼人的地方,如果你愿意为电大贡献力量,你是可以做出成绩的。从一个多月来的调研来看,电大有一支能吃苦、能战斗的队伍,我相信我们的电大应该有非常美好的未来。

中央电大在起草"十一五"规划时,提出"十一五"期间的发展思路是四句话:扩大开放,保证质量,强化特色,打造品牌。我非常同意这个发展思路。要落实这个发展思路,还要有一个工作思路,工作思路应该是另外四句话。

第一句话:理念引导。什么叫理念引导?就是一定要把我们电大的根本任务想清楚，把我们电大的优势想清楚，把我们电大所面临的机遇想清楚，同时把我们电大的弱势想清楚，形成我们电大应有的在相当一个时期内相对稳定的办学理念。这个办学理念不仅应该是社会接受的，而且应该是对社会有所贡献的。刚才卫校长提到，马上要在甘肃召开一个电大文化建设研讨会。我体会，由于电大是与我们中国社会融为一体的，是最了解中国现实的，所以电大的文化应该是最结合我们国家现实的，同时也是能够引导社会理念变化的。学校文化是展现学校理念的一种很重要的形式，我们要凝炼电大文化，通过电大文化的弘扬对社会有所贡献。

第二句话：定位先行。理念想清楚了，我们电大要办成什么样的电大，我们应该从哪个角度切入，办成我们理想的电大？我们应该采取什么样的策略来实现我们的理念？这些虽然是宏观的东西，但是非常重要。学校的发展是积少成多、逐步积累的过程，是一步一步前进的过程。要做到这一点，最重要的是要保证每年做的工作都是逐步累加的，不能是正负抵消的。如何才能做到逐步累加呢？要有清楚的理念，科学的定位。我相信积少成多，过不了几年，我们电大教育就会成为社会非常认同的一种教育类型。

第三句话：固本培元。在教育领域，实际上在任何领域，工作是可以划分的。有些工作过一百年、一万年都不会错，永远正确。有些工作在没有想清楚的情况下可能有一些风险，做了以后某些方面可能会带来副作用。我这里讲的固本培元是什么意思？就是要练内功，把那些无论形势如何变化，都有利于我们电大发展的事情进一步加强，坚决地做实、做好。

第四句话：度势发展。度势发展是什么意思？我们要认真分析形势，理解形势。理解形势包括经济社会发展形势和教育发展的形势。顺势发展，不能逆势而动。顺应潮流的，我们及时地抓住；跟形势不相适应的，先缓一缓，做进一步的调查、观察和研究。这里所说的形势不仅是表面上的、显而易见的，更主要的是经济社会和教育发展内在的、普遍的、一般的规律。

我愿意和全体电大的同仁们同甘共苦，共同应对面临的困难，共同谋划电大教育的未来，也共同分享将会取得成果的快乐。在这个过程中，我们西部电大可能会面临更多的困难和更多的问题，但我相信西部电大也有东部电大、中部电大所没有的优势。让我们在共同找到整个电大教育在整个教育体系中恰当位置的同时，不同类型的电大及各级电大自身也找准各自在整个电大系统中的位置，发挥各自的优势和长处，分类发展与相互支持合作相结合，促进电大教育的共同进步。

在2006年全国广播电视大学教学工作会议上的讲话

各位领导、同志们：

今天召开的2006年全国广播电视大学教学工作会议，是我担任中央电大校长以后参加的第一次全国电大教学工作会议，也是我参加的最大规模的电大系统会议。在会议正式开幕前，我们进行了"清华紫光杯"多媒体课件大赛、首届ODE网上教学奖、第二届教学创新奖、教师教学反思征文四个全国电大评奖的颁奖活动。看到有这么多的学校和同志获奖，我感到非常高兴，亲身感到了电大的事业呈现出蒸蒸日上的发展势头。我也要感谢省教育厅的领导在百忙之中亲自到会，关心和指导电大事业的发展。在各级党委、政府、教育行政部门以及社会各界的关心和支持下，我相信电大的事业一定会蓬勃发展。

图4-19 2006年6月22日中央广播电视大学校长任命会后与前任校长张尧学、前任校党委书记于云秀合影

在这里，我讲两个方面的内容。

一、到中央电大工作以来的收获和体会

我于2006年6月22日担任中央电大校长，到现在共计到13所省级电大进行了工作调研，此外还有一些地市级和县级电大。通过我的分析和综合，有几点想法和同志们一起交流。

1. 如何正确认识电大教育所取得的成就

电大成立27年来取得的成就是有目共睹的，值得我们每一位电大教育工作者和同学们感到自豪。特别是在不少的基层单位，各方面工作的骨干力量有相当一部分是电大的毕业生，电大给他们提供了走向社会更高层舞台的机会。在和这些同学们座谈时，他们都充满了感激，也充满了自豪。

电大教育取得的成就，可以从五个方面来归纳：

(1) 办学规模不断扩大，培养了大批留得住、用得上、干得好的应用型人才。27年来全国电大累计培养毕业生将近500万人，其中"十五"期间将近230万人。2005年全国电大高等学历教育在校生266万人，其中开放教育在校生201万人。2005年全国各类高等教育在校生2300万人，电大占11.6%。2005年高等教育的毛入学率21%，电大教育的贡献是2.4个百分点。2005年全国网络教育在校生265万人，电大占3/4以上。2005年全国各类成人教育在校生725万人，电大开放教育占27.7%。从这些数据来看，电大教育的规模是比较大的，为国家培养了大批应用型人才。

(2) 信息化基础设施建设取得突破性进展，形成了天网、地网、人网相结合的网络教学环境。2005年全国电大学校固定资产209.4亿元，是2000年年底75.9亿元的2.7倍；其中现代教学设施、设备近60亿元，是2000年年底18.5亿元的3.2倍。全国电大拥有数字卫星接收机1500台，卫星IP接收设备1400台，教学用计算机近30万台。中央电大和省级电大建成互联互通的双向视频系统、直播课堂等，各级电大都建有多媒体教室和视听阅览室。中央电大共开设75种专业，其中统设成招专业15种、开放教育专科专业42种、开放教育本科专业18种。

(3) 教学改革稳步推进，初步构建了现代远程教育条件下的人才培养模式框架和质量保证体系的架构。主要体现在三个方面：第一，专业设置基本适应社会需要。开放教育专科起点本科专业在校生人数排在前三位的依次是管理学、法学、文学，专科专业排在前三位的依次是管理学、法学和教育学。其中最大的专业在校生已经到了五六十万人。这些数据说明我们开设的专业总体上说是广大学习者需要的。第二，探索了基于成人业余学习特点的教学方式。例如，我们实行了课程开放，大力推进学分制，开展"两随"、"两自"的试点。第三，形成了以"五统一"和"五要素"为核心的教学质量保证体系，对于确保电大教育的声誉和质量起到了至关重要的作用。通过开展毕业生追踪调查，电大毕业生的满意率（包括学生自己的满意率和用人单位的满意率）都在80%以上。甚至用人单位对我们毕业生的满意率还要超过学生自己的满意率，这还是能够作为一个比较有说服力的证据。

(4) 现代远程教育公共服务体系快速推进，社会服务功能稳步拓展。除了电大系统自己举办开放教育以外，我们为相关行业和部委提供了教育支持服务，例如，我们为证监会、保监会、人行提供考试服务，为湖南大学网络教育提供考试服务,为全国高校网络教育提供考试服务。中央电大奥鹏中心已经和29所普通高校的网院进行了合作,在校生接近10万人。

(5)办学特色更加鲜明,共识进一步增强。

第一,我们始终坚持系统的运作,采用统筹规划、分级管理、分工协作的运作机制,充分调动和发挥电大系统的办学优势,提升电大整体办学能力。

第二,进一步强化了面向职业人的教育定位。开放教育注册学生中,95.6%是在职人员。

第三,始终坚持面向地方、面向基层、面向农村和边远民族地区办学。电大在校生里78%来自地市级行政区域以下的基层单位。去年开放教育教学点是2932个,2/3都在县级以下的区域。

第四,面向特定人群提供教育服务。我们有专门面向部队士官开展远程教育的八一学院和总参学院。近期解放军四总部联合发文就加强部队文化教育提出原则意见,文件中两次明确提到希望电大发挥更大的作用。

第五,以合作拓展电大教育的开放性和合作性。实现电大教育的开放,非常有效的方式之一就是合作。比如我们和普通高校合作举办专业,一方面虽然我们的自主权受到了约束,但另一方面开阔了我们的视野,引进了优质的资源。比如我们和行业部委合作,电大战线和行业的需求能实现更好地沟通,行业的需要可以直接反映到我们的教学计划中,明显增强了电大教育的针对性。电大通过这种合作的形式,聘请行业部委专家参与共同研究教学计划,共同进行课程开发,在很大程度上使电大教育的教学内容、课程设置更好地适合现实需要,与一线的工作结合起来。普通高校讲究要超前,我们更多的是要面对现实需求,这是我们电大和普通高校非常不同的地方。

第六,研究和实践紧密结合。开展开放教育特别是基于现代教育技术和信息技术的开放教育,是世界各国共同探讨的话题,没有现成的成功经验。过去7年我们开放教育的试点历程,既是实践的历程,同时也是研究和探索的历程。我们取得了很多成绩,应该感到骄傲和自豪。当然,还有一些不尽如人意的地方,我们要继续努力探索。过去7年的历程,实际上是以实践支撑研究,实践在前,研究在后,研究指导实践,研究和实践相辅相成。电大战线从事了90多个项目的研究,全国电大有1600多位老师参与到开放教育的研究中去。这不是一般泛泛的研究,这是专门针对开放教育的研究。根据到2005年年底的统计,全国电大获得省部级教学科研奖有129项。所以说过去7年的历程,也培养了我们的教学和研究队伍。

2. 如何正确认识电大教育的优势

以上成绩对电大教育今后的发展起到了积极的推动作用，这些成绩的取得，使得电大教育的优势更加凸显。归纳起来，主要体现在四个方面。

第一，全国电大是一个系统，政府举办，信誉良好。这不仅是电大战线，同时也是整个教育界的共识。这里面包括四个方面含义。首先，这个系统是延伸到基层行政区域的办学网络。这个办学网络在东部地区有的是延伸到了乡镇，在城镇是到了社区，在西部地区主要是到了县。这个网络与社会融为一体，深入到了社会的基本细胞里面。其次，这个系统是有专职职工的统筹协调的专业化的管理体系。在我国的管理体系里面有很多系统。但是有专职职工的、统筹协调的专业化的管理体系并不多。再次，这个系统是一个有较多资源共享的体系。在我们这个体系上资源是可以双向流动的。最后，这个系统是一个有着较为严密组织的考试体系。通过几次的巡考，我发现电大的统考是相当规范和严格的。例如，电大一线考试的考场是电大自己的，监考老师也都是电大系统自己的教职工，是可以约束和控制的，全国电大还有近500个考场安装了监控设施。这是我们赖以保证考试严格的基础。

第二，电大以开放作为基本的办学理念，具备整合各类社会优质教育资源的体制和机制。这是我们电大的优势所在，也是过去几年我们不断强化的方面。开放是现代社会的基本特征，但是真正要做到开放并不是一件容易的事情，因为要做到开放必须要理解和认识开放。比如说电大系统有一个规定，就是自己的老师不能做教材主编和课程主讲，这点对我们的教师确实有一些不公平。但是从另外一个角度理解，就是我们所有的课程、所有的教材必须要由比较好的老师去做，这个机制依靠很多措施来保证。这个体制决定了我们可以整合各类社会资源，普通学校就难以做到。所以说我们电大的长项是我们具有开放的理念，实现开放的体制和机制。

第三，以市场作为生存的基础，以服务基层和全体大众作为主要任务。给大家提供一组数据。2007年全国18岁人口是2510万人，2008年是2620万人，2009年是2000万人，比2008年减少620万人。到2015年则减少到1440万人，就是说从明年开始到2015年全国18岁人口基本上要减去一半。这些数据说明，普通高等教育的适龄人口生源在逐步减少。我国高等教育很快就会走向市场化，就会实现由卖方市场向买方市场的转变。所以我一直讲，所有的普通高校，特别是高职高专院校要赶快建立起自己的竞争优势。如果没有竞争优势，很快就会有被淘汰的可能。整个的教育都会产生激烈的竞争，而我们电大教育是走在了前头，在他们都没有竞争意识的时候我们已经在磨炼竞争本领。

第四，学习者以在职为主体。很早以前就有人跟我讲，电大教育有两个致命的弱点：第一实践环节比较弱，第二素质教育比较差。但是如果你说它比较弱，又对它不公正，因为政府给电大的定位就是这样的教育。把所有的实验室建到县里头这也不可能。我认同这确实是我们电大的弱点，但是一直没有表过态。我到了电大系统以后，突然有一天我反过来想，电大教育的弱点也许是电大教育的强项。因为绝大部分的学生都是在职的，都是有工作经验的，有工作经验就有能力的积累。对开放教育的学生来说最大的长处在于学习的主动性强，而且他们理解力强，本身就掌握着非常丰富的教育资源。

3. 电大教育面临的挑战和机遇

第一个挑战来自普通高等教育。我国普通高等教育1998年本专科招生108万人，2005年招生是504万人，2006年是540万人左右。高等教育迅速发展，与此相对应的是18岁人口基数将会迅速下滑，会出现什么问题？普通高校也要生存，本来我们和普通高校竞争的不是同一批生源，但是这几年我们有一个趋势，我们的学生年龄低龄化。如果是这样的话竞争会异常地激烈。不仅这样，普通高校要生存必然要拓展非全日制教育，会和我们争夺另一块生源。

第二个挑战来自网络教育。普通高校的网络教育曾经走过一个非常曲折的历程，前几年声誉受到了巨大的伤害，这几年通过整顿规范，声誉已经开始回升，市场适应性逐步增强。同时国际远程教育和开放教育也是蓬勃发展。

第三个挑战来自培训机构。一方面是社会培训机构，他们的最大优势是对市场非常理解。如果开发出资源，那么和市场的需要是非常接近的。各个部委也有培训机构，也陆续摸索形成了一些管理的体制和机制，已经历练出走入市场的本领。

第四个挑战来自电大自身。我们电大所面临的发展环境、发展的优势以及我们自身的弱势和困难，很多人都已经在研究，但是研究得很透彻的还不是很多。因此我们电大教育出现了一系列新的值得关注的发展动向。

电大教育同时也面临着非常好的发展机遇，我认为有四个方面：

第一个方面来自成人教育改革。成人高等教育改革即将起步，成人教育的版图将重新划分。在这个划分的过程中各种成人教育机构如何重新确立自己的定位和领域，是需要认真研究的。如果确立比较准可能有大的发展，确定不准可能就会受到伤害。电大发展的机遇是非常之大的。我现在担心的不是电大没有发展机遇，而是担心电大抓不住机遇，就是你有没有准备去抓住这个机遇。

第二个方面是开放教育试点得到社会基本认同。我们今年对各省级电大的总结性评估已经告一段落，2007年4月将是中央电大的评估。总结性评估意味着新的发展起点。

第三个方面是和谐社会的建设。社会主义和谐社会的建设，对教育的需求将不是简单的线性增长，很可能是指数增长。如果大家注意去读一读六中全会的文件，大家也许能从中感觉到我们的电大教育可以而且应该奉献的地方很多。

第四个方面是构建终身教育体系和建设学习型社会。前一段时间中央一套新闻联播报道了一个消息，我国65岁以上人口已经突破一个亿。据预测2010年我国65岁以上的老龄人口将占到9%。此外目前全国在岗人员7.5亿人，这也是一个巨大的学习需求市场。

4．下一步的工作思路

中央电大已经提出，电大教育"十一五"期间的发展方针是"扩大开放、保证质量、强化特色、打造品牌"四句话，这是电大教育努力的方向。但如何实现这个努力方向，这就是发展思路的四句话，叫做"理念引导、定位先行、固本培元、度势发展"，就是一定要理性看待我们的现状和未来，一定要使自己的基本能力不断增强，一定要把握我们电大教育的总体方向和趋势。

理念引导在一定程度上起着至关重要的作用。大家要通过研讨在理念上形成共识，从而化为我们共同的动力，所以我大胆地提出了三个层次的理念。

第一个层次的理念是大学理念，是最高层面的。大学理念的表现是大学的核心价值和核心竞争力。我们中国的广播电视大学系统，核心价值是什么呢？换句话说，广播电视大学之所以存在27年，而且将来会继续存在下去的根本理由是什么呢？我想可以概括为三句话。第一句话，电大对社会来说是平民进步的阶梯。电大本身的存在就是进步文化的象征，就是说要一边工作一边学习，电大给社会的信号就是我不仅要工作而且要学习，不仅要学习而且要工作，是进步的、自强的文化。同时说是平民进步的阶梯，就是我们为国家的社会稳定做贡献。因为社会是分层结构的，分层结构的稳定有一个非常重要的机制就是垂直流动，电大是促进社会垂直流动的，因此对社会来说电大是平民进步的阶梯。第二句话，对教育来说电大是教育公平的砝码。任何年龄阶段的社会群体，从教育上来说都有教育的弱势群体和强势群体。比如高考考700多分的就是教育的强势群体。考了

200分、300分就是教育的弱势群体,不能自己选择学校,而要学校选择他。参加工作以后也有教育的强势群体和弱势群体。我们在座的各位都是教育的强势群体,因为一旦你有什么问题你可以方便地找到一个老师去请教,可以方便地到图书馆、到网络寻求解决问题的方法。相反在工厂、在农村的那些人就是弱势群体,他们有问题要问人、要查找资料很不方便。我们电大教育从来就是面向教育的弱势群体的,而且将更加面向弱势群体的教育需求。第三句话,对学习者来说是学习者充实自我和增进动力的补给站。人的一辈子就是一个旅程,我们每个人在长途旅行之前总是要吃点好的,把自己弄强壮点。但是你一旦开始自己的旅程,你想再天天吃大餐可能吗?不太可能,你只能在马路边上的小店、快餐店,或者带上自己的干粮。人在工作之前接受的小学、初中、高中和普通高等教育就是大餐。一旦参加工作再要接受这些普通教育当然是可以的,你可以辞去工作再去接受教育,但是不可能,因为要养家糊口。所以他需要这些快餐。我们电大做的就是这个。我们的核心竞争力是什么呢?很显然就是服务。我们有优质的服务,就可以在市场上发挥我们的核心价值。如果我们没有优质的服务,我们的核心价值即使想发挥恐怕也很难。

第二个层次的理念是办学理念,是要回答以什么样的思想来办学。我体会是四句话。第一句话,声誉和质量是电大的生命。这是我走访了很多电大感到压力最大的地方。大家都说电大管理太严,学生都跑了,都跑到普通高校的函授和网络教育去了,我们能不能放松一点?我说不能。为什么不能?普通高校的函授教育和网络教育是副业,它这个做不了可以做全日制教育。如果我们这个做不了了,我们去做什么?那就砸了我们的饭碗了。我们绝对不能因为一时的短暂利益需要而忘记了自己长期的发展,所以要长期发展必须要确立这么一个理念,声誉和质量是电大的生命。我们要向社会弘扬学习是现代公民的生活方式、学习是现代工作的保障、学习是自强的可靠手段等理念,倡导这样的积极向上的学校文化,从而为社会的发展作出贡献。第二句话,优质服务是电大的立校根基。从资源来讲普通高校比我们有优势,从市场来讲培训机构与市场结合紧密。我们生存的基础就是我们能够很好地组织起这些资源并且把这些资源非常体贴入微地提供到我们的学习者手上。这要依靠服务来完成。所以没有这个优质服务,如果别的机构也可以提供这样的服务,那么我们电大存在的价值将会大大地打折扣。第三句话,强化开放和系统建设是电大的未来。强化开放就是我们要深刻理解开放的内涵,我们以前比较多的理解是面向所有的学生开放,其实开放的另外一层含义是面向所有的资源,所有的资源都是我们的资源，你就会汇集到最优秀的资源。第四句话，高效运行是电大的基本保障。我们的优势是我们大家是一个系统，但这个优势要想发挥好的前提是要高效运行。我们的教学管理一定是高效的，虽然这里有体制、机制的问题，但这是我们努力的方向。

第三个层次的理念是目标理念，即要回答办什么样的学校、培养什么样的人。我自己体会也是四句话。第一句话是机构定位。电大是国家的远程教育机构，是政府的高等学校。中央电大是教育部的远程教育机构。教育机构是什么意思？既然是教育机构就要统筹资源，不仅仅要统筹教育系统的资源，而要统筹社会各个行业的资源，真正把这个资源的汇集平台做大做好，因为我们有一个很好的网络使资源发挥作用。第二句话是社会定位。电大是全民终身学习的支柱，是学习型社会的平台。就是电大的存在不是为了电大的存在而存在，而是为了社会的发展而存在。第三句话是功能定位。应该是学历和非学历并重，办学和服务并举。第四句话是人才定位。即培养什么样的人才。我到了电大以后最大胆的一个改变就是提出电大所从事的是职业人的教育和应用型人才的培养，就是说来我们电大学习的不是通过我的培养成为职业人的，而是说他现在就是职业人；不是说通过我的培养他才成为人才，而是说他现在就是人才，对他进行继续教育。我想这个理解会带来其他方面的一系列变化。作为长远的规划，如果这个理念是对的话，概括起来我们就是要汇聚最优质的学习资源、提供最体贴的支持服务、运行最高效的办学网络、开展最鲜活的科学研究。最鲜活的科学研究就是最结合中国现实的科学研究，如果这四个方面都做到了，电大没有理由不发展。

二、关于教学工作

教学工作是目前电大系统最重要的工作。目前的现实是，我们有200多万学生，培养好人是我们电大存在的根本基础，所以教学工作非常重要。在这里，我提三点意见。

第一，要把为学生服务、为学生着想放在我们学校教学工作以及其他各项工作的第一位。为什么这么说？因为学生是我们的衣食父母。如果没有学生就不需要电大存在。对于我们电大教育这种买方市场的教育形式来说更要为学生服务，为学生着想，不能管理本位，也不能自我本位。要把稳定工作放在我们每一位同志的心上。我们有不少地方招生还有困难，采取了一些合情合理的办法，但绝不能采取欺骗误导学生的办法。我想有一个基本原则，不能把学生利益作为与其他任何方面交换的条件，学生利益是不可交换的，这上面没有讨价还价的余地。

第二，教学改革一定要围绕强化电大的优势、突出电大的特色、打造电大的品牌做文章。今年总结性评估各省级电大都已经告一段落，大家一定要好好利用总结性评估的这次机会，把那些非常好的做法转化为常规的教学行动，转化为具体的改革措施落实到我们的实际行动中。

第三，要强化开放意识，开阔视野。开放是电大教育的优势，但是开放要理解和认识并不是很容易的，需要我们下一些工夫去研究，一定要注意开阔视野。我们电大系统一个很好的优势，就是我们电大系统内部大家非常了解，但电大真正要发展，仅系统内相互熟悉和了解是不够的，我们要放开我们的眼界，我们要了解相关的普通高校和行业部委的工作动态，了解跟我们相联系的培训机构的工作动态，要睁开我们的眼睛。我体会我们的电大系统的每个老师，只有把最知名的教授、最优秀的专家团结在自己的周围才是最优秀的教师。

在 2007 年全国广播电视大学教学工作会议上的讲话

各位领导、同志们：

2007 年全国广播电视大学教学工作会议今天在兰州召开了。这次会议有几个很重要的特点：

第一，从会议召开的时机看很有意义。这是在教育部对中央电大人才培养模式改革和开放教育试点项目总结性评估之后，电大系统召开的第一次教学工作会议。教育部专家组对中央电大开放教育试点项目给予了很高的评价，认为这是一次成功的教育改革实践，为我们国家现代远程教育积累了宝贵的经验，电大为终身教育体

图 4-20 2007 年 10 月 11 日在兰州出席全国电大教学工作会议

系的构建和学习型社会的建设发挥着越来越重要的作用。再过几天党的"十七大"将在北京顺利召开，所以我们这次会议的时间非常有意义。

第二，这次会议的地点也非常有意义。从地理上讲，兰州是我国的地理中心，这次会议是在全国最中间的地方召开的。

第三，在甘肃省委省政府的领导下，在甘肃省教育厅领导的支持下，甘肃电大的工作这几年取得了巨大的发展。甘肃电大为甘肃省高等教育毛入学率贡献了 2.7 个百分点。同时，甘肃电大在开放教育方面的教学改革、教学管理以及系统建设等方面做出了很多有益的探索，为全国电大的改革和发展提供了宝贵的、可供借鉴的经验和素材。

一、关于中国高等教育的开放历程

我们常说历史是一面镜子，但是能做到经常照这面镜子的人并不多，当开放教育从试点即将转为常规运行的时候，我想有必要回顾一下整个开放教育的历程，这对今后会有一些启发和帮助。

开放教育是经教育部批准，从 1999 年开始由中央电大首先进行试点的，但是我国追求高等教育开放性的努力从新中国成立就开始了。为推动高等教育的开放，我国先后探索实施了十种不同的非普通高等学历教育形式，也就是在普通高等教育之外实施了十种学历教育形式。根据他们内在的逻辑关系，我把中国高等教育的开放历程分成三个阶段。

第一个阶段是从 1950—1978 年，这个阶段叫"前期探索阶段"。如果要追溯的话，当然可以追溯到更早，在新中国成立之前，在瑞金、延安，当时工农民主政权曾创办过红军学校、抗日军政大学等，中国共产党就做过推进教育开放的努力。新中国成立后，中央召开的第一次全国工农教育工作会议提出工农教育是所有教育工作者的重要使命或者重要任务。以这次会议的精神为指导，我国实施了两种重要的非普通高等教育的形式即夜大教育和函授教育，分别于 1950 年和 1953 年开始招生，这两种形式直到今天仍然是我国计划内成人高等教育的重要办学形式。到 2006 年，函授教育在校生是 277 万人，夜大在校生是 141 万人。但是，2006 年中央作出决策将停止举办中央党校的本专科函授教育。第一个阶段的特征是什么？我体会这个阶段是探索教育对象的开放，是要把以前认为只能在校园内进行的活动搬到校园外，让更多的老百姓有机会去接触学习。

第二个阶段是从 1979—1998 年，在这个阶段我国先后探索了六种非普通的高等学历教育形式，称之为"多途径探索阶段"。第二个阶段重要的特征是探索教育方式的开放。其中第一种形式是广播电视教育，也是在座的各位曾经为此付出艰辛努力的广播电视教育。从1979年建校到现在，广播电视教育曾经有过辉煌的历史。1985年在校生是67万人，之后经历了十几年的低迷，应该说传统的广播电视教育对现在的电大教育来说只是一种补充。第二种形式是成人脱产班教育，它的前身是干部专修科，开始于1980年，到去年底，成人脱产班的在校生是105万人，这种教育形式也为国家的人才培养做出过重要贡献。但是2007年教育部出台了一个很重要的文件，即教育部直属高校从2007年开始停止成人脱产班和自考班的招生。第三种形式是高等教育自学考试，开始于1981年，最高峰是2000年，按照每年的报考人次统计，2000年是1356万人次，此后，高等教育自学考试一直在持续走低，到2006年是949万的报考人次。自考每年的毕业生大约是70万人。第四种形式是第二学士学位教育，开始于1984年，这种教育形式有什么特点呢？对于大学已经毕业的学生，工作两年以后如果觉得自己所学和自己的爱好不一致，或者说和自己的工作需要不同，可以再申请到学校里攻读另外一个专业，并取得相应的学士学位，这种教育形式的规模很小，目前有73种专业和375个专业点。第五种形式是在职人员以同等学力申请硕士、博士学位，开始于1986年。这种教育方式要求有工作经历，通过参加研究生班学习后，加上外语和综合考试，最后通过论文答辩后可获得学位，类似于研究生教育领域的自学考试。第六种形式是专业学位教育制度。

图4-21 2007年4月7日在专业检查总体情况汇报会上介绍开放教育总体情况

开始于1991年，目前设有工商管理硕士（MBA）、法律硕士、教育硕士、工程硕士等19种专业硕士。还有临床医学博士、口腔医学博士和兽医博士等，都属于专业学位教育制度。这也是有了工作经历之后，再到学校去结合自己的工作需要再读一个应用型的硕士或博士学位。

第三个阶段是从1999到现在。这个阶段叫"远程开放教育阶段"，重要标志是1999年批准中央电大和四所普通高校开展远程教育试点，到去年总共是68所，其中67所是普通高校，1所是电大系统。但是电大系统实施的叫开放教育试点，从2002年开始普通高校实施的那部分叫网络教育试点，所以现代远程开放教育试点这个概念是包括开放教育试点和网络教育试点两部分的。在这个阶段电大系统逐步形成了"天地人网结合，三级平台互动"的网络教学环境；实现了教育教学方式方法的变革，为社会经济的发展培养了大批的人才；实现了"四个转变"，即以教师"教"为中心到以学生"学"为中心的转变，从单一广播电视授课到基于网络的多样化交互式教学方式的转变，从以文字教材为主到文字教材、音像教材、网络、课件等多种媒体资源综合运用的教学资源的转变，从封闭式校园管理到开放式、网络化的管理方式的转变。

上述三个阶段中，第一个阶段以探索教育对象的开放为重要特征，第二个阶段以探索教育方式的开放为重要特征，第三个阶段的重要特征是探索教育资源的开放、教育方法的开放和教育环境的开放。从这一段历史可以看出，新中国成立以来国家一直在探索既适合经济社会发展需要又符合教育规律的开放教育形式。

从高等教育的开放历程我们可以得出，任何一种教育形式的发展，必须要具备几个条件：一要代表教育发展的基本趋向。从目前的认识水平看，我们实施的开放教育就是代表了高等教育开放性的发展方向或者趋向，是最新的发展阶段。二要符合经济社会发展的现实需要。三要找到本教育形式的基本规律，才能实现持续稳定的发展。那么，我们非普通的高等教育形式的共同取向和共同规律是什么呢？从这十种教育形式中不难得出四个方面的特征：第一，把面向教育不利人群的教育服务作为努力方向，都是面向基层、面向行业、面向农村、面向边远和民族地区的；第二，都是把面向在职人员学习需求作为努力方向；第三，都是把开放、方便和灵活的教育方式作为努力方向；第四，都是把推动优质教育资源的广泛使用作为努力方向。

当前，十种非普通高等教育形式正处在不同的发展阶段，要推进开放教育迈向更高的阶段，有哪些因素决定或者哪些要素是必不可少的呢？我自己体会，有四个要素是开放教育发展必不可少的。第一，要有丰富的多样化的学习资源。因为我们的对象是全体社会成员，全体社会成员的需要自然是多样化的，不是一种类型、两种类型甚至三种类型可以满足的，要满足多样化的社会需求必须要有非常丰富的学习资源来保证。第二，要有运行高效的办学网络。我们只有资源是不够的，13亿人不可能都跑到校园内来学习，全体社会成员要学习，就应该把这些资源送到他们身边，这样才会使他们的学习能够比较方便、比较灵活。因此，需要一个办学网络，一个伸展到社会基层的办学网络，把这些学习资源输送到我们的社会成员

图 4-22 在江西南昌出席首届全国电大新闻宣传工作会议

身边。第三，要有优质的支持服务。我们有了资源、网络还是不够的，教育活动是人与人的沟通，是老师和学生的沟通，这种沟通是知识的传递也是心灵的交流，社会成员在学习过程中，必然会遇到这样那样的困难和问题，其中大量是学业方面的，也包括非学业方面的，他们需要别人的帮助。因此，要有支持服务，要有体贴周到的支持服务，使我们的学员在学习过程中遇到任何问题都可以得到帮助。第四，要有规范的管理和质量保障。教育活动，特别是学历教育活动是有标准的，达不到标准的活动就构不成学历教育，质量就无法保障，因此，要有严格的，同时又是灵活的教学过程管理和严谨的质量监控体系来保障质量。

因此，高等教育的开放历程在经历了前期的多途径探索之后，要走向更高的阶段，从教育规律上来讲这四个要素是必不可少的。这四个要素以及由此延伸出来的相关问题是电大开放教育加强内涵建设应该给予关注，而且必须给予关注的内容。

我想，如果我们找到了开放教育的基本规律，也就是找到了长期开展高等教育工作的资格证。国际高等教育也有类似的发展历程，我讲这一段历史，谈了这些体会，得出的结论就是两句话。第一句，开放教育是非常有前景，代表着教育发展方向的事业。第二句，这个事业能不能做好，取决于我们能不能找到开放教育的基本规律。因此，要加强内涵建设，要推动内涵发展，就是要进一步探索开放教育的基本规律。规律找到了，不仅是对中国的全体老百姓是贡献，我想对世界高等教育的发展也是一个贡献。

二、对今年或者近期开放教育改革的初步想法和建议

结合教学工作会，我讲一个案例。前不久我收到一封学生的来信，这个学生的来信跟我们开放教育既可以说有关系，也可以说没有关系，但可以由此来延伸下一步我们应该研究什么问题。信的内容是这样的：

我是一名来自电大分校的学生，今天我勇敢地给远方的校长写这封信，

是诚恳地请您帮我实现一个盼望很久却一直未能实现的愿望——能够顺利地毕业。今年我最后一门综合英语考试,得了 59 分,以一分之差不能毕业。回顾这漫长而又短暂的八年,我非常感谢学校能够为像我这样的人提供再接受教育的机会。然而在接下来的时间里有更多的困扰,首先是学校因为人少而不能给我们授课,其次是学校的复习材料很少,给一年一次的考试造成了困难。敬爱的校长,我是一名努力而勤奋的学生,真诚地渴望能够得到您的帮助。(2007 年 10 月 1 日)

这是我国庆节长假之后收到的第一封学生来信。后来我们找到了这名学生的资料,她是一个女同学,1999 年注册入学,当时是 27 岁,她到目前学了 16 门课程,其中 80 分以上三门,70 分到 80 分的一门,60 分到 70 分是十一门,59 分一门。我不知道大家怎么看待这个案例,如何理解这个案例?但我是这么理解的,没有给她发毕业证说明我们是坚持质量标准的,我们是有严格的制度要求的。但如果她说的服务不到位的情况属实的话,我会感觉非常愧对这位同学。

我们是不是可以分三种情况。第一种情况,是最差的,我们给了她毕业证,学生个人很高兴,但是社会会很痛恨,长远来说,电大会走向衰落。第二种情况,服务没有做太好,但还是有严格标准要求的。第三种情况,最好的结局应该是,给学生提供了非常体贴周到的服务,激励学生做出更多的努力。

这是一个注册视听生的例子,不是开放教育的学生,但举这个例子是想说明,开放教育是否也有类似的情况?需要我们认真分析。关于今年的教学工作,我想提三个方面的要求。

第一,要加大力度,实实在在、扎扎实实地推进总结性评估后的整改落实。当然,各省级电大在评估后制定了一些整改措施,但是还需要我们进一步地加强和落实。所谓整改和落实,我自己体会关键是两个环节:一是要把试点转化为开放教育教学运行的常规。所谓常规就是要把已经取得的成果制度化,并在整个开放教育活动中广泛使用,也可以叫固化和推广使用。二是一定要深化和细化。在试点过程中,我们采取了很多措施,有很多做法,要把这些转化为教学的日常运行还有很多是需要进一步改进和完善的,更何况也许还有一些基本规律尚未完全掌握,在转成教学常规的时候还需要我们去探索。所以,我们要把整改落实这项工作做实、做好。

第二,要实施"十一五"发展规划纲要。我体会无论从任何意义上来讲,2007 年开放教育都要迈向一个新的发展阶段。核心问题是我们要为这个新的发展阶段赋予一个什么样的内涵。"十一五"发展规划纲要提出六项工程、六项规划,就是希望为我们电大开放教育赋予一个走向新台阶的内涵。在这个过程中,有几项工作是和教学工作密切相关的,要认认真真地抓好、抓实,我们的机遇不是太多,机遇也来之不易,我们一定要抓住。

第三,要开创性地推进教学改革。从非普通高等教育的开放历程来看,我们进行了十种形式的探索,但到目前为止没有任何一种在我们国家的高等教育领域能够占到主流位置,这里面原因很多,但其中一个重要的原因是没有真正建立起具有开放教育特点的,也就是非普通教育特点的课程体系和教学内容。在十种形式的探索中,不敢说百分之百,至少百分之九十以上主要是照搬普通教育的课程体系和教学内容。学习借鉴是必要的,简单照搬是不可取的,我们要学习、要借鉴普通教育几百年形成的宝贵经验;但非普通高等教育要发展,对我们来说就是开放教育要发展,就一定要找到符合开放教育规律的课程体系和教学内容的组成形式。这方面电大开放教育已经有所进展,但还需要开创性的工作。

同志们,开放教育步入了一个新的阶段,加强内涵建设,坚持走内涵发展的道路,必然会使开放教育迎来一个更加灿烂的明天。

谢谢大家!

在 2008 年全国广播电视大学教学工作会议上的讲话

各位领导、同志们:

全国电大系统每年召开一次教学工作会议。每次都有不断深入的主题,对于我们认清形势,研究问题,理清思路,开创新一年的教学工作具有很强的指导意义。今年既是小平同志批示创办电大 30 周年,也是我们国家改革开放 30 周年。在这个特殊的年份,我们在安徽召开电大教学工作会,希望以此为新的历史起点,不断推动电大教育再上一个新的台阶。我想借今天的机会,给大家汇报三方面的工作。

一、电大 30 年成就巨大,今后发展任务艰巨

我记得 2008 年全国电大党委书记校长会上,在对电大发展的形势和任务进行认真分析的基础上,大家对电大教育目前的总体形势形成了三点共识:一是成绩巨大,机遇难得,电大已经站在了新的历史起点上;二是挑

战深刻,形势逼人,必须坚定地开拓创新;三是抓住根本,加强内涵,齐心协力破解发展难题。这些共识的取得是基于电大当前发展阶段的重要判断。我体会到:如果从传统教育和非传统教育两者之间的关系来看待教育的发展,或者来看待社会发展的话,大体上可以分为三个阶段。

第一个阶段是传统教育备受重视的阶段。这个阶段出现在社会经济不是很发达,老百姓生活不富裕,温饱问题在一定程度上还没有得到很好地解决,而教育体系还没有完全形成的这一时期。这种情况下教育机会是非常有限的,那么这些有限的教育机会给谁呢?一定先是给那些年轻人。因此第一个阶段的特征是传统教育——也可以说是普通教育备受重视。

第二个阶段是传统教育和非传统教育并重的阶段。这个阶段出现在社会经济有了很大发展,老百姓的生活问题基本解决,教育体系也基本形成。伴随着这个阶段的出现,产业结构的调整会加速,教育机会也会增加。在这种情况下,不仅原来没有读过书的,甚至读过书的人,参加工作一段时间以后,也需要不断地提高自己,整个国家和民族对教育的重视,逐步转化为不仅要重视适龄人口的传统教育,也开始重视面向非适龄人口的非传统教育。

第三个阶段是非传统教育备受重视阶段。这个阶段出现在社会经济比较发达,老百姓生活已经比较富裕,教育体系比较完善,学习在一定程度上成为人们生活的基本组成部分。在这种情况下,无论是政府,还是社会,对教育工作的关注,更多的是关注非传统教育的发展。

那么,我国进入了哪个阶段?我体会,以党的"十七大"为标准,我国可能开始进入第二个阶段,也就是传统教育和非传统教育并重的阶段。非传统教育迎来了一个崭新的发展机遇和发展阶段。那么,是不是就意味着广播电视大学迎来了一个更好的发展阶段呢?

今年是邓小平同志批示创办电大 30 周年,明年是电大建校 30 周年。回顾广播电视大学 30 年改革和发展历程,电大伴随着我国改革开放的伟大历史进程,伴随着

图 4-23 2009 年 9 月 18 日在中央电大复兴门大楼与民政部签署合作协议

经济社会的发展和教育改革的深化，在不同历史时期完成了各个阶段的阶段性历史使命，实现了三次飞跃。

第一，把大学的传统课堂送向社会。

大家知道，1978年邓小平同志批示创建电大的时候，社会的背景是："十年动乱"刚刚结束，刚刚开始改革开放，各项事业百废待兴，人均GDP不足200美元，经济建设急需大量人才。而当时的高等教育资源严重匮乏，1980年，全国普通本专科在校生规模仅有114万人，我国高等教育毛入学率从1975—1985年长期停留在1％，当时中国每万人口中仅有11.6名在校大学生，排在世界倒数第9位。传统大学正在恢复之中，不能较多地为广大青年提供上大学的机会。所以说，电大创办初期，以开展学历补偿教育为主要任务，所采取的方式是通过电视手段将校园内实际发生的课堂教学送向社会，我们在社会的各个角落固定时间、固定地点集中组织收看。使一大批错过高等教育机会的

图4-24 为沧州电大71岁学员宗绪礼颁发毕业证书

青年人接受了高等教育，培养急需专门人才。到1989年电大建校10周年之际，累计学历教育招生达161万人，毕业104万人，年平均学历教育毕业生占全国毕业生总数的17.12％。当时给广播电视大学提出的任务就是要让高等教育走出校园，我们做到了，而且我们是原原本本地做到了，将校园内的课堂原汁原味地扩大到整个社会。因此电大的第一次飞跃，就是比较圆满地使高等教育从校园内走向校园外。

第二，提供灵活的学习方式。

20世纪80年代中后期之后，随着中国经济的持续发展，人民生活水平的提高，教育需求旺盛。此时的普通高等教育稳步发展，毛入学率从1990年的3.4％提高到1998年的9.8％。普通本专科在校生规模从206万增长到340万，传统学习机会不断扩大。电大原有的教学模式也不断受到冲击，传统的在固定时间、固定地点集中收看电视的传统教学方式，难以缓解工学矛盾，限制了学习机会的进一步扩大。于是电大开展了多种形式

的办学探索，不断推进教学手段、教学方式的革新。除了传统的广播、电视授课外，电大先后开发了录音、录像、光盘、多媒体课件，网络教学开始进入多功能教室，初步实现了学生学习的方便、灵活和快捷。现在回想起这些来可能很简单，但在当时的条件下，是多么艰难的过程。所以第二次飞跃就是实现了学习方式的便利化和灵活化的变革。

第三，初步实现有支持的学习。

自20世纪末以来，我国经济持续高速发展，2003年，中国人均GDP超过1000美元，人们消费结构变化，教育需求更加旺盛。我国的教育也实现了大发展，1999年全国高校开始扩招，2002年，毛入学率达到15%，进入国际公认的大众化发展阶段，2007年达到23%，普通本专科在校生达到1800万，传统受教育机会急剧扩大。这个时期另外一个特点就是老百姓对社会生活的要求，随着具有中国特色的市场经济体制的建立发生了变化，由原来的关注有没有机会转向了关注有没有更优质的机会。对广大电大学员来说，不仅要求方便灵活的学习方式，还要求在学习过程中如果遇到困难能够得到有效的帮助和支持。于是，在学习支持服务方面，电大除了发展传统的面授、辅导方式外，还发展了多种网上交互方式。比如，QQ、MSN、BBS、电子邮件、短信、在线答疑、网上学习论坛等，从而初步实现了远程教育有支持的学习。

在过去的30年里，我们实现了三次历史性飞跃，第一次飞跃是实现了高等教育传统课堂走出校园；第二次飞跃是实现了学习方式的方便灵活；第三次飞跃是初步实现了有支持的学习。三次飞跃现在想起来觉得很简单，但实际是我们广大电大战线的教职员工，不屈不挠、敢于创新，一步一步地实现的。通过三次飞跃，我们一步一步地在实现开放大学教育的一个关键点，就是把技术有效地运用于教育过程。那么，我们今后的目标是什么？我们今后能否抓住新的机遇，实现广播电视大学再一次的历史性飞跃，这取决于我们能否抓住新时期广播电视大学所面临的主要矛盾。当然原有的矛盾仍然存在，比如对方便灵活的要求会越来越高，对支持服务的要求也会越来越高，这些方面都需要进一步的完善和发展。在新时期，国家提出要"建设全民学习、终身学习的学习型社会"，我们教育对象的广泛性和教育需求的多样化在急剧地扩大。这样，为更多的学习者提供适用的、个性化的、有针对性的学习内容必然上升为开放大学新时期教育教学改革的重点和难点。这个问题如果解决好了，电大就会在新时期实现又一次历史性飞跃。

二、确立开放教育科学的质量观和质量文化

要实现广播电视大学今后若干年的健康发展,就要把确立开放教育科学的质量观和质量文化作为电大重要的前进方向。当然电大从创立之初起就非常重视质量,这一点应该是电大可以引以为自豪的。正因为如此,电大在现在的各类非传统高等教育发展中占有了非常重要的位置。面临新的形势,我们需要进一步加强质量文化的建设。

第一,要树立质量意识,坚定不移地把发展重点放到提高质量上。

从教育大环境看,中国的教育经过改革开放30年,特别是世纪之交10年来的奋斗,取得了巨大的历史性成就,已经实现了从人口大国到人力资源大国的历史性转变,进入了从人力资源大国向人力资源强国转变的新阶段。各级各类教育的数量和规模的问题已经初步解决,质量和结构的问题成为突出矛盾,我国教育事业的发展已经进入全面提高质量的新阶段。电大教育作为我国高等教育事业的重要组成部分,毫无例外地,今后发展的重点必将转入全面提高质量的新阶段。广播电视大学教育,作为教育工作的一个组成部分,必须要适应这个大形势,在过去就比较注重质量的基础上进一步强化质量。如果我们不能够进一步强化质量意识,在新的形势下就可能引发一系列的问题。

我国教育发展的新阶段使电大教育也呈现出新的态势。从教育的需求看,对优质教育资源、教育公平和多样化、个性化教育的需求日益成为主导性的教育需求。从教育的发展目标看,以提高质量为中心统筹规模、质量、结构和效益的复合型发展目标日益成为主导性的目标。从教育的发展方式看,依靠内涵提高的方式日益成为主导性的发展方式。这些重要的变化要求我们从新的高度、新的角度来思考、认识电大教育发展中的矛盾和问题。

客观地说,开放教育近年来发展态势比较好,自2003年以来,每年招生规模净增10万人,今年的招生数达到90万人,这一方面说明开放教育这种形式适应了社会,说明我们的办学特点适应了社会的需要,说明广播电视大学会有一个比较美好的未来,我们很高兴。但是,我们想一想,从2003年到现在,我们的办学条件增加了多少?我们的师资队伍又提升了多少?我们的过程控制是更加严格了还是放松了?电大开放教育进入常规后,尽管中央电大多次强调要加强内涵建设,固化教学模式,提高教学质量,但从网上教学检查、教学过程的落实情况来看,部分地方电大在办学指导思想上出现了一些偏差,"重招生、轻教学""重规模、轻质量""后评估现

象"有所抬头,制度缺位、不落实现象不同程度的存在,辛辛苦苦探索出的教学模式不能得到很好地固化。这些问题的存在,必须引起我们的高度重视,否则后果将不堪设想。我们应该从"三鹿"奶粉事件中吸取深刻的教训,认真加以反思。在此,我想再次重申,要牢固树立教学质量是生命线的意识,狠抓教学质量在当前显得尤为重要和紧迫,我们到了一个必须要把质量意识放在头等重要地位的时候。

第二,确立电大开放教育科学的质量观。

大家知道,我们要培养人才,什么是人才呢?当然北大、清华培养的是人才,中国科技大学培养的是人才,安徽大学培养的也是人才,那我们电大培养的同样也是人才。不能说只有科学家才是人才,在生产一线工作的劳动者,为生产一线的发展作出贡献的人同样也是人才。这个角度的人才观是没有问题的,问题是人才观如何转化为我们教育的质量观。人才观要转化为教育的质量观,一方面需要对人才有深入的认识,另一方面要对教育有深刻的理解。电大教育在培养对象上与普通高等教育的差别是明显和客观的,在教学内容、课程体系等多个方面的组织与安排上有明显差异,不能用同一把尺子、同一个标准来衡量两者质量的高低。与普通高等教育相比,电大教育应该树立什么样的质量观?我想,应树立发展的、多样化、系统性和特色化的质量观。

一是发展的质量观,质量标准不是一成不变的,应随着经济社会的发展和职业发展需求变化而发展。发展是质量的基础和前提,在发展中解决质量问题。二是多样化的质量观,电大教育的对象是多样化和广泛性的,我们面对的是社会的不同群体,不同的群体有它不同的特点和需求,因此在搭建课程体系、实现知识更新的过程中要有针对性和个性化,满足多样的学习需求。三是系统性的质量观,开放教育的系统运作教学管理模式和一体化的运行机制的特点,使得教学及管理的环节很多、链条很长,因此应打通教学与管理中的断层,实现整个机构系统运作的顺畅。四是特色化的质量观,开放教育学导结合的教学模式,核心是以学生的个别化学习为中心,以及利用信息化手段提供服务,这就要求我们在培养学生终身学习能力和信息化能力方面,应具有自己的特色。

第三,要建设具有电大特色的质量文化。

开放教育科学的质量观的确立和持续发展,需要广播电视大学逐步培育和建立有自己特色的质量文化。中央电大在"十一五"期间实施的六项工程中,我们确立了三个重中之重,一个是系统建设推进工程;另一个是课程平台搭建工程;还有一个是校园信息化建设工程。在六项计划里面,确立了一个重中之重,就是电大文化建设计划。具有电大特色的文化是多方面的,其中很重要的一方面就是要建立起质量文化。在建设电大特色质量文化的过程中,一定要注意:一是要防止以质量标准的多样化掩盖大规模办学和大众化进程中出现的教育质量问题。二是要防止以质量标准的多样化忽视基本的质量要求。为确保我们的教学质量,我们不仅要制定一整套规章措施和严格的程序,我们还必须态度鲜明地强调,质量不仅仅是教学部门的事情,质量是生命线的意识应该成为电大每一位领导、教师、管理人员的共识,甚至每一位后勤人员也要树立质量意识,形成电大独具特色的质量文化。

三、关于电大今后一个时期的教学工作

每年一度的教学工作会对广播电视大学的教育教学有着非常重要的作用。电大今后一个时期的教学工作要从以下四方面加以改进。

第一,加快课程内容的改革和建设步伐。

基于电大三次飞跃的思考以及对未来飞跃的判断,要实现电大新的历史性飞跃,教学内容的更新和适应性、针对性改革必将成为新时期电大开放教育深化教学改革的一个重点。创造电大开放教育的品牌,教学内容是重要的方面。要根据不同对象的特点组织不同的内容,使我们表现形式上更加适应教育对象的特点,也使我们在内容上更加适应教学对象的特点,从而全方位地确立广播电视大学的资源品牌。要让电大的学生能够深切地体会到在电大学到的东西能够便捷地运用到实际工作中去。"十一五"规划期间,中央电大实施的课程平台搭建工程、证书教育推进计划,其努力方向就是要探索出一套有利于教学内容更新的运行机制和方式方法。中央电大前不久启动的"统设课程文字教材学生满意度调查"也是深化教学内容改革的一项举措。这项工作的目的就是要推动我们的老师,或者说是鼓励我们的老师写出学生喜欢的教材,我想学生喜欢的教材不仅在于教材写得是不是薄、写得是不是通俗易懂——当然这都很重要——但可能除了这些方面,还要包括写的内容是不是受大家欢迎,是不是适合在职人员的特点。

第二,切实提高教学保障水平。

有质量的教育,最低的要求就是要做到办学条件与规模的协调发展。这里的办学条件包括各种硬件基础设施、师资队伍以及保障教学过程顺利实施的各项制度措施等。开放教育近几年来,规模增长非常快,但是非常遗憾的是,我们的师资队伍增幅非常小,对教学基础设施的投入力度、网上教学支持服务的重视程度,对教学过程管理制度的落实等方面也不同程

度地存在下滑趋势。试想，如果连最起码的办学条件都得不到很好的改善，何谈质量的提高呢？更谈不上实现规模、质量、结构和效益的协调发展。改善办学条件，提高教学保障水平，是一个永恒的主题，尤其在规模迅速增长的今天，显得尤为重要和紧迫。所以今后一段时期，在教学工作方面，要把提升教学保障水平作为重要的课题。

第三，扎实推进教学服务走上新台阶。

刚才说了，在过去的 30 年里，特别是在过去的 10 年，我们初步实现了有支持的学习，但这仍然是低水平的，仍然是难以满足学员比较高的要求的。如果我们要在今后的非传统教育竞争中确立自己的优势，就必须把我们的服务扎扎实实地一步一步提升上来。优质服务是电大的核心竞争力。制约学习支持服务水平提高的因素有很多，有理念方面的、师资力量方面的、基础设施方面的等。中央电大"十一五"规划着力推进的"教学质量保证和学习支持服务强化工程"，就是旨在探索基于网络的学习服务方式和渠道。建立"远程接待中心"，实施基层教学点联系制度等措施，也是为了提升开放教育服务的能力和质量。如果没有了体贴周到的支持服务，电大开放教育与传统的函授教育、普通高校的网络教育相比，还有什么优势可言呢？因此，提升教学服务水平，是电大开放教育谋求长远发展的努力方向。

第四，不断完善各级电大的内外部质量监控体系。

评估的一个重要理论基础，不是直接去检查某一个学校的教学质量，而是去检查这个学校的质量保证体系是不是完善。如果你的质量保证体系是完善的，你的评估结果就会比较好，如果你的质量保证体系不完善，你就应该是良，甚至是不及格。所有外部评估的关注点都在于内部有没有建立起自己的质量保证体系。对于我们电大来说，我们的努力方向是成为国际领先的开放大学。作为大学就要有一个完备的内部质量监控体系，通过这个体系，使我们把对质量的重视，把提高教学质量的口号转换为关注教学过程、关注细节、关注效果、关注学生的具体行动，从制度建设转化成为我们所有老师的行为。要把外部评估转化为内部评估，把要我评估转化为我要评估，这是开放教育健康持续发展的重要基础。"三鹿"奶粉事件就是一个说明加强内部质量监控与评价重要性的生动案例。

最后，我用几句话概括今天的发言。开放教育能取得今天的成就，来之不易；推动开放教育长远的持续发展，任重道远。广播电视大学有一支非常优秀的队伍，各级政府和社会各界，对广播电视大学的发展也非常重视，只要我们树立和贯彻科学的发展观，牢固树立质量是电大教育生命线的意识,切实加大教学投入,加强内涵建设,提高服务水平,教学工作一定能够再上一个新的台阶。

谢谢大家!

在 2008 年全国电大科研工作会上的讲话

各位领导、同志们:

大家好!首先对科研工作会的召开表示祝贺,对谢司长等领导的莅临表示感谢。

我认为,这次会议不仅是例行会,也是电大进入新时期、新阶段,一次重要的,带有动员性质的科研工作会议。我想就新时期、新阶段电大的科研工作谈点个人的想法,供与会各位参考。

大家知道,去年以来,电大发生了许多重要的事情,标志着电大进入了一个新的历史发展时期。经过八年的现代远程教育人才培养模式改革和开放教育试点完成了总结性评估;开放教育作为一种新的教育形式进入了国民教育体系;年初,周济部长在人民大会堂主持了纪念小平同志批示创建电大 30 周年及国家终身教育体系建设座谈会。会上,陈至立同志用"四个新"概括了电大 30 年发展历程所取得的成就。她指出,30 年来,广播电视大学不断探索适应不同学习需求、提供多样化教育服务的新模式,开辟综合运用现代技术手段开展远程教育的新路子和合作办学、整合与共享教育资源的新途径,建立健全有效保障远程教育质量的新机制,为扩大人民群众接受高等教育机会、建设终身学习体系,为我国社会主义现代化建设做出了历史性贡献。至立同志强调,电大 30 年的实践,是小平同志优先发展教育、多出人才,快出人才的成功实践;是小平同志"两条腿走路"发展教育思想的成功实践;是小平同志教育现代化思想的成功实践。同时,至立同志对电大提出了三个要求:要为全民学习、终身学习社会的建设发挥更大作用;要为促进教育公平发挥更大作用;要为继续教育的发展发挥更大作用。党的"十七大"报告也明确提出,要发展远程教育和继续教育,建设全民学习、终身学习的学习型社会。教育部在 2008 年工作要点里,明确把发展远程教育和继续教育作为今后一个时期教育工作的重点之一。

今年的全国电大书记校长会上,我们形成了三个共识:一是电大成就巨大,机遇难得,站在了新的历史起点上;二是挑战深刻,形势逼人,必须坚定地开拓创新；三是要抓住根本、发展内涵，齐心协力破解发展难题。

为什么说我们站在了新的历史起点上，进入了新时期和新的发展阶段？之所以说"新"，特点有三：一是试点变成常规问题已经基本解决，开放教育变成一种常规的教学形式。但是常规工作如何建立长效机制等问题，将会越来越突出。二是规模问题也已基本解决。2007年电大系统全年招生近80万；2008年春季招生43万人。到2008年春天，电大开放教育在校生达248万人，加上其他教育形式学生，接近300万人。而以往，即使在电大历史上最高峰的1985年，全部在校生也只有57万人。所以说，规模问题在一定程度上基本得到了解决。但是质量、结构、规模和声誉等问题，将会越来越凸显。规模大了，质量如何保证，结构是否合理，以及如何保持较高的声誉越来越重要。三是生存问题已经基本解决。过去30年，电大不断地试点，总是担心被取消，退出历史舞台。现在我们有了以电大为办学主体的开放教育这种常规办学形式，这表明，只要开放教育存在，电大就会存在。从这个角度讲，我们的生存问题已经基本解决。但如何持续稳定发展，将会成为我们下一步亟待解决的问题。

电大进入新时期、新阶段的主要任务，概括成一句话，就是在新的历史起点上，如何"做强做大"电大。在此之前，我们更多关注如何做大，新阶段的任务则是如何做强。电大要做强，需要电大方方面面的工作表现出强的特征。科研工作如何在电大进入做强阶段发挥更加有效的作用，是此次会议大家要重点研究和讨论的问题。科研工作要为电大做强服务，在今后一个时期，要重点在三个方面下功夫。

首先，科研工作作为开放大学，或作为电大的基本任务，要抓紧抓实。为什么说是基本任务？因为电大具有双重属性，一方面作为远程教育机构，另一方面是大学。在过去，我们更多地把自己定位于远程教育机构，对科研工作的关注不是很够。从试点开始，我们越来越重视

图 4-25 2008年11月19日陪同教育部党组副书记、副部长陈希视察中央电大

科研的地位和作用。今后，电大作为大学，要对科研给予更多的应有的重视。大学具有教学、科研、服务社会三大职能，赵沁平副部长还加上了引

领文化，因此说科研是大学的基本职能要求。我曾经在中央电大科研工作会上讲，大学不仅要传承知识还要创造知识。如果大学创造知识的职能没有得到应有发挥，一定程度上不能算作大学。大学既然要培养学生思考和解决问题的能力，就需要老师自己具有思考问题、分析问题、解决问题的能力。高水平的教学离不开科研，教学活动要做好，需要再创造，需要根据自己教学对象的特点进行组织和设计，这就是一种再加工，而这种再加工离不开深入的研究。科学问题有不同的定位，学科发展本身可以产生科学问题，实践也可以提出科学问题。对于电大来说，我们和社会实践有着更紧密的联系。如何把这种联系转化为发现或提炼问题的途径，需要电大同志去研究。

从大学的三个职能来讲，我们要把科学研究作为基本任务抓紧抓实，而电大本身的发展也要求我们把科研作为基本任务。开放教育从试点转为常规工作，是一种新型的办学形式。能够转为常规，说明我们已经找到了开放教育的一些规律，但这些规律是不是正确，是不是完善，需要我们在今后的工作中加以总结、完善和发展。这也需要有深度有内涵的工作来支撑。这是我想提出的第一点，科研工作是电大在新时期新阶段的一项基本任务。

其次，就是要努力创造具有电大特点的科研工作环境和氛围。科研工作的开展要全体电大人的参与，要实现这一目标就需要良好的环境。电大要逐渐构建和完善支持科研、发展科研的政策环境，要不断改善支持科学研究的条件，要形成科学研究的团队。对于电大的科研环境，以往，大家看到的多是不足，如没有科学研究的传统，或传统很弱、实验条件不是太好、队伍分散在全国各地等。其实电大有自己的优势，第一，队伍遍布全国各地，对社会现实的了解比较切合实际，更容易把握社会发展的现实需要。第二，全国电大是一个有机的网络，各地处于不同的经济发展背景和文化、地理背景，相互之间可以进行很好的协作和交流。人们往往把各地电大发展的不平衡，仅当做弱点，换个角度看，不平衡会给我们带来更多的研究课题。他山之石，可以攻玉。在一个地区或一个省校很难的问题，由于发展阶段的不同，在另外一个地区或省校可能已经解决，就不是问题。系统为解决问题提供了相互借鉴、交流和合作的平台。第三，电大有12.3万教职员工，分布在全国各地。他们有不同的生活阅历、教学经历，有不同的科研领域，一旦形成团队，就会凝聚成强有力的资源。

更为可贵的是，电大系统和其他各类教育机构有着非常密切的联系，使电大具备快速建设教学资源、组织教学活动的资质和能力。5·12汶川地震后，电大如何利用优势，及时有效地为赈灾服务？我们请了八位心理干预领域的权威，一周内录制了11讲"危机与灾难心理援助"心理干预特别节目在中国教育电视台播出，效果很好。其中一位主讲，解放军心理干预的首席专家说，过去到灾区是一个部队、一个部队去讲，嗓子讲哑了都不能满足需求。远程教育这种手段让全国都能够共享，大家可以通过网络、电视收看，这效率能提高多少倍啊！现在我们在新一批抗灾部队开赴震区的时候，就可以通过教育电视台直接和救灾官兵见面。现在，很多相关部委、单位都在向电大索要光盘。这个例子说明，电大办学能力的增强不仅可以应付日常教育活动，更重要的是在国家出现突发事件的时候，能顶上去、用得上。电大的运行机制和专兼职队伍，使电大有能力整合优质的社会资源。这次地震，是对电大承担社会责任的一种考验。

第三，我们要有重点地培育和引导一批研究方向。经过人才培养模式改革八年的探索和实践，电大队伍的科研意识不断得到提升，科研积极性日益提高，也做了很多具体的科研工作，取得了大量成果，但感觉研究的深度不够。这有客观的原因，如队伍分散、研究基础薄弱等。但从另外一个角度，也暴露出我们没能很好地找到具有电大特点的科研组织方式。比如，在普通高校，每个教师都有一个研究团队，且长期集中于一两个研究方向，并持续地开展工作，而电大这个特征不明显。哪里出现问题就在哪里解决，解决后又发现了新问题，没有对问题加以深入的研究。我们只是形成了大量的阶段性成果，但是系列的、有深度的，有较大创新的成果不多，因为持续的深度不够。再一个特点，电大有很多优势，但是很分散。如果能够聚合起来，研究就可以比较好的、深入地开展下去。我们要有意识地培育和引导一批有电大特色的研究方向。一方面从学校，从电大发展的需要，鼓励大家对重要的关键性的研究方向持续进行研究；另一方面要发挥老师开展科研的积极性和创造性，鼓励他们在自己的研究方向上深入、持续地进行探索。

总之，教学工作和科研工作是学校的两条腿，两者是相辅相成的。对学校来说，科研要服务于教学；同时教学工作的开展也是科研工作深入开展的良好保障。所以，处理好教学和科研的关系，把科研做好，是全国电大战线今后一个时期的重要任务，也是新时期做强电大的必然要求。

在中央广播电视大学空军学院成立大会暨开学典礼上的讲话

空军首长,各位领导,空军各学区的老师们、同志们:

大家上午好!

今天,我们在这里隆重召开中央广播电视大学空军学院成立大会。首先,我代表中央广播电视大学对空军学院的成立表示热烈的祝贺,向长期以来关心和支持广播电视大学教育事业发展的空军部队领导、教育部领导表示衷心的感谢!空军学院的成立正值新中国成立60周年、广播电视大学成立30周年,这对总结中央广播电视大学办学经验、办好空军学院具有特殊的重要意义。

中央广播电视大学是教育部直属的,采用计算机网络、卫星电视等现代传媒技术,运用文字教材、音像教材、网络课程等多种媒体面向全国开展远程开放教育的新型高等学校,是亚洲开放大学协会和国际远程开放教育理事会成员,与许多国家以及地区的远程教育机构和国际远程教育组织建立了良好的交流与合作关系。广播电视大学系统是由中央广播电视大学、44所省级广播电视大学、约1000所地市级电大分校、2000所县级电大工作站组成的世界上规模最大的远程教育系统。这个遍布全国城乡、延伸到基层行政区域的办学系统,可以方便灵活地把优质教育资源输送到广大学习者身边。

30年来,广播电视大学始终坚持面向基层、面向行业、面向农村、面向边远和民族地区办学,坚持面向在职从业人员的教育需求和应用型人才的培养。高等学历教育毕业生累计达到700万人,各类非

图4-26 2009年3月26日在京出席与空军合作开展士官远程教育签字仪式

学历教育培训累计超过4000万人次。近些年来还先后组织实施教育部"一村一名大学生计划",为广大农村培养"留得住、用得上"的技术和管理人才;建立西藏学院、残疾人教育学院、八一学院、总参学院,面向少数民族、残疾人和军队士官开展学历教育,为特殊教育群体提供学习机会,促进教育公平。30年来,电大教育实现了四个转变,一是从以教师的教为中心到以学生的学为中心的教育思想的转变;二是从单一的广播电视授课到包括网络在内的多样化交互式教学方式的转变;三是从以文字教材为主到文字、音像、计算机课件及网络等多种媒体综合利用的教学资源的转变;四是从封闭式校园管理到网络化、开放式的管理方式的转变。陈至立同志在2008年1月31日"纪念小平同志批示创办广播电视大学30周年暨推进国家终身教育体系建设座谈会"上,对广播电视大学30年办学成绩给予了充分肯定,认为广播电视大学经过30年的发展,已经成为我国现代远程教育的骨干力量,成为我国推进全民学习、终身学习的重要支撑。

电大与部队开展合作,能够为国防现代化建设服务,我们感到非常荣幸和骄傲。中央广播电视大学自2001年与部队合作,建立了八一学院、总参学院,先后有3万余名士官学员获得学历证书以及职业资格证书,得到了部队首长的充分肯

图 4-27 2009年6月16日向总参通信部长话站授牌

定,受到了部队官兵的普遍欢迎,在服务部队士官教育方面积累了一定的经验。这次组建空军学院,空军党委和首长高度重视,多次关心和指导空军学院的筹建工作,并专门制定激励奖惩机制,鼓励空军士官提升能力素质,为办好空军学院创造了很好的条件。在筹建过程中,通过反复调研、论证,我们认为,在部队开展远程开放教育,适宜空军士官分布广、规模大、不宜脱岗学习的特点,便于实现军事职业教育与地方大学学历教育有效衔接。空军具有高效运转的分级管理体制、高水平的教学网络和雄厚的师资力量,为办好空军学院奠定了良好的基础。我们相信,合作前景非常广阔,合作一定会取得丰硕的成果。在空军学院的申报过程中,得到了教育部的大力支持,并在办学指导思想、办学目标等方面给予了及时的指导

和帮助。

今天，在各方的共同努力下，空军学院成立了，中央广播电视大学一定不辜负空军党委、首长和教育部领导的重托，不辱使命，全力以赴办好空军学院，我们将本着优势互补、服务部队的原则，积极探索建立科学规范、顺畅有序、优质高效的士官远程教育机制，确保士官教育培训质量和效果。下一步，我们将认真做好以下几项工作。

图4-28　2009年6月与总参学院领导亲切交谈

一是建设部队特色课程资源。根据部队实际和需要，开发建设或整合改造出一批士官岗位任职和成长发展需要的军事基础理论、军事科技知识、军事岗位培训等部队特色课程资源，融基础理论、专业知识、岗位技能等内容于一体，形成部队特色课程体系，为广大士官科学文化素质和岗位任职能力的提高提供有针对性的学习资源。

二是提供体贴周到的学习支持服务。中央广播电视大学将根据部队士官的学习特点和实际，提供学习、教学、教学辅导、考试等全方位的支持服务工作，为广大空军官兵提升素质、完成学业提供方便灵活的学习方式和学习环境。

图4-29　2009年6月与部分学员合影

三是开展教学点建设活动。中央广播电视大学将通过多种方式,加强空军学院教学点建设,支持教学点不断改善办学条件,提升办学实力和水平,表彰教学和教学管理突出、成绩优秀的教学点。以点带面,带动空军学院各个教学点的均衡发展,满足部队建设发展需要。

四是创新空军部队远程开放教育人才培养模式和管理运行机制。按照从严治学、质量第一、服务士官、强化特色的办学思路,积极探索组织空军士官开展远程学历教育的教学模式、管理模式和运行机制,努力开创空军士官远程教育新路子。

我们相信,在空军党委、首长的大力支持下,在教育部的直接领导下,在空军学院各教学点教职员工和中央广播电视大学的共同努力下,空军学院一定能培养出适应空军部队需求的高素质人才,为国防现代化和空军转型作出应有的贡献。

谢谢!

第五章　心系开放教育前线
——节日寄语

2006 年教师节寄语

献给广大教师的重要节日——教师节又一次来到了，这是祖国和人民对广大教育工作者的深切关怀。在第 22 个教师节到来之际，我代表中央广播电视大学，向辛勤工作在电大教育战线的教育工作者致以热烈的节日祝贺和诚挚的节日问候！向为电大的建设、改革和发展做出贡献的离退休老同志致以崇高的敬意！向关心、支持、帮助电大教育事业的各界朋友致以衷心的感谢！

过去的五年，随着国家国民经济和社会发展"十五"计划的全面实施，广大电大教育工作者认真学习贯彻党的十六大精神，以"三个代表"重要思想和科学发展观为指导，抓住机遇，开拓创新，坚持系统运作，高度重视教育质量和办学声誉，进一步强化"面向职业人的教育"定位，坚持远程开放教育的办学特色，办学规模不断扩大，人才培养质量不断提高；信息化基础设施建设和教学基本建设显著改善，三网合一、三级互动的网络教学体系已经形成；教学改革稳步推进，初步构建了现代开放教育的人才培养模式框架和质量保证体系架构；现代公共服务体系建设快速推进，社会公共服务功能稳步拓展，为我国学习型社会建设和终身教育构建做出了应有的贡献，开放教育的理念和成就赢得了社会的认同和赞许。

在"十一五"规划的开局之年，中央电大人才培养模式改革和开放教育试点项目迎来了总结性评估阶段，广大电大教育工作者以饱满的热情和精神风貌参与其中，总结经验、提炼成果、分析形势、规划未来，认真研究和不断满足学习者日益提高的学习需求，紧紧抓住我国工业化与城镇化进程、和谐社会建设带来的新的机遇，理念引导、定位先行、固本培元、度势发展，积极推进"扩大开放、保证质量、强化特色、打造品牌"的发展思路，努力打造着电大教育的核心竞争力。

正是由于广大电大教育工作者的创新开拓和辛勤耕耘，造就了电大教育前所未有的成就和辉煌；开创电大教育更加充满生机与活力的未来，培养更多更好留得住、用得上、干得好的人才，需要电大教育工作者奉献更多的聪明才智和辛勤汗水。凡学之道，严师为难；师严，然后道尊；道尊，然后民知敬学。为进一步提高电大教育的质量和社会声誉，必须千方百计建设一支素质优良、实力明显、特色鲜明、结构合理、团结奋进的教学科研、管理服务和技术支撑队伍。要切实加强队伍建设，坚持专职与兼职并重、培养与引进并举；推进制度创新，激发队伍的积极性和创造力；深化人事管理和分配制度改革，强化科学、规范的竞争激励机制，营造人才辈出、人尽其才、才尽其用的环境和良好的成才、育人、治学氛围和条件。匪手携之，言示之事。匪面命之，言提其耳。树立电大教育的良好声誉，需要全体电大教职工发扬无私奉献、严谨治学的崇高风貌。广大电大教育工作者要不断提高自身的综合素质，像胡锦涛总书记要求的那样，做学识渊博、品德高尚的人民教师，为人师表、教书育人，更加积极地开展教育教学改革，更加主动地服务于学习者的学习过程和学习活动，为电大教育的发展不断做出新的更大贡献。

祝愿全体电大教育工作者节日愉快，身体健康，工作顺利，生活幸福！祝愿电大教育事业的明天更加美好！

2007年新年贺词

承载着无限希望的时间列车迎来了新的征程。值此辞旧迎新之际，我代表中央广播电视大学，向全国电大战线的全体教职员工和离退休老同志致以诚挚的节日问候！向关心、支持电大教育事业发展的各级领导和社会各界朋友们致以崇高的敬意！向工作、生活在全国各地及世界各国的广大电大校友和全体同学致以良好的祝愿！祝大家新年快乐！

在过去的一年里，电大教育战线的同志们认真贯彻落实党的十六届五中全会和六中全会精神，按照教育部新一轮《教育振兴行动计划》的部署，紧紧围绕构建社会主义和谐社会的要求，以建设现代远程开放大学和全民学习、终身学习大平台为目标，以实施"中央电大人才培养模式改革和开放教育试点"项目为核心，扩大开放，向下延伸，不断深化教学改革，持续提高教学质量,进一步推动了电大开放办学和教学现代化步伐,各项事业取得了新的进展。在这一年里,各级电大紧紧抓住试点项目总结性评估这一契机,坚持以评促建、以评促改、以评促管理、以评促发展,锐意进取,勇于创新,办学实力与教学质量得到进一步提高。在这一年里,近80万新学员开启了在电大学习的新征程,电大学历教育毕业生累计突破500万人,有72万电大学子经过不懈努力,圆满完成专科或本科学业,服务社会的本领得到提升;有约200万企事业单位职工通过电大的短期培训,岗位能力得到增强;30所普通高等学校的12万网络教育学生,在中央广播电视大学现代远程教育公共服务体系方便周到的支持服务下,实现着他们学习进步的理想。这一切都表明,电大作为平民进步的阶梯、教育公平的砝码、学习者充实自我和增进动力的补给站,在不断实现自身核心价值的同时,为国家的学习型社会建设作出了新的应有贡献。

2007年是国家推进"十一五"规划与和谐社会建设的重要一年,全国人民将迎来党的十七大的胜利召开,电大教育事业的发展也将迎来一系列新的机遇,当然也会面临许多新的挑战。电大教育战线的同志们将以科学发展观为指导,坚持扩大开放、保证质量、强化特色、打造品牌的发展方针,认真落实广播电视大学发展规划,按照理念引导、定位先行、固本培元、度势发展的工作思路,汇聚优质的教育资源、提供体贴的支持服务、运行高效的办学网络、开展鲜活的科学研究,为终身教育体系建设,为全体人民各尽其能、各得其所而又和谐相处局面的形成贡献新的力量,把具有生机和活力的电大教育事业推向一个更加灿烂辉煌的新阶段!

最后,再次祝老师们、同学们、同志们、朋友们在新的一年里生活愉快,工作顺利,学习进步,阖家幸福!

2007年教师节寄语[①]

在季节的脚步即将迈进金秋时节之际,胡锦涛等党和国家领导人亲切接见全国优秀教师代表,胡锦涛总书记发表重要讲话,向全国广大教师和教育工作者送来了温馨的节日祝贺和亲切关怀,电大教育战线的广大教育

---

① 原题为:努力造就德才兼备的高素质电大教师队伍。

工作者倍受鼓舞。在此之际，我代表中央广播电视大学，向敬业拼搏、辛勤奉献在电大教育战线的教育工作者致以崇高的敬意和热烈的祝贺！向为电大的建设、改革和发展做出贡献的离退休老同志致以诚挚的问候！向所有关心、支持和帮助电大教育事业的各界朋友致以衷心的感谢！

过去的几年，尤其是党的十六大以来，广播电视大学按照《2003—2007年教育振兴行动计划》的部署，紧紧围绕构建社会主义和谐社会的要求，以建设现代远程开放大学和全民学习、终身学习大平台为目标，以实施"中央电大人才培养模式改革和开放教育试点"项目为核心，抓住机遇，开拓创新，不断深化教学改革，持续提高教学质量，综合办学实力明显提高，改革和发展取得显著成就，主要表现在：办学规模不断扩大，为社会特别是基层培养了大批合格的应用性高等专门人才；教学改革稳步推进，探索了全新的面向在职成人的培养方式、方法和途径，形成了具有中国特色的开放式人才培养模式的基本框架和质量保证体系架构；信息化基础设施建设和教学基本建设取得突破性进展，形成了三网合一、三级互动的网络教学环境，实现了教育手段的新跨越；现代公共服务体系建设快速推进，非学历教育培训发展迅速，教育服务功能稳步拓展；为我国学习型社会建设和终身教育构建做出了应有的贡献，开放教育的理念和成就赢得了社会的认同和赞许。

今年以来，我们按照"理念引导、定位先行、固本培元、度势发展"的整体思路，以全面启动"十一五"发展规划纲要为重点，紧紧围绕固本强体实施各项建设。今年上半年，中央电大接受了教育部对开放教育试点项目的总结性评估，开放教育试点得到了专家组的高度评价，认为试点是一次成功的教育改革，为国家现代远程教育的发展积累了宝贵的经验。各级电大紧紧抓住总结性评估后整改提高的契机，坚持以评促建、以评促改、以评促管理、以评促发展，锐意进取，勇于创新，切实加大内涵建设，办学实力与教学质量得到了进一步提高。

国运兴，必尊师而重教；教师兴，则科教兴；教师强，则人才强。一所大学，立校之基是教师，发展之源在教师，学校的特色、实力体现于教师。回顾电大近年来所取得的巨大成绩，我们深切地体会到，这些成就的取得，是电大教育工作者开拓创新和辛勤耕耘的结果，是广大教师心血的结晶。要开创电大教育更加充满生机与活力的未来，需要广大教育工作者奉献更多的聪明才智和辛勤汗水。

当前，全国教育系统正在掀起学习贯彻胡锦涛总书记在全国优秀教师代表座谈会上重要讲话精神的热潮。总书记的讲话充分肯定了广大人民教师胸怀祖国、热爱人民，学为人师、行为世范，默默耕耘、无私奉献的高尚精神和为教育事业做出的巨大贡献，深刻阐述了教育在实现国家未来发展、中华民族的伟大复兴中的重要地位和作用，对切实加强教师队伍建设提出了明确的要求，对全体教师提出了殷切的希望。学习胡锦涛总书记的重要讲话后，我们倍感激动、很受鼓舞，同时也深感使命艰巨、责任重大。广播电视大学作为一所以现代教育理念为指导、以现代远程开放教育为特色的高等学校，肩负着构建终身学习大平台，促进教育公平的重要任务，电大教师正是完成这一任务的执行者。千方百计建设一支素质优良、实力明显、特色鲜明、结构合理、团结奋进的教学科研、管理服务和技术支撑队伍，是摆在新时期电大建设和发展进程中的重要任务。为此，希望各级电大按照总书记"三个必须"的要求，把教师队伍建设摆在更加突出的战略位置，切实采取有力措施，完善相关制度机制，努力造就德才兼备的高素质电大教师队伍，有力促进电大教育质量的进一步提高。希望电大系统广大教师牢记总书记"四点希望"的要求，爱岗敬业、关爱学生，刻苦钻研、严谨笃学，勇于创新、奋发进取，淡泊名利、志存高远，努力成为受学生爱戴、让人民满意的教师。希望广大电大教育工作者不断加强个人思想品德、职业道德修养，打开"厚德载物、达济天下"的广阔胸襟，追求"学为人师、行为世范"的崇高境界，做优良道德的传承者、科学知识的播种者、严谨治学的力行者、良好校风的倡导者。让我们认真学习和贯彻落实胡锦涛总书记重要讲话精神，不断深化教育教学改革，切实加强教师队伍建设，全面开创电大教育工作的新局面，以昂扬向上的精神风貌和教育改革与发展的优异成绩，迎接党的十七大胜利召开。

最后，再次祝愿全体电大教育工作者节日愉快，身体健康，工作顺利，阖家幸福！祝愿电大教育事业的明天更加美好！

2008年教师节寄语

秋风送爽来，丹桂飘香时。献给广大教师的重要节日——教师节伴着秋天的脚步又一次来到了，举国上下洋溢着浓厚的尊师重教氛围。值此第24个教师节之际，我代表中央广播电视大学，向辛勤工作在电大教育战线的教育工作者致以节日的问候和崇高的敬意！向为电大的建设、改革和发展作出贡献的离退休老同志致以诚挚的问候！向关心、支持、帮助电大教育事业的各界朋友致以衷心的感谢！

今年是邓小平批示创办广播电视大学30周年。30年来，伴随着我国改革开放的伟大历史进程，各级广播电视大学为扩大人民群众接受高等教育的机会，为加快我国高等教育大众化进程，为我国终身学习体系的建设进行了不懈的探索，取得了巨大成绩。为国家培养的高等学历教育毕业生已经接近700万人，各类非学历教育培训累计超过4000万人次。1月31日，陈至立同志代表国务院在"纪念邓小平同志批示创办广播电视大学30周年暨推进国家终身教育体系建设座谈会"上强调："今天，广播电视大学已经成为我国现代远程教育的骨干力量，成为我国推进全民学习、终身学习的重要支撑。"广播电视大学能够取得今天的成绩，与全国几代电大人始终不渝、坚持不懈的探索实践密不可分，更与全国电大十多万专兼职教职工的默默耕耘、无私奉献密不可分。30年来，广播电视大学发扬了不屈不挠、改革创新、敬业奉献、团结协作、关爱互助的电大精神，形成了进步、开放、共享、合作、务实的电大文化，建立了良好的合作机制和运行机制，这是我们宝贵的精神财富。

5月12日，当突如其来的特大地震袭击四川汶川等地，人民的生命财产遭受巨大损失时，全国电大师生共同谱写了一曲曲众志成城、感天动地的生命赞歌，集中生动体现了电大人团结协作、关爱互助的电大精神。英勇的电大学员、光荣的人民教师向倩、袁文婷、刘继军等用自己的身躯护卫自己的学生，这种舍身就义的英雄之举感动着全国人民，我们为电大有这样的学生感到骄傲，为英雄的电大人感到自豪。在抗震救灾的过程中，有很多电大的学员奋不顾身，冲锋在前，夜以继日地奋战在第一线，他们中有基层领导干部、学校的老师、部队士官、企业员工等，涌现出了许许多多无私无畏、可歌可泣的英雄和模范事迹，表现出了爱国爱家的情怀、团结互助的力量、吃苦耐劳的品德、不畏艰险的精神。全国电大是一家，为帮助灾区电大早日恢复正常教学秩序，中央电大、各地电大和广大师生员工迅速行动起来，纷纷捐款捐物，灾害无情，电大有爱，全国电大人手拉手，心连心，同呼吸，共命运，与灾区电大共渡难关。在教师节来临之际，我们尤其要向灾区电大的教师、教育工作者和广大学员致以最诚挚的问候。

目前，全国电大已经进入了一个新的发展时期，成绩巨大，机遇难得，电大教育已经站在了一个新的历史起点上，但同时党和国家、教育部门以及社会对电大提出了新的更高的要求。十七大把发展远程教育和继续教育作为全民学习、终身学习型社会的重要途径，可以说任务艰巨、挑战深刻、形势逼人，今后电大的发展需要全国电大人齐心协力、专注根本、加强内涵、坚定不移地开拓创新。需要全国电大人进一步继承和发展电大精神与

图 5-1　2008 年 9 月 18 日在京看望电大学生、北京奥运会优秀志愿者、残奥形象大使董明

电大文化，利用全国电大系统优势，继续争取社会各界的支持和合作，汇聚优质的教育资源，提供体贴的支持服务，扎实推进电大教育再迈上一个新的台阶。我们在终身教育体系构建、学习型社会建设过程中，作为远程教育骨干力量的全国电视广播大学一定会占有更加重要的地位，发挥更加重要的作用。

电大过去 30 年的成就和辉煌，是广大电大教育工作者创新开拓和辛勤耕耘的结果，开创电大教育更加充满生机与活力的未来，更需要电大教育工作者奉献更多的聪明才智和辛勤汗水。百年大计，教育为本；教育大计，教师为本。振兴教育，希望在教师。我们的事业光荣而又艰巨，希望我们的教师以教育改革和发展为己任，牢记胡锦涛总书记"四点希望"，努力成为爱岗敬业、关爱学生、刻苦钻研、严谨笃学、勇于创新、奋发进取、淡泊名利、志存高远、受学生爱戴、让人民满意的好教师，继续弘扬不屈不挠、改革创新、敬业奉献、团结协作、关爱互助的电大精神，为电大教育的发展不断做出新的更大贡献。

花好月圆庆佳节、日丽秋涛怡情怀。再过几天，中华民族的传统佳节——中秋节就要到了，在这双节将至的美好时刻，再次真诚地祝愿全体电大教育工作者节日快乐，身体健康，工作顺利，阖家幸福！祝愿电大教育事业的明天更加美好！

2009 年新年贺词

玉鼠回宫传捷报，金牛奋地涌春潮。在满怀喜悦辞别旧岁，迎来 2009 年新的曙光之际，我谨代表中央广播电视大学，向全国电大战线的全体师生员工和离退休老同志致以亲切的问候和美好的祝愿！向长期以来一直关心、支持电大教育事业发展的各界朋友和海内外校友表示衷心的感谢和崇高的敬意！祝大家新年快乐！

握手辞行的 2008 年，是我们伟大祖国永远铭记的不平凡的一年。这一年，我们成功举办北京奥运会、残奥会，圆满完成神舟七号载人航天飞行，沉着应对国际金融风暴，抗击南方部分地区雨雪冰冻灾害，战胜四川汶川特大地震灾害，这一切振奋了民族精神，凝聚了党心民心。这一年，对电大来说也是非常值得纪念的一年，2008 年是邓小平同志亲自倡导并批示创办电大 30 周年，也是我国实施现代远程教育工程、全国电大实施开放教育的第 10 年。2008 年，电大教育战线认真学习十七大精神，深入贯彻落实科学发展观，以构建全民学习、终身学习大平台为目标，做强做大开放教育，不断深化教学改革，加强内涵建设，提高教学质量，学历教育、非学历教育、公共服务等各项事业取得了新的进展。

图 5-2　2009 年 10 月 18 日在人民大会堂宴会厅与参加中央电大建校 30 周年庆祝大会的领导合影

2008 年，是全国电大系统凝聚力空前增强的一年。震灾无情，电大有爱，全国电大人手拉手，心连心，同呼吸，共命运，与灾区电大共渡难关。"5.12" 汶川大地震发生后，近 300 万全国电大师生员工迅速行动起来，捐款近 2000 万元，支援灾区电大重建；募集资金 113.8 万元，设立 "全国电大抗震救灾特别助学金"，4 所省级电大共有 1364 名受灾学生获得资助；中央电大策划制作 "与爱同行——危机与灾难心理援助" 特别节目，免费赠送给广大受灾群众、救援官兵及医疗卫生人员；全国电大系统开展对口支援，帮助灾区电大恢复重建。这充分展现了全国电大兄弟般的友谊和良好的学校形象，增强了电大系统的凝聚力和学生的归属感。

  2008年，是全国电大系统办学规模再攀高峰的一年。在全国各级电大的共同努力下，开放教育2008年度共计招生91.26万人，比2007年度增长17.18%，创开放教育启动以来年度招生最高峰，其中2008年秋季单季招生规模达到47.55万人。30所普通高等学校的25万网络教育学生，在中央电大现代远程教育公共服务体系方便周到的支持服务下，实现着他们学习进步的理想。

  2008年，是全国电大系统内涵建设显著增强，重点工作、常规工作、保障工作取得重要进展的一年。六项工程、六项计划全面实施，系统建设推进工程、课程平台搭建工程、校园信息化建设工程和电大文化建设计划作为工程计划的重中之重，取得阶段性进展，发挥了引领作用。为适应开放教育转入常规后的形势需要，保障开放教育可持续发展，建立、完善、修订了招生、教学点设置与管理、资源建设、考试等各项教学管理制度，开展毕业生证书发放、个性化学习支持服务、基于网络的考试等多项改革的试点工作，推动了开放教育的又好又快发展。

  2008年，也是全国电大系统文化建设工作成效显著的一年。全国电大将纪念邓小平同志批示创办广播电视大学30周年活动与坚持电大精神，弘扬电大文化相结合，积极开展校园文化研究和建设工作，凝聚新的共识，并在此基础上形成新的形象设计方案和广播电视大学文化建设若干意见。这必将进一步推动全国电大校园文化建设，增强广播电视大学教育信誉和品牌，增进社会对电大教育的认同。

  回顾过去的一年，我们欣慰自豪；展望未来的光辉前景，我们充满信心。2009年，是全面深入贯彻落实党的十七大精神、推进"十一五"规划的关键一年，也是我们广播电视大学30年校庆工作全面展开的一年。在新的一年里，我们要进一步学习实践科学发展观，加强内涵建设，深入实施"十一五"规划，做好校庆工作；深化教学改革，努力实现教学内容的针对性和适应性变革；建设优质教育资源，搭建全民终身学习的大平台；进一步扩大开放，为建成一流的开放大学继续奋斗，力争在终身教育体系和学习型社会构建中发挥更大的作用，做出更大的贡献。

  老师们、同学们、朋友们，新的一年昭示着新的挑战、新的机遇、新的希望。让我们携起手来，共同奋斗，为全国广播电视大学再创辉煌，实现党的十七大提出的使全体人民学有所教的发展目标而努力奋斗！

  最后，祝大家在新的一年里和谐吉祥、身体健康、家庭康泰、万事如意！

2009 年教师节寄语

在金秋送爽的收获时节，在全国各族人民喜迎新中国 60 华诞、电大人共庆建校 30 周年的喜庆时刻，我们迎来了第 25 个教师节。值此，我代表中央电大，向敬业拼搏、辛勤奉献在电大教学、科研、管理第一线的广大教师表示节日的祝贺和亲切的问候！向多年来为电大的建设、改革和发展做出贡献的离退休老同志致以崇高的敬意！向所有关心、支持和帮助电大教育事业的各界朋友致以衷心的感谢！

25 年前，北师大校长、中科院院士王梓坤等著名教授联名提议设立教师节，倡导全社会尊师重教。党中央和国务院非常重视，一个月后，于 1985 年 1 月 21 日，第六届全国人大常委会第九次会议决议，将每年的 9 月 10 日定为教师节。25 年斗转星移，25 载桃红柳绿，我国的教育事业发生了天翻地覆的变化，广大教师亲身感受到了社会对教师的尊敬和厚爱，实践和体验了燃烧自己、照亮别人，为教书育人鞠躬尽瘁、贡献才智的快乐与自豪，欣喜地经历了高等教育事业的迅猛发展。令人倍感高兴的是，全国电大人所从事的开放教育事业正在逐步受到社会的重视与关注，电大教师职业正为世人喜爱与羡慕。

30 年前，邓小平亲自倡导并批示创办了覆盖全国城乡的广播电视大学。30 年来，广播电视大学认真贯彻党的教育方针，始终坚持面向基层、面向行业、面向农村、面向边远和少数民族地区，多层次、多形式的办学方向，致力于满足社会成员多样化学习需求，不断推进教学内容、手段和方法的改革，创新性地开展远程开放教育实践，探索了适合中国国情的开放式人才培养新模式。30 年来，广播电视大学为国家培养的高等学历教育毕业生达到 700 万人，各类非学历教育培训累计超过 5000 万人次，为经济社会持续发展和终身教育体系构建作出了不可替代的重大贡献，创造了远程教育发展的中国经验。广播电视大学能够取得今天的成绩，与全国几代电大人始终不渝、坚持不懈的探索实践密不可分，更与全国电大 12 万专兼职教职工默默耕耘、无私奉献密不可分。30 年来，广大教职工凭着对电大教育的执著追求，兢兢业业，任劳任怨，把自己的聪明才智和青春年华贡献给了电大事业，形成了勇于开拓、锲而不舍的电大精神，这是我们宝贵的精神财富。

当前，全国电大已经进入了一个新的发展时期，成绩巨大，机遇难得，电大教育已经站在了一个新的历史起点上。与此同时，党和国家、教育部门以及社会对电大的发展提出了更高的要求，电大面临许多新机遇的同时，也面临着严峻的挑战。电大要承担更多的社会责任，要办成世界一流的远程开放大学，任务十分艰巨和繁重。这无疑需要我们更新办学理念、办学模式，需要我们科学定位、科学管理，需要我们深化改革、创新机制，更需要我们同心同德，艰苦奋斗，扎实工作，无私奉献。实现电大新一轮的科学发展，需要继续深化各项改革，进一步完善学导结合的教学模式、系统运作的教学管理模式和一体化的运行机制，加快推进教学内容、课程体系的针对性和适应性变革，加快建设丰富的、优质的、适用的多种媒体教学资源。在内部管理上，还要建立和完善激励机制、竞争机制，以调动广大教师、干部和职工的积极性、创造性。更为重要的是，建设高水平的开放大学，关键在于要有一支结构合理、素质优良、敬业奉献的教师队伍。全国电大系统都需要加强人才培养和引进，在师资队伍的规模、结构和质量提升上投入更多的精力，努力为教师创造施展才能、贡献智慧的环境氛围。广大教师也必须适应学习型社会的要求，进一步完善自身知识结构，更新知识内容，掌握新的教学方法，高标准、严要求，坚持一流的工作标准，保持一流的精神状态，创造一流的业绩目标，做爱岗敬业、爱校强校、积极奉献的榜样，做自强不息、乐观向上、埋头苦干的表率，做以德修身、以德治教、以德育人的楷模！

百年大计，教育为本；教育大计，教师为本。我们从事的是最光辉的职业，我们肩负着历史的崇高使命，广播电视大学的成与败、前进与后退、光明与暗淡，与老师们息息相关、紧密相连，让我们以实际行动为广播电视大学灿烂的明天，从现在做起，从岗位做起，努力成为无愧于党和人民的人类灵魂工程师！

最后，再次祝愿全体电大教育工作者节日愉快，身体健康，工作顺利，阖家幸福！祝愿电大教育事业的明天更加美好！

《中央电大学科研究》卷首语

伴随2007年春天激扬的脚步，缀满电大人学术研究的思想火花，《中央电大学科研究》终于和广大读者见面了。

在经济社会迅速发展和科学技术突飞猛进的今天，科技能力与水平已经成为综合国力竞争的关键。开展创新型研究，培养专业化队伍，强化科研成果的应用与推广，是国家科技强国、科技富国的必由之路，也是高校增强办学实力、提升教育质量的重要支撑。造就有利于人才辈出的良好环境，调动广大教师开展科学研究的积极性、主动性、创造性，是所有高校义不容辞的使命。

广播电视大学经历了近30年的建设与发展历程，科研领域逐步拓展，科研力量从弱到强。远程教育研究搞得红红火火，颇具规模和影响。除创办了《中国远程教育》、《开放教育研究》、《现代远程教育研究》等学术期刊外，全国各级电大出版了大量的远程教育研究专著，一大批成果获得国家和省、部级奖励。一支立足地方、勇于探索、勤于钻研、善于合作的专兼职科研队伍业已成型。而与远程教育研究相比，电大诸多学科的研究不能不说还显得有点冷清，具体表现在阵地不够广阔，氛围尚欠浓厚。可喜的是，近年来，越来越多的学科研究成果开始在电大出现。这些成果较多地从社会现实与地区特点出发，对解决实际问题呈现出独特的亲和力，使得电大的学科研究同样形成了自己的特色。进一步培育、关爱其成长，并为电大人在学术研究方面展示、提高和超越提供机会和空间，已经成为必然。而这正是《中央电大学科研究》编辑出版的目标和出发点。

电大，是致力于国家终身教育事业的高等教育系统，更是一个文化品牌。千百万遍及全国城乡的电大学子和教职员工聚集在电大旗帜下。他们中有的工作在工厂、社区和管理岗位，有的活跃在山乡、海岛和大漠深处，有的在为知识的开发与传播而奉献、耕耘，还有的来自各高校、部委和各行各业，与电大教师密切合作。国家和人民的现实需要是电大人不断创新的动力源泉，祖国大地到处是电大人进行研究、探索的实验场所。我们相信并期待，《中央电大学科研究》不仅会成为汇聚电大人学术研究成果的园地，也会成为各学科专家、学者沟通智慧的交流平台，更要成为电大教育提升质量和水平的坚强基石。

在这里，小草会长成大树，我们会迎来电大学科研究百花争艳的明天。

开放教育学习指南之写在前面

那天，我正在办公室准备新学期的工作计划，一阵短促的敲门声打断了我的思路,一个清亮的声音从门口飘来。

"您是校长吗?我想跟您说几句话。"一位面容清秀、充满朝气、衣着朴素的女士快步走了进来。

"我是电大2006届数字媒体专业的学生,真的非常感谢电大开放教育。"她喝了一口自带的矿泉水,打开了话匣子。

"我是东北人,年轻时候爱玩儿,没有好好上学。到北京打拼多年,干过许多不同的工作,体会了生活的艰辛……一个偶然的机会,朋友介绍我读电大开放教育,我选择了数字媒体设计与制作专业。从此,懒散的周末变成了风雨无阻的课堂,台灯前的坚持替代了电视机前的百无聊赖,朋友间无穷无尽的短信消遣和QQ聊天换成了与老师的探讨和与同学的切磋。晦涩枯燥的知识鲜活了,生活增添了色彩。"

"老师耐心细致的辅导和同学的协作激励了我,也成就了我。我取得了毕业证,在公司里走上了更重要的岗位,也更有自信。是电大开放教育改变了我的生活轨迹,也改变了我的人生态度。"伴着她激情的话语,两行热泪流过脸颊。"真希望更多的人了解开放教育,参加开放教育学习,像我一样通过读电大改变人生。"

何止是这一位城市IT女性,在全国各地,在偏远的少数民族地区,在企业,在部队……我曾多次聆听电大学员和校友的心声。他们都在紧张而充实的学习中收获丰富的人生,踏上不断进步的阶梯。

30年前,在全国电大成立之初,党和政府就把"提供更多的学习机会,使人人享有优质教育"的崇高使命交给了电大。肩负着这一既光荣又繁重的使命,电大实现了将大学传统课堂送向社会、提供灵活学习方式的变革。当全民学习、终身学习的学习型社会向我们走来的时候,电大顺应时代发展的要求,追踪信息技术的最新应用,不断完善学习支持服务的途径与方式,又创立了具有中国特色的开放教育!是无数电大学员提升人生价值的强烈愿望,催促着电大向前的脚步。

今天,你已成为开放教育的一员,电大将与你同行。愿你成功推开自主学习之门,驰骋学海,谱写更加美丽的人生画卷!

参 考 文 献

[1] 陈至立. 高瞻远瞩的战略决策 [M]. 北京：中央广播电视大学出版社，2008.

[2] 杜以德，姚远峰，李醒东. 成人教育发展纵论 [M]. 北京：中国人民大学出版社，2007.

[3] 中国广播电视大学教育统计年鉴 [M]. 北京：中央广播电视大学出版社，2008.

[4] 中华人民共和国教育部计划财务司. 中国教育成就统计资料（1949～1983）[M]. 北京：人民教育出版社，1984.

[5] 中国广播电视大学教育大事记 [M]. 北京：中央广播电视大学出版社，1999.

[6] 于云秀. 定位与系统建设——中国广播电视大学发展战略研究 [M]. 北京：中央广播电视大学出版社，2009.

[7] 郝克明. 跨进学习社会——建设终身学习体系和学习型社会的研究 [M]. 北京：高等教育出版社，2006.

[8] 赵学清. 科学发展观学习读本 [M]. 北京：人民日报出版社，2008.

[9] 《中国教育年鉴》编辑部. 中国教育年鉴（1982—1984）[M]. 长沙：湖南教育出版社，1986.

[10] 2006年中国教育统计年鉴 [M]. 北京：人民教育出版社，2007.

[11] 教育部发展规划司. 中国教育事业发展统计简况. 2007.

[12] 陈至立. 充分发挥现代远程教育在建设人力资源强国中的重要作用——在纪念邓小平同志批示创办广播电视大学30周年暨推进国家终身教育体系建设座谈会上的讲话 [N]. 中国教育报，2008-2-1 (1).

[13] 胡锦涛. 高举中国特色社会主义伟大旗帜，为夺取全面建设小康社会新胜利而奋斗——在中国共产党第十七次全国代表大会上的报告 [N]. 人民日报，2007-10-16.

[14] 葛道凯. 从电大发展看高等继续教育未来走向 [J]. 中国高等教育，2007 (20).

[15] 余小波. 中国成人高等教育发展历程及思考 [J]. 长沙电力学院学报，2001 (1).

[16] 十七届三中全会决议 [N]. 人民日报，2008-10-13.

[17] 继续教育发展战略专题组. 继续教育发展战略研究 [J]. 国家教育发展研究中心研究动态，2009 (6).

[18] 李平，郭惠珍. 中国高等继续教育持续发展方略 [J]. 中国高教研究，2007 (4).

[19] 何克抗. E-Learning的本质——信息技术与学科课程的整合 [J]. 电化教育研究，2002 (01)：3-6.

[20] 张驰. 移动学习中使用EM算法的学生聚类分析 [J]. 中国远程教育，2009 (05).

[21] 王慧敏，陈泽宇，王敏娟，张弛. 决策树技术在移动学习性别差异研究中的应用 [J]. 现代教育技术，2009 (05).

[22] 刘钢，王敏娟，张驰，王慧敏，陈笑怡. 移动学习中的数据挖掘研究 [J]. 中国远程

教育，2011（01）.

[22] 常桐善. 数据挖掘技术在美国院校研究中的应用 [J]. 复旦教育论坛，2009（02）.

[23] 成平广. ID3 算法在高校招生决策中的应用研究 [J]. 重庆教育学院学报，2008（05）.

[24] 邢涛，廖冉. 多分类支持向量方法的本科招生生源质量模型 [J]. 哈尔滨工业大学学报，2010（11）.

[25] 谢维奇. 基于"电大在线"远程教学平台的 Web 数据挖掘 [J]. 教育信息化，2004（10）.

[26] 宋江春，陈文林. Web 使用挖掘及其在远程教育教学支持服务中的应用研究 [J]. 中国远程教育，2005（07）.

[27] 表明，陈伟杰. 网络教育学习者在线学习行为分析研究 [J]. 浙江现代教育技术，2006（04）.

[28] 赵丕元. 影响学生远程学习行为因素的分析 [J]. 中国远程教育，2002（08）.

[29] 龚志武. 关于成人学生网上学习行为影响因素的实证研究 [J]. 中国电化教育，2004（08）.

[30] 肖爱平，蒋成凤. 网络学习者网上学习现状、影响因素及对策研究 [J]. 开放教育研究，2009（01）.

[31] 郑兰琴. 协作学习交互分析方法研究综述 [J]. 远程教育杂志，2010（06）.

[32] 胡勇，王陆. 异步网络协作学习中知识建构的内容分析和社会网络分析 [J]. 电化教育研究，2006（11）.

[33] 冯锐，谢英香. 当代大学生虚拟与现实社会人际关系的差异性分析 [J]. 现代教育技术，2009（01）.

[34] 王陆. 虚拟学习社区的社会网络分析 [J]. 中国电化教育，2009（02）.

[35] 叶新东，邱峰，沈敏勇. 教育技术博客的社会网络分析 [J]. 现代教育技术，2008（05）.

[36] 李艳燕，廖剑，王晶，黄荣怀. 协作学习交互分析工具及其案例研究 [J]. 开放教育研究，2007（04）.

[37] 王晶，李艳燕，王迎，黄荣怀，赵东轮. 基于交互分析的协作学习过程研究——以 E-Learning 导论课程在线课程分析为例 [J]. 中国电化教育. 2007（06）.

[38] 百度百科. 格语法 [EB/OL]. http：//zhidao. baidu. com/question/209096022. html.

[39] Jianwei Zhang, Marlene Scardamalia, Richard Reeve, Richard Messina. Designs for Collective Cognitive Responsibility in Knowledge-Building Communities [J]. Journal of the Learning Sciences，2009（18）.

[40] Romero & Ventura. Educational Data Mining：A Survey from 1995 to 2005 [J]. Expert Systems with Applications，2007（33）：125-146.

[41] Baker & Yacef. The State of Educational Data Mining in 2009：A Review and Future Visions [EB/OL]. http：//www. educationaldatamining. org/JEDM/images/articles/vol1/issue1/JEDMVolllssuel_BakerYacef. pdf.

后　　记

　　十几天前，国家开放大学成立大会暨揭牌仪式在北京人民大会堂举行，中共中央政治局委员、国务委员刘延东在成立大会上发表重要讲话并为国家开放大学揭牌。在此之前的一段时间，中央广播电视大学的主校区已从北京市西城区复兴门内大街160号，迁到了海淀区复兴路75号。

　　国家开放大学成立大会之后，有网友在教育部网站的专家答疑栏中留下问题说，最近看新闻了解到中央广播电视大学要建成国家开放大学，感觉像是"新瓶装旧酒"，不知道这两者的本质区别在哪里？我的同仁为这个问题写了一份1700余字、包括8个方面的解答。

　　国家开放大学与中央广播电视大学及全国电大系统自然有许多的不同，但我想，当网友看着这洋洋洒洒的解答时，或许会跟提出问题时一样，一脸的茫然。如果有朋友当面问我同样的问题，该怎么回答？我尝试着最简短的答案：国家开放大学是中央电大及电大系统在新时期的继承和发展。继承的是矢志不渝的让广大人民群众享有优质教育机会的追求，发展的是接受了新时期国家和社会交给的新使命。开放大学教育是电大教育的新阶段，是电大教育在新时期的新发展。

　　30多年来，广播电视大学实现了三次历史性飞跃，完成了各阶段的历史使命。最近一次飞跃发生在上世纪末以来的10多年里，我有幸经历了这个极具变革特点的时期，亲历和见证了这个变革的过程。这本书，作为一段历史的记录，从一个侧面记述了变革进程中的所见所感、所思所想，其中主要的是对电大教育的思考，也有对普通高等教育和继续教育其他形式的观察。成书过程坚持忠实于历史原貌，任由后人评说。

　　《中国远程教育》的夏巍峰、李桂云建议我将这段故事汇聚起来，并主导了策划和编辑过程。国家开放大学的亓彦伟、熊应进、李彦忠等提供了大量原始记录、文献资料和热情帮助。《中国远程教育》的李密珍等为具体编辑工作付出了汗水。北京大学出版社出版发行这本书是我的荣幸，职业教育编辑部的编辑们完成了出版前最后的编辑加工。感谢他们，没有他们，这本书是不可能和读者见面的。

限于作者的认识和阅历,书中不当之处在所难免,期待读者批评指正。

葛道凯
2012年8月15日于大木仓